中国劳动关系学院
学术论丛

国家社科基金结项成果（项目批准号：05BXW014）

XINXING LAODONG
GUANXI XIA DE
GONGHUI BAOKAN YANJIU

新型劳动关系下的工会报刊研究
（1995—2010年）

李双 等◎著

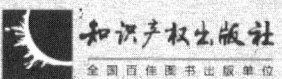
知识产权出版社
全国百佳图书出版单位

图书在版编目（CIP）数据

新型劳动关系下的工会报刊研究：1995—2010年/李双等著．—北京：知识产权出版社，2016.12

ISBN 978-7-5130-4663-3

Ⅰ.①新… Ⅱ.①李… Ⅲ.①工会工作—报刊—新闻事业史—研究—中国—1995—2010 Ⅳ.①G219.25

中国版本图书馆CIP数据核字（2016）第303692号

内容提要

本书是国内新闻传播学界第一次对工会报刊历史、现状进行全面考察后形成的研究成果，内容分为"总论"和"个案研究"上下两编。总论部分从工会报刊行业的整体角度出发，对工会报刊的历史脉络、现状和前景进行了检讨，总结其规律，探索在现阶段新型劳动关系下工会职能和作用皆有巨变的形势下，推进工会报刊的变革，确立工会报刊的体制、机制创新和生存发展的新路，探究可持续健康发展的方式；个案研究部分则结合5家典型工会报刊进行分析研究，总结经验，提出对策。本书可为工会报刊主办机构、从业及新闻传播领域研究者提供有益的参考。

责任编辑：王祝兰	责任校对：谷　洋
封面设计：久品轩	责任出版：刘译文

新型劳动关系下的工会报刊研究（1995—2010年）
李　双　等著

出版发行：知识产权出版社有限责任公司	网　　址：http://www.ipph.cn
社　　址：北京市海淀区西外太平庄55号	邮　　编：100081
责编电话：010-82000860转8555	责编邮箱：wzl@cnipr.com
发行电话：010-82000860转8101/8102	发行传真：010-82000893/82005070/82000270
印　　刷：北京嘉恒彩色印刷有限公司	经　　销：各大网上书店、新华书店及相关专业书店
开　　本：720 mm×1000 mm 1/16	印　　张：19
版　　次：2016年12月第1版	印　　次：2016年12月第1次印刷
字　　数：285千字	定　　价：60.00元
ISBN 978-7-5130-4663-3	

出版权专有　侵权必究

如有印装质量问题，本社负责调换。

序　言

2004年年底，我还兼任中国劳动关系学院文化传播系新闻学专业主任。感于专业初建，亟须提振士气，便与副主任宋晖老师商榷，是否选择一个具有工会与劳动关系领域特色的项目，去申报国家社科基金。幸获宋老师热烈响应，随后，我提出了"新型劳动关系下的工会报刊研究"这个题目。宋晖老师高效草拟了申请报告，付出极大的努力。我仔细修改、补充和完善了报告。整个修改过程相当艰苦，因为对我来讲，当时还完全是新闻与传播学的门外汉，不少最基础的新闻传播学理论都不熟悉。经过十多天夜以继日的劳作，时间紧张到递交报告截止日的前一天，还在通宵苦干，几乎进入了魔怔状态。那天，黎明初现，凌晨6点，反反复复修改了最后一遍，自认每一个字都无法再改了，才甩开电脑键盘，长吁一口气。我想，这个报告递交上去，只要评审者认真看了，批准的可能应该很大。但很快，我的自信心就蔫了下来。因为当时新闻与传播学的国家社科基金项目非常少，全国的一般项目当年才批准15项，不像今天这样每年接近200项。我们的申请要面临全国强手如林的新闻院校、科研机构和新闻媒体单位的残酷竞争，想"蒙混"过关，实在是有点异想天开。

当我几乎忘记这事的时候，四月底五月初，突然接到一个陌生的电话。来人自报姓名，是一位新闻与传播学界大名鼎鼎的人物。他告诉我，我们的这个项目申请报告，在社科基金全国专家盲评的环节，得分很高，而在社科基金专家组终评时，比较来比较去，大家还是觉得应该给我们新建新闻学专业的院校一个机会，最终就把项目给了我们。他说，尽管没有正式公布，但他因为以前没在新闻与传播学界见到过我的名字，好奇心促使他来电话了解一下。谈话结束前,他喟叹道:"哎,你们的申请报告写得实在是好!"

我被这个侥幸的胜利冲得有点头脑发晕。后来,正式开展研究时,才知道这是一个相当艰难也相当枯燥的课题。无论主客观条件,都几乎是从空白开始。没有多少前人的研究积累,呈现在我们面前的几乎是一片蛮荒。结果,拖来拖去,本来初定的研究时间区间是1995—2005年,最终延宕至1995—2010年,足足增加了五年。由于行政事务困扰分身乏术,更加之学术关注点转移,这个项目的完成在我看来曾经比较绝望。所幸,在困厄中,课题组的同事们成了我坚强的后盾,给了我最有力的支援,我在此要真诚地深深地感谢他们。

本课题研究的具体分工是:项目主持人李双负责制定课题研究大纲及布置安排研究活动的开展,撰写绪论、上编一(大部分)、上编三(部分)、上编四(部分)、上编五(大部分)。宋晖负责撰写下编一"《工人日报》个案研究"、吕明涛负责撰写下编五"《当代工人》个案研究"、高传智负责撰写上编二"工会报刊的受众分析"、郑志勇负责撰写下编三"《工人时报》个案研究"、张佰明负责撰写上编三"工会报刊经营管理模式与制度创新"(大部分)、苏林森负责撰写上编一"工会报刊的媒介环境与现实状况"(部分)、张玉洪负责撰写上编四"工会报刊新闻业务的改进"(部分)、于祎负责撰写下编二"《四川工人日报》个案研究"、李朝阳负责撰写下编四"《中国工人》个案研究"、王英钰负责撰写上编五"职工舆情、维权与工会形象"(部分)。戴潇雅为研究提供了资料。整个研究报告最后由李双统稿完成。

本项目的研究,是基于20世纪90年代中期以来,新型劳动关系逐渐形成,工会报刊亟待改革的现实。所谓工会报刊,是指中华全国总工会及其下属工会主办,以职工群体为核心受众的报刊。与西方不同,我国工人报刊由工会主办,一般而言,工会报刊就是工人报刊。本项目的预期研究计划,是通过对中国工会报刊历史与现状的考察,调研收集相关文献资料加以整理、讨论、分析,形成对中国工会报刊的研究判断,总结经验,发现问题,提出解决方法。研究的内容包括职工受众、报刊内容、经营管理机制、新闻业务的创新、职工舆情与维权及工会形象、典型工会报刊个案分析等部分。

本项目研究计划的执行，由于主客观原因，拖延了时间。主观方面，对项目涉及的庞杂内容、调研获取资料的难度、需要的精力与人力估计不足；客观方面，项目组重要成员，先后调离原工作岗位到其他部门任职，无法继续项目研究，加之工会报刊经营2005年以后屡陷困境，改革举措迟不出台，致使本项目研究资料获取等诸方面困难重重。按补充后的研究计划，研究报告由上编"总论"和下编"个案研究"两部分组成。至2009年底，在补进新成员后，上编初步完成"工会报刊的历史回顾、与媒介环境所处现实状况""工会报刊的舆论监督与维护职工权益""工会报刊新闻业务的改进""工会报刊的受众分析""工会报刊经营管理模式与制度创新"等；下编初步完成"《工人日报》个案研究""《中国工人》个案研究""《当代工人》个案研究"等。而上编"职工舆情、维权与工会形象"、下编"《四川工人日报》个案研究"、"新疆《工人时报》个案研究"尚未完成。至2010年12月，完成研究计划的上编"总论"；至2011年7月，终于完成下编"个案研究"，同时完成了对本课题研究报告的整合、修改和完善。2011年底，国家社科基金专家评审一次通过结项。迄今为止，距结项时间已经过去四年，这个研究报告依然是目前对大陆工会报刊研究填补空白的最全面的一份报告，很难说这个状况是该令人高兴还是该令人尴尬。

感谢中国劳动关系学院科研处处长燕晓飞教授、副处长陈邓海副研究员，没有"中国劳动关系学院学术论丛"出版基金，没有两位职能部门领导的关心，本书不可能顺利出版。感谢蒋佩轩、张安琪付出的努力。最后，要由衷感谢本课题研究小组的同事们，我不再累赘地一一列举你们的尊姓大名了：你们的坚守与努力，你们的高效与才华，你们对我的宽容与信任，我都印象深刻，永远珍藏在心里了。

李　双

2016年11月18日

于京西花园村呜呼哀斋

CONTENTS 目 录

上编 总 论

绪 论 ……………………………………………………………… (003)

（一）研究的目的和意义 …………………………………………… (003)

（二）研究的主要内容、重要观点或对策建议 …………………… (004)

    1. 研究成果的主要内容 ………………………………………… (004)

    2. 研究的重要观点或对策建议 ………………………………… (006)

（三）研究的学术价值、应用价值以及社会影响和效益 ………… (007)

（四）研究存在的不足或欠缺、尚需深入研究的问题等 ………… (008)

一、工会报刊的历史回顾、所处媒介环境与现实状况 ………… (010)

（一）历史回顾：我国工会报刊产生的历史背景及其价值 ……… (010)

    1. 新中国成立前我国工人报刊的诞生和发展

       （1920—1949 年）………………………………………… (010)

    2. 新中国成立后至"文革"结束我国工人报刊在曲折中发展

       （1950—1977 年）………………………………………… (012)

3. "文革"结束至20世纪90年代初我国工人报刊的拨乱反正
（1978—1994年）…………………………………………………（013）
4. 新型劳动关系下我国工人报刊的深入发展
（1995—2010年）…………………………………………………（014）

（二）20世纪90年代至2010年中国媒介环境的变迁和工会报刊 ……（015）
1. 20世纪90年代至2010年大媒介环境变迁轨迹综述 …………（015）
2. 20世纪90年代至2010年工青妇报刊的状况 …………………（025）

（三）1995年至2010年工会报刊的问题与现状 ……………………（029）
1. 20世纪90年代初至2010年职工地位的变化与
工会职能的转变 ……………………………………………………（029）
2. 工会报刊的现实困境 ……………………………………………（031）

二、工会报刊的受众分析……………………………………………（037）

（一）工会报刊的传统受众分析 ……………………………………（038）
1. 改革开放前工会报刊传统受众——相对单纯的受众群体 ……（038）
2. 改革开放后工会报刊传统受众——内部构成发生深刻分化 …（040）
3. 当代工会报刊传统受众群体的信息需求——并未
得到真正满足 ………………………………………………………（045）
4. 当代工会报刊传统受众的深层社会心理 ……………………（049）

（二）工会报刊的潜在受众分析 ……………………………………（053）
1. 农民工群体——潜在的"新工人"受众 ………………………（053）
2. 农民工群体的信息消费特点 …………………………………（054）

（三）工会报刊的受众争取策略 ……………………………………（057）
1. 调整编辑理念，成为为职工认可的媒体 ……………………（057）
2. 发挥维权先锋的作用，敢于介入并强化舆论监督 …………（058）
3. 应发挥系统内媒体的特点，成为工人的启蒙园地
和公共空间 …………………………………………………………（059）

4. 对农民工潜在受众群体，要做到有针对性的信息传播服务 … （059）

　　5. 重视新兴媒体作用，传统报刊进行数字化转型，迎合年轻
　　　受众群体 …………………………………………………………（060）

　　6. 建立职工舆情调查研究中心，为工会报刊把脉受众需求
　　　提供真切的信息基础 ……………………………………………（060）

三、工会报刊经营管理模式与制度创新 ………………………………（062）

（一）工会报刊的功能与传播规律 …………………………………（062）
　　1. 工会报刊的功能 …………………………………………………（062）
　　2. 工会报刊传播的基本路径 ………………………………………（064）

（二）工会报刊经营管理模式现状 …………………………………（065）
　　1. 采编模式 …………………………………………………………（065）
　　2. 用人与分配机制 …………………………………………………（067）
　　3. 发行方式 …………………………………………………………（068）
　　4. 广告经营 …………………………………………………………（069）
　　5. 工会与报刊的关系 ………………………………………………（070）

（三）重塑工会报刊的媒介经营价值与制度创新 …………………（071）
　　1. 工会报刊的经营战略选择 ………………………………………（072）
　　2. 权衡职能：走向市场还是服务工会 ……………………………（074）
　　3. 组建工会报刊集团的可行性分析 ………………………………（077）

四、新型劳动关系下工会报刊新闻业务的改进 ………………………（080）

（一）传统工会报刊新闻业务的优劣势分析 ………………………（080）
　　1. 传统工会报刊定位下新闻业务的优势 …………………………（080）
　　2. 传统工会报刊定位下新闻业务的劣势 …………………………（084）

（二）传统工会报刊面临新型劳动关系的挑战 ……………………（088）

（三）新型劳动关系下工会报刊新闻业务的改进 ………………（089）
    1. 报刊新闻业务改进的大背景 ………………………………（089）
    2. 工会报刊新闻业务改进的方向和策略 ……………………（092）

五、职工舆情、维权与工会形象 ………………………………（100）

（一）工会报刊与职工舆情及维权 ………………………………（100）
    1. 职工舆情的现状分析 ………………………………………（100）
    2. 媒介对职工的影响 …………………………………………（105）
    3. 加强媒体对职工舆情的影响 ………………………………（109）
    4. 媒介在工会维权中的作用及其实现 ………………………（112）

（二）重塑工人形象与工会公共形象 ……………………………（123）
    1. 以《劳动报》为例分析工会报刊中的工人形象 …………（123）
    2. 借重工会报刊重塑工会公共形象 …………………………（130）

下编　个案研究

六、《工人日报》个案研究 ………………………………………（139）

（一）《工人日报》的历史沿革和现状 …………………………（139）
    1.《工人日报》创办的背景、宗旨、地位和办报思路 ……（139）
    2.《工人日报》20世纪90年代至2010年的几次改版 ………（143）
    3. 版式革新和图片运用 ………………………………………（147）
    4. 机构改革 ……………………………………………………（150）
    5. 发行改革 ……………………………………………………（151）

（二）《工人日报》的内容分析 …………………………………（154）

　　　　1. 《工人日报》新闻报道的总体特征 ……………………（154）
　　　　2. 新时期的劳模报道 ………………………………………（158）
　　　　3. 工人议题报道 ……………………………………………（163）
　　　　4. 《工人日报》的农民工报道 ……………………………（166）
　　　　5. 新型劳动关系下的维权报道 ……………………………（171）
　　（三）塑造《工人日报》品牌 …………………………………（175）
　　　　1. 新时期《工人日报》所处的媒介环境 …………………（176）
　　　　2. 定位工会权威品牌 ………………………………………（178）
　　　　3. 打造特色内容 ……………………………………………（179）
　　　　4. 争取受众，实现可持续性发展 …………………………（180）

七、《四川工人日报》个案研究 …………………………………（183）

　　（一）历史沿革及在危机中求取生存之地 ……………………（184）
　　（二）随历史语境的转换，办报思路与管理体制渐渐变动 …（186）
　　　　1. 办报思路的新意 …………………………………………（186）
　　　　2. 领导体制与人事制度的变化 ……………………………（187）
　　（三）多元化经营与多方面拓宽报社的资金来源 ……………（188）
　　　　1. 发行经营 …………………………………………………（189）
　　　　2. 广告经营 …………………………………………………（190）
　　　　3. 其他经营渠道 ……………………………………………（191）
　　（四）提升采编队伍素质及稳步建设记者站、通联站网络 …（192）
　　（五）在新型劳动关系下定位"维权"为舆论监督的首要内容 …（194）
　　（六）重组版面适应报业发展潮流，配置、撰写稿件彰显
　　　　工会报刊特点 ……………………………………………（201）
　　　　1. 不断地重组、修正版面，强化效果 ……………………（201）
　　　　2. 稿件的配置在"大报"和"晚报"之间寻找平衡 ………（202）

(七) 总结：坚持和发扬已有特色，办出工会报刊的精品 ………… (205)

八、《工人时报》个案研究 ……………………………………… (208)

(一) 研究说明 ……………………………………………………… (208)
  1. 个案选取的理由 …………………………………………… (208)
  2. 研究时间段的确定 ………………………………………… (209)
  3. 研究资料说明 ……………………………………………… (209)

(二) 《工人时报》的发展历程 …………………………………… (210)
  1. 《工人时报》的由来 ……………………………………… (210)
  2. 20世纪90年代以来《工人时报》的历次扩版 …………… (210)
  3. 曲折的办报历程 …………………………………………… (211)

(三) 《工人时报》的意识形态话语之困 ………………………… (212)
  1. 党和国家高度的意识形态话语 …………………………… (212)
  2. 工会话语形态 ……………………………………………… (213)

(四) 1995年前后：社会影响力的第一次释放 ………………… (215)
  1. 工具性职能的另一面 ……………………………………… (215)
  2. 意识形态话语的裂缝 ……………………………………… (215)
  3. 新闻性与媒介话语 ………………………………………… (216)

(五) 《工人时报周末版》：公共领域的开启 …………………… (217)
  1. 一个新的话语空间 ………………………………………… (217)
  2. 去意识形态化的话语 ……………………………………… (218)

(六) 《太阳周刊》：市场化的尝试和尴尬 ……………………… (220)
  1. 工会报人办市场报 ………………………………………… (220)
  2. 消费文化的媒介话语 ……………………………………… (221)
  3. 小报化的大报 ……………………………………………… (222)

(七) 经营之维：广告与发行 ……………………………………… (223)

　　　　1. 1995—2004 年《工人时报》版面广告分析……………（223）
　　　　2. 行政指令式的报纸发行………………………………（226）
　（八）大型新闻策划：力不从心的壮举…………………………（227）
　（九）十年探索的定格：一份最为奇特的工会报纸……………（229）
　（十）小结…………………………………………………………（229）

九、《中国工人》个案研究……………………………………………（231）
　（一）《中国工人》的内容沿革分析………………………………（232）
　　　　1. 工人群体历史背景的演变…………………………（232）
　　　　2.《中国工人》的主要栏目分析………………………（234）
　（二）《中国工人》的市场运作分析………………………………（238）
　（三）《中国工人》的现实干预意识及批判精神…………………（242）

十、《当代工人》个案研究……………………………………………（250）
　（一）《当代工人》30 余年办刊之路………………………………（250）
　（二）《当代工人》的办刊思想……………………………………（255）
　　　　1. 起步时期……………………………………………（255）
　　　　2. 调整时期……………………………………………（256）
　　　　3. 发展时期……………………………………………（259）
　（三）《当代工人》的办刊特色……………………………………（261）
　　　　1. 内容特点：干预现实与批判精神…………………（262）
　　　　2.《当代工人》的语言风格……………………………（263）
　　　　3.《当代工人》的装帧风格……………………………（265）

附录一　参考文献资料 (268)

(一) 主要参考书 (268)

(二) 主要参考论文 (271)

(三) 主要参考网络资料 (277)

(四) 主要参考工会报刊 (279)

附录二　中国工会报刊名录 (281)

(一) 全国总工会主管报刊名单（共16家，收录时间截至2010年） (281)

(二) 地方省总工会主管报刊名单（共42家，收录时间截至2010年） (282)

上 编

总 论

绪 论

（一）研究的目的和意义

"新型劳动关系下的工会报刊研究（1995—2010年）"（国家社科基金项目，批准号：05BXW014），是基于20世纪90年代初、中期以来，我国社会主义市场经济初步确立，现代企业制度建立，新型劳动关系逐渐形成，深刻影响到全国广大职工的利益分配和生存状态。在此形势下，工会报刊以往的辉煌成为明日黄花，内容呆板，思想僵化，官僚气息浓厚，体制机制故步自封，远远脱离变动不拘的丰富生动的社会现实；因此，订阅量急遽减少，受众大量流失，报刊经营矛盾深重、危机重重。工会报刊亟待改革的现实，促使本研究项目承担起重任，我们期望通过本项目研究，给工会报刊迫在眉睫的变革提供政策路径。

所谓工会报刊，是指中华全国总工会（以下简称"全总"）及其下属工会主办，以职工群体为核心受众的报刊。与西方不同，我国工人报刊由工会主办，一般而言，工会报刊就是工人报刊。我们的预期研究计划，是通过对中国工会报刊历史与现状的考察，调研收集相关文献资料加以整理、讨论、分析，形成对中国工会报刊的研究判断，总结经验，发现问题，提出解决方法。我们研究的内容包括职工受众、报刊内容、经营管理机制、新闻业务的创新、职工舆情与维权及工会形象、典型工会报刊个案分析等。这些内容，是对长期以来相对庞大的工会报刊系统从未开展过的系统总结和研究，本项目的研究填补了这个空白。

（二）研究的主要内容、重要观点或对策建议

1. 研究成果的主要内容

（1）工会报刊的历史回顾、所处媒介环境与现实状况。"历史回顾"包括新中国成立前、新中国成立至"文革"结束、"文革"结束至20世纪90年代初期、新型劳动关系下我国工人报刊的深入发展四阶段，对工会报刊生成的原发性、各阶段历史轨迹与价值、作为媒体的成败经验进行了总结，肯定其特殊历史时期的价值，剖析其历史局限。现阶段工会报刊的媒介环境包括三个层次：一是以工会组织为背景，依托工会，面向职工和社会，这是工会报刊生存发展的基础。二是由党报（刊）、青年（妇女）报（刊）、都市报（刊）等行业和大众媒介组成的背景，多种性质的报刊针对各自面向的受众展开竞争，形势严峻。三是电视、广播、网络等媒体组成的大媒介环境，这是对整个公共社会媒介生态环境的大扫描。在此大环境中，其他公共媒介和行业报刊争夺市场，彼此既竞争又促进，工会报刊理应寻找其独立与融合的契机。20世纪90年代中后期以来，施行社会主义市场经济，建立现代企业制度，导致资本与职工群体的劳动关系发生重大改变，但工会报刊在此形势下大多依然沿袭旧例，既缺乏面对困难坚强开拓的勇气与意志，也缺乏主办单位的组织支持，转型缓慢，危机重重。

（2）工会报刊的受众分析和重新定位。一是分析工会报刊的传统受众，在此基础上，针对新的媒介环境，对报刊进行重新定位；二是分析潜在受众在职业结构、权益保护、社会流动、文化水平、思想意识等方面的变化及其阅读需要的变化，努力争取潜在受众；三是突破疆域，研究其他报刊及媒介的受众与工会报刊受众的兼容，开拓和吸引其他受众，壮大工会报刊的受众群体。

（3）报刊在现阶段的运营管理模式与制度创新。一是研究工会报刊的传播规律与功能；二是分析体制内工会报刊现阶段经营管理模式的弊端，对其内容形式、资金情况、采编人员、组织架构、经营管理模式等进行调查，审

辩其存在的问题；三是提出变革思路，重塑工会报刊的媒介经营价值与创新制度。重点是：a. 权衡职能，处理好工会报刊社会化市场化运营与服务工会的关系，明确指出，过于强化工会报刊的工会组织行政色彩，会疏离读者，造成恶果。b. 探索组建中国工人报业集团的可行性。c. 倡导打造工会报刊的核心品牌，以品牌带动整个工会报刊业的壮大发展。d. 分析工会报刊核心竞争力的组成因子，着力工会报刊实情，增进其核心竞争力。

（4）大刀阔斧地推进工会报刊新闻业务的改进。一是在劳动关系巨大变化的背景下，对传统工会报刊优、劣势作出分析；二是深刻认识传统工会报刊面临新型劳动关系巨变的严峻挑战，并以全新的新闻业务的改进去迎接这个挑战；三是工会报刊新闻业务的改进，要做到实现由"工会本位"向"职工本位"的转向。总之，工会报刊对信息传播的选择，应做到内容上"三贴近"，形式上职工受众喜闻乐见，调整办报刊的方针，改进传播、受众信息反馈和沟通的方式。随着报刊的市场化，工会报刊上工会组织的信息应适当减少，在其他报刊职工维权信息增多的情况下，应对职工新闻开展深度开发，形成自己的特色。

（5）职工舆情、维权与劳动者及工会的公共形象。研究工会报刊与舆情的关系，探索工会报刊如何重塑职工群众及工会的公共形象。一是分析工会报刊与职工舆情及维权的关系，对职工舆情的形成、现状和媒介对其影响深入探析，肯定媒介在工会维权中的重要作用；二是通过各种媒介尤其是工会报刊，重塑工人劳动者的形象与工会的公共形象，形成强大的社会舆论影响力。

（6）精选5种典型的工会报刊，对其进行整体的个案研究。通过对目前全国58种正规出版的工会报刊（其中5种内刊）的全面考察，从中筛选出《工人日报》、《四川工人日报》、《工人时报》、《中国工人》（刊）、《当代工人》（刊）5种报刊，展开全方位的个案研究，全面解剖其媒体嬗变的历程，尤其是1995年至2010年区间的媒介价值和运营规律，总结其成败轨迹，给其他工会报刊提供典型的个案分析例证。

本项目的主要研究方法是：(1) 实证研究法，是本项目采用的主要研究方法。(2) 质化研究法，本项目组也充分重视。对于各类工会报刊，采用整体阅览与典型个案结合的方法，在重点阅览全国 58 种工会报刊中的 30 种以后，筛选出 5 种具有代表性的报刊，进行个案分析，提供不同类型工会报刊的示范性经验。(3) 数据量化分析法。收集资料、数据，进行量化比对分析。(4) 媒介内容比较分析法。对现有工会报刊，除选取有代表性相关版面作内容分析，描述其新闻框架及特点外，还与党报（刊）、团（妇女）报（刊）、都市报（刊）、网络及新媒体等其他媒体比较，推动工会报刊内容与形式的优化。(5) 运用媒介管理学和经济学的理论与方法，如 SWOT 模型分析法等，对工会报刊企业化运营机制的建立与创新，提出改革建议。

2. 研究的重要观点或对策建议

本项目是国内新闻传播学界第一次对工会报刊历史、现状进行的全面考察，填补了对工会报刊行业进行整体、全面并结合典型工会报刊个案分析研究、提出对策的空白。本项目涉及 5 种典型工会报刊全面性的个案研究，也是国内首创。1995 年至 2005 年间，工会报刊作为独立自洽的系统，既影响巨大，又严重脱离新型劳动关系下的社会现实，呈现出奇怪的矛盾状态。本项目对工会报刊历史脉络、现状和前景进行全面梳理，总结其规律，探索在现阶段工会职能和作用皆有巨变的形势下，如何推进工会报刊的变革，确立工会报刊的体制、机制创新和生存发展的新路，探究可持续性健康发展的方式；并强调受众变化，剖析舆论监督与维护职工权益的重要性，解析职工舆情及重塑工人与工会组织的公共形象，建设中国特色的工会报刊业，实现其机制现代化、集约化、集团化的目标，具有鲜明的特色。

其一，必须高度重视工会报刊面临的现实困境，这个困境并非暂时的现象，而是当下我国劳动关系发生深刻变化的条件下，社会转型的必然逻辑；工会报刊如果继续其历史惯性与惰性，不勇于直面时代的挑战，不积极变革，只有死路一条。

其二，工会报刊必须注意与其他种类行业报刊的区别，注意工会组织作为一个特殊的职工群众组织的特性与职能，随着时代的变迁，也在发生深刻变化。工会报刊必须积极呼应这个变化，才有活力。

其三，工会报刊要密切关注职工受众及潜在受众群体，努力开拓新疆域；注重在对受众充分研究的基础上，尽力扩大受众群体，提高媒介的影响力。

其四，工会报刊的生命力，在于维护职工权益；如果淡化甚至遗忘"维权"，工会报刊就必然被职工受众唾弃，失去其生存的条件。"维权"应当成为工会报刊在内容上时刻不忘、永不放弃的永恒主题。

其五，高度关注职工舆情，力倡舆论监督，加强对职工舆情的考察和分析，注意正确引导舆情，这是工会报刊义不容辞的社会责任。

其六，要以真正的市场化理念，重塑工会报刊的媒介经营与管理价值，实现体制、机制的变革创新。从采编方式、人事机制、发行方式、广告方式、工会组织与工会报刊的关系等方面入手，权衡职能，从组建中国工人报业集团、打造工会报刊核心品牌、增强工会报刊的核心竞争力入手，全面实现工会报刊在运营上的革新。

其七，以从"工会本位"到"职工本位"的观念改变出发，全面推进工会报刊新闻业务的改革。

其八，注重网络等新媒体对报刊的冲击以及带来的机遇，强调工会报刊在信息传播平台大革命的今天，要充分重视网络等新媒体，实现与新媒体的无缝对接。

其九，注重巧妙重塑职工群体劳动者形象与工会组织的崭新公共形象，使工会报刊真正实现其为职工群众服务的正向价值。

（三）研究的学术价值、应用价值以及社会影响和效益

本项目已发表阶段性成果论文6篇（其中1篇被中国人民大学复印资料《工会工作》2010年4期转载），完成大型历史文献纪录片（《劳动神圣》）1部，向全总提交研究报告1份，在本项目研究基础上完成全总委托的重点

科研项目2项，待发表论文3篇，目前本项目的最终研究成果20余万字的"研究报告"达到并超过立项之初的设计（立项设计是10万字的研究报告和3篇论文）。本项目研究具备一定的学术价值、应用价值和社会影响。在本项目研究基础上撰写的《关于重塑工会形象、提高外宣效果》研究报告（2009年），提交全总作为外宣工作的参考资料，获全总领导好评；在本项目基础上完成的两项全总重点科研项目"工会媒介的舆论监督与维权""工会在职工文化建设与思想道德教育中的作用研究"，也获得全总领导的好评，并作为优秀论文刊载在《中国特色社会主义工会理论研究（第二卷）》（中国劳动社会保障出版社，2009年4月第1版）一书中。为迎接党中央、国务院2010年召开的全国劳模表彰大会，在本项目研究基础上撰写并摄制的大型历史文献片《劳动神圣》（2010年），获得全总和国务院新闻办的好评。目前，中宣部和国家新闻出版广电总局正大力强化全国报刊的市场化改革。作为本项目成果集中表现的"研究报告"，对当下工会系统报刊的变革，无疑及时提供了重要的政策与实操参考。

（四）研究存在的不足或欠缺、尚需深入研究的问题等

本项目研究计划的执行，由于主客观原因，延至今天才完成。主观方面，对项目涉及的庞杂内容、调研获取资料的难度、需要的精力与人力估计不足，对项目研究的深、广、难度估计不足；项目主持人也因工作兼职多等原因，没能抓紧时间开展研究，没能督促项目组成员按时完成。客观方面，项目组重要成员，《工人日报》原总编辑盛明富先生和全总宣传教育部原部长谷常生先生，先后调离原工作岗位到其他部门任职，无法继续本项目研究。加之工会报刊经营2005年以后屡陷困境，经营及出版状态急变，一些研究因素变数大，需及时调整以适应研究对象的变化，致使本项目研究资料获取等诸多方面困难重重。按补充后的研究计划，研究报告由上编"总论"和下编"个案研究"两部分组成。至2010年12月，终于完成研究计划，并于2011年6月完成对报告的整合、修改、完善。至此，该项目预期计划完

成，申请审查结项。

本项目研究有诸多不足：对上海市总工会的《劳动报》没按原计划开展个案研究；受资金、人力限制，无条件开展大规模全国职工受众普查以获取更佳数据；一些内部调查及资料数据，受到保密制度的限制，不允采用，致成果留下缺憾；研究报告各部分之间的衔接与统一，尚存不够周密之处；受众的个人访谈阙如，在总论及个案研究中，缺乏生动的细节。

一、工会报刊的历史回顾、所处媒介环境与现实状况

工会报刊即工人报刊。工人报刊与其他种类报刊相比,具有自己特定的对象、功能和报道风格。工人报刊密切联系职工,为职工服务,宣传、教育并动员职工,在中国工人阶级发展乃至在中国革命、建设中都做出了不可磨灭的贡献。工人报刊是党领导的新闻事业的重要组成部分,是工会组织的喉舌,是党和工会联系广大职工群众的桥梁和纽带。中国工人报刊有着悠久而光荣的历史,但随着社会的变迁、媒介环境的变化,革命时期具有广泛而深远影响的工人报刊遇到了前所未有的困境。

(一) 历史回顾:我国工会报刊产生的历史背景及其价值[①]

我国工人报刊历史悠久,可以说,是先有工人报刊,后有中国共产党,然后才诞生了中华全国总工会。从建党前的 1920 年,上海、广州和北平的共产主义发起小组创办的《劳动界》《劳动音》和《劳动者》周刊算起,我国工人报刊已有 90 余年的历史。这 90 余年的发展可以大致分成下列四个阶段。

1. 新中国成立前我国工人报刊的诞生和发展 (1920—1949 年)

中国工人阶级从诞生的那天起,就开始了反帝、反封建和反官僚资本的

---

① 本部分内容主要参考以下资料:中华全国总工会. 中国工会百科全书[M]. 北京:经济管理出版社,1998;《当代中国》丛书编辑部. 当代中国工人阶级和工会运动[M]. 北京:当代中国出版社,1997;方汉奇. 中国新闻传播史[M]. 北京:中国人民大学出版社,2009.

斗争，五四运动中工人阶级发挥了重要作用，运动取得了巨大的胜利，促进了马克思主义和中国工人运动的结合。1920年下半年，各地共产主义小组相继创办《劳动界》（上海）、《劳动音》（北京）、《劳动者》（广州）等刊物，这是我国第一批以马克思主义为指导，以工人为对象的通俗报刊。这些报刊唤起了工人的觉醒。《劳动者》以《劳动歌》为题最早译载了《国际歌》歌词。它们的出版表明了马克思主义的传播开始和工人运动结合，是先进知识分子从事工人运动的良好开端。

中国共产党成立后，非常重视工人运动，掀起了工人运动第一次高潮。中国共产党第一个党纲和决议中就有："本党的基本任务是成立产业工会。"1921年8月，中国共产党成立后的第二个月，就专设了领导全国工人运动的机关——中国劳动组合书记部，中国的工人报刊、工会报刊也是党领导开办的。1921年中国劳动组合书记部办了机关报《劳动周刊》（四开四版），这是上海第一张全国性的工人报纸，也是我国最早的工会报纸①。1924年中国共产党办了工人刊物《中国工人》，1925年全总成立后，《中国工人》即成为全总的机关刊物。另外，上海、湖南、湖北、广东、广西等省市工会和一些大的矿区也都办有工人报刊。抗日战争期间，中共中央职工运动委员会于1940年2月7日在延安创办的机关刊，仍沿用《中国工人》为刊名。1945年7月15日，全总创办了机关报《工人日报》。

中国早期的工人报刊，是适应马克思主义在中国的传播和工人运动的发展而产生的。早期的工人报刊有如下特点：绝大多数工人报刊以向工人宣传马列主义为己任，歌颂"劳动神圣"，强调工人阶级必须联合起来，反对资产阶级的压迫，并强调利用故事、诗歌、小说、调查报告等多种形式，反映工人的现实生活，以及他们渴望自由的心情。但早期的工人报刊还不够成熟，工人报刊界定不明显，存在有时报有时刊，或报或刊，出版周期不固定

---

① 新中国成立以后，工人报刊都是由全国总工会和各地工会所办，因此，概念上等同于工会报刊。但"工人报刊"是从其受众——职工读者的角度来定义的，"工会报刊"是从主办者——各级工会的角度来定义的。

的现象。由于斗争激烈、经费缺乏,早期工人报刊时出时停。

2. 新中国成立后至"文革"结束我国工人报刊在曲折中发展(1950—1977年)

1949年新中国成立后,工人阶级成为国家的阶级基础和领导阶级,工人阶级既是国家的主人翁又是社会主义的建设者,工人阶级内部不存在对立的群体,是国家主人翁和建设者的统一。

当时中国工人运动开始进入了一个新的历史时期,经历了社会主义的工商业改造、农业合作化运动,恢复生产的阶段已将结束,大规模的经济建设时期即将开始,工会面临复杂、繁重的任务:加强工会干部与工会积极分子的思想指导,提高他们的政策思想水平,使工会工作遵循党所指示的正确道路向前发展;宣传马、恩、列、斯、毛关于工会工作的理论和党中央关于工会工作的指示,交流各地工会工作较为成熟的经验,研究解决工人运动中存在的问题,介绍苏联以及其他社会主义国家关于工会工作的经验等。工人报刊由此迅速发展,全国六大行政区总工会有五个办了工人报,其他还有一些产业工会和省市地方工会也办了工人报刊。三年困难时期,工人报刊逐渐减少。到"文化大革命"时,全国各地工会机构被破坏,工会主办的工人报刊全部被迫停刊。

这一时期的工人报刊有如下特点:首先,由于新中国刚成立,广大职工文化水平较低,因此工人报刊力求文字通俗易懂、文章较短、字体较大。而且图画多,设置"连环画""先进人物""群众文艺"等栏目,做到识字的能读,不识字的能听懂,这样工人报刊才能在识字不多的职工中广泛流传。其次,由于缺乏专门的记者、编辑队伍,工人报刊的采写很大程度依靠工人,同时工人报刊配合全国工人开展扫除文盲的工作,帮助工人学文化、识字、学政治。随着社会主义建设如火如荼进行,工人报刊的内容主要介绍中国工人在政治、生产、学习和生活方面的情况,大力宣传在社会主义建设中涌现的先进人物,如时传祥、王进喜、倪志福、孟泰、郝建秀等,贴近工人群众。

3. "文革"结束至 20 世纪 90 年代初我国工人报刊的拨乱反正（1978—1994 年）

"文革"结束后，随着拨乱反正、改革开放政策的实施和工会工作的恢复与发展，到 1978 年中国工会第九次全国代表大会前后，"文革"期间停刊的工人报刊陆续恢复。1978 年 10 月 6 日，"文革"期间被迫停刊的《工人日报》复刊，最高发行量曾达 240 万份。1993 年 1 月，全总机关刊物《中国工人》杂志复刊。北京市总工会党组请示市委批准，《北京工人》杂志于 1984 年 10 月复刊。1984 年 12 月，时任全国人大常委会委员长的彭真同志为《北京工人》杂志题词："祝《北京工人》成为职工群众大家看大家办的首都物质文明精神文明建设的鼓舞者、喉舌和镜子"。到 1993 年上半年，除全总主办的《工人日报》外，各省、自治区和直辖市总工会主办的工人报共有 47 种，各地、市工会办的工人刊物共 16 种，其中省、自治区、直辖市工人报，大多是在 1983 年前后复刊或创刊的。

同样在这一期间，工人报刊社会团体逐渐形成，工人报刊理论和实践研讨得到加强。1987 年 3 月，全总在浙江省宁波市召开全国工人报刊座谈会，会议对做好工会报刊整顿，提高工会报刊质量，加强工人报刊领导等问题进行了讨论。1988 年 6 月，全总宣教部在河北省承德市召开"全国工人报刊理论研讨会"，以深化改革、发挥工人报刊特点为研讨主题。1988 年 6 月 22 日，经中国新闻学会联合会正式批准，中国工人报刊研究会成立。1989 年 9 月，全总宣教部和中国工人报刊研究会在新疆乌鲁木齐市召开全国工人报刊业务研讨会，会议围绕如何贯彻党的十三届四中全会精神、总结工人报刊新闻舆论导向的经验教训、坚持新闻的党性原则和工人报刊的正确方向等问题进行了深入的讨论。1990 年 9 月，全总在山西省太原市召开"全国工人报刊工作会议"，会议就如何突出工人报刊特色、发挥工人报刊优势等主题进行了热烈讨论。1992 年 8 月，经全总和新闻出版署批准，民政部注册，在中国工人报刊研究会的基础上，中国工人报刊协会成立，成为全国性一级社团组织，会员代表大会每 4 年召开一次，常务理事会每年召开一次。1994 年 10

月,"全国地方工人报刊(内部)工作会议"在南昌召开,会议探讨了新形势下工人报刊如何发展壮大、办出特色等问题,全总宣教部和中国工人报刊协会还于1991年举办了"全国工人报刊总编辑研讨班"。自1988年起,全总宣教部和中国工人报刊协会联合举办每年一届的"全国工人报刊好新闻、好作品评选"活动。

这一时期工人报刊的显著特点有:工人报刊大量报道职工群众投身改革的先进典型和"四有"新人,宣传职工的群体活动,培养职工的群体意识,如对1987年上半年的"双增双节"活动,各报都有比较集中的反映,从群众角度、工会特点反映了职工群众在改革中的主力军作用,突出"职工写、写职工、职工看"的特点;工人报刊针对改革中出现的新问题进行引导,如针对社会上出现的"一切向钱看"的思潮、深化企业改革的有关方针政策等问题,在报刊上开展讨论、对话,帮助职工群众增强对改革的理解;工人报刊积极维护工人阶级的权益,如在1984年浙江全国和地方报纸抽样调查中,"能说出人民群众心里话"和"敢于批评不正之风"两方面,《浙江工人日报》均名列第一;最后,这一时期工人报刊理论研究在实践中逐渐形成和发展。

4. 新型劳动关系下我国工人报刊的深入发展(1995—2010年)

随着20世纪90年代初建设有中国特色社会主义制度的实施,工人阶级和大众媒介环境均发生了巨大的变化。在这一新型劳动关系下,我国工人报刊进入深入发展阶段。

中国共产党第十四届中央委员会第三次全体会议于1993年11月14日通过了《中共中央关于建立社会主义市场经济体制若干问题的决定》,指出,以邓小平同志1992年年初重要谈话和党的十四大为标志,我国改革开放和现代化建设事业进入了一个新的发展阶段;提出要进一步转换国有企业经营机制,建立适应市场经济为要求,产权清晰、权责明确、政企分开、管理科学的现代企业制度。为贯彻这一政策,各行各业进行了大刀阔斧的改革,国企改革就是在这一背景下实施的。"下岗分流、减员增效"让工人阶级从过去的主人翁变成新时期的被雇佣者，并在工人阶级内部产生了阶层分化和对立。同时，在20世纪90年代中期以后，传媒市场化缓慢开始。在这种新型劳动关系下，工人报刊与其他新闻媒体一道，为适应社会主义市场经济、适应劳动关系的变化进行了深入的改革。工人报刊坚持以邓小平建设有中国特色社会主义理论和党的基本路线为指导，在推进企业改革、建立现代企业制度、贯彻《劳动法》和《工会法》、签订集体合同、宣传各级工会组织的工作、以新闻手段维护工人的合法权益等方面，作出了积极探索（具体请见后文详述）。

纵观我国工人报刊90年的发展历史，工人报刊形成的最根本的特点是鲜明的群众性。中国工会的报刊事业已经成为各级工会组织重要的文化事业，成为工会开展工人活动的重要组成部分。中国工会报刊在反映职工群众活动，为工人说话，维护工人权益，宣传党和国家的路线、方针、政策，教育职工提高素质，团结组织职工，推动工会工作，同职工群众建立经常联系，满足职工文化生活需要等方面起到了重要作用。工人报刊自身也在长期工作中办出了自己的特点，积累了经验，在中国新闻事业中有了自己独特的形象和一定的社会地位。工人报刊不仅对工会工作，而且对全国职工也作出了贡献。

（二）20世纪90年代至2010年中国媒介环境的变迁和工会报刊

工人报刊的产生、发展、报道风格、主题等都紧扣时代主题，可以说，工人报刊的发展史就是一部中国社会发展变迁史的缩影。工人报刊在每一个时期的发展都和其所处的时代紧密联系在一起。工人报刊在中国共产党及工会的领导下，积极反映时代前沿，成为广大工人群众的职工之家；同时，作为大众媒介的一分子，工人报刊的发展也与我国大众媒介的发展紧密相连，从这个角度来说，通过工人报刊发展史也可以看到我国新闻发展史，特别是20世纪90年代至2010年中国媒介环境发生的天翻地覆的变化。

1. 20世纪90年代至2010年大媒介环境变迁轨迹综述

1992年，中国共产党第十四次全国代表大会确定经济体制改革的目标是建立社会主义市场经济体制,中国决定正式实行社会主义市场经济体制。2001年,中国正式成为世界贸易组织(WTO)成员,中国的经济更加国际化了,2010年中国超过日本一跃成为全球第二大经济体。与经济发展和改革相适应,我国大众传媒格局发生了飞速发展和巨大变化。

(1) 1995—2010年中国报刊业的发展

历次传媒变革中,报纸基本都走在前面,这次大众传媒的变化首当其冲的也是报纸。1995年,位于四川成都的《华西都市报》从其母报《四川日报》剥离,成为改革开放后中国第一家以市场为导向的报纸。与此前党报一统天下不同,《华西都市报》以市民读者为对象,实行企业化管理,在市场上取得了巨大了成功,各地党报纷纷效仿,兴起了都市报办报潮。1996年广州日报报业集团的成立是中国报业市场化的一个标志性事件,成为中国第一家媒介集团,正式开启了改革开放以来中国媒介产业化进程。中国传媒业进入按市场逻辑发展的快轨,自此作为最后一块计划经济领地的中国传媒业走向了市场化的道路。广州日报报业集团也是我国至2010年为止广告收入最高的一家报业集团,到2010年11月全国共有报业集团49家。①

中国报业不仅进行了集团化变革,并开启了传媒产业化的发展。从20世纪90年代中期以来,中国报业自身发生一系列巨大变化,报业结构渐趋合理,报业营利能力增强,报纸发行和广告均取得了飞速发展。到了2010年,我国共出版报纸1939种,报纸总印数500.2亿份,我国日报出版规模已居世界第一。② 在世界报业与新闻工作者协会在法国巴黎发布的2010年全球日报发行量前100名排行榜中,中国有26家报纸(其中大陆25家、台湾1家)进入百强行列,③ 2010年我国千人日报拥有量达100.2份。④ 相对于

---

① 周志懿. 传媒这十年[J]. 传媒, 2011 (1).
② 黄小希. 2010年我国共出版报纸500.2亿份[EB/OL]. http: //www. gov. cn/jrzg/2011 - 04/20/content_1848825. htm.
③ 世界报业与新闻工作者协会. 2010年世界付费日报发行量前百名[J]. 陈中原, 译. 新闻记者, 2010 (10).
④ 新闻出版总署. 新闻出版业"十二五"时期发展规划[EB/OL]. http: //www. gapp. gov. cn/cms/html/21/508/201104/715451. html.

报纸,杂志的市场化步伐相对缓慢,直到2002年,中国第一家期刊集团——家庭期刊集团在广州成立,到2010年11月,我国已组建期刊集团4家。2010年我国共出版期刊9884种,印数35.4亿册。

从出版种数来看,改革开放以来我国报刊种类在调控中增长,报纸种类在经过20世纪80年代的快速增长后维持高位,而期刊数则基本保持稳中有增的态势(图1-1)。

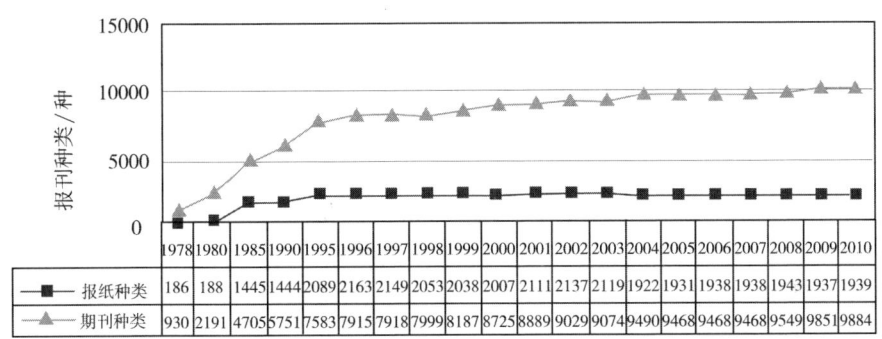

图1-1 1978—2010年中国期刊、报纸种类数①

当前,报纸面临着新媒体对受众和广告市场的双重分流,2008年我国报纸总印量出现了1993年来的首次负增长,并持续下跌。2010年,全国新闻纸生产量430万吨,较2009年的480万吨减少了10.42%。②自1609年世界上最早的报纸在德国问世之后,报纸不断地受到各种各样新媒体的冲击,关于报纸消亡的声音也一直不绝于耳。最初是20世纪20年代因收音机的诞生产生的恐慌,接着是20世纪40年代电视机普及一度让大众担心报纸末日来临,而影响最大的就是当前面临互联网的发展,业界和学术界对报业的发展

---

① 1978—2008年数据来自《中国新闻年鉴2009》,引自国家统计局网站;http://www.stats.gov.cn/tjsj/ndsj/;2009年数据来自新闻出版总署:《2009年全国新闻出版业基本情况》,引自新闻出版总署网站:http://www.gapp.gov.cn/cms/html/21/493/201009/702538.html;2010年数据来自黄小希:《2010年我国共出版报纸500.2亿份》,来自中央政府门户网站:http://www.gov.cn/jrzg/2011-04/20/content_1848825.htm.

② 张国. 我国新闻用纸用量连续下降 电子媒介冲击传统纸媒[N/OL]. 中国青年报,2011-06-12. http://www.chinanews.com/cj/2011/06-12/3105174.shtml.

普遍表现出悲观的预测。但是前两次报纸都顽强地生存下来了，这次报纸能否继续生存，取决于报纸自身的努力和转型。

自 2005 年报业出现"拐点"以来，报业广告增长持续低迷，2010 年报纸广告增长仅为 2.98%。报纸的阅读率呈下降趋势。第七次全国国民阅读调查显示，2009 年全国报纸阅读率为 58.3%，比 2008 年下降了 5.6 个百分点；期刊阅读率为 45.6%，比 2008 年下降了 4.5 个百分点。① 更关键的是，报纸的读者结构发生了巨大变化——报纸读者中年轻人越来越少，他们正逐渐转向免费的网络资源，而年轻读者正是报纸优质的受众资源。这对报业来说既是挑战，也是机遇。虽然互联网对受众的影响日益增强，但作为最古老的大众媒介，报纸的公信力不是网络所能比拟的。同时，相对于网络媒体，报纸掌握着原创新闻的采访权和发布权，广告商最关注的 25—45 岁报纸读者更是相对稳定。所以，新媒体的发展、传播生态的变化对报业的影响是一个长期渐变的过程。但当 85 后、90 后逐渐成为消费主体时，报纸在读者和广告方面又要面临新的冲击。为了应对衰落，报纸应该加强危机意识，积极嫁接网络媒体的优势，并争取国家层面的政策支持。2007 年，新闻出版总署推出数字报业实验室，截至 2008 年底，全国报业（包括中央大报、都市报、行业报、地市级报社）已推出手机报约 1500 种。据统计，目前我国手机报的用户已经达到 1500 万，并且数量还在增加。② 数字化转型将是新媒体时代报刊获得新生的必然选择。

（2）1995—2010 年中国广播影视业的发展

无论是从受众的占有率还是广告份额上看，电视都应被称为第一媒介。2007 年第五次全国观众调查显示，工作日和双休日全国观众日均看电视时长分别为 199.97 分钟和 229.35 分钟。③ 看电视成为人们闲暇时间的第一活动，

---

① 张晶媛."第七次全国国民阅读调查"最终成果发布[EB/OL]. http：//www.cnreading.org/yd-dc/2010yd/201004/t20100419_68758.html.
② 马正恺.手机报：是过渡而不是终点[J].新闻记者，2010（6）.
③ 2007 年全国电视观众抽样调查分析报告[R/OL]. http：//cctvenchiridion.cctv.com/special/C20624/20100104/101721_1.shtml.

大众媒介对人们的日常生活、工作和思维方式都产生了重要的影响。据国家工商总局的统计，2010年全国电视广告经营额为679.83亿元，占全国四大传统媒介广告的58.07%。

1983年，第11次全国广电工作会议提出要以新闻改革为突破口，带动整个广播电视宣传改革，并提出实行中央、省、有条件的地（市）和县"四级办广播、四级办电视、四级混合覆盖"，这是中国广播电视第一次突破的主要标志。此后10多年，中国广播电台、电视台快速发展。1992年到2000年，以有线电视崛起和卫星电视出现为标志，中国广电事业实现了第二次重大突破，形成第二个高速增长期。20世纪80年代后期，中国城市有线电视启动，90年代中后期，"天上卫星转发，地上有线网络传输"的广电覆盖新格局逐渐形成。2001年至2010年，以广播电视体制机制改革创新与广电数字化发展为主要标志，中国广电业开始了第三次重大突破，传统广电媒体在模拟转数字中改造升级，与视听新媒体业务的发展并行推进；发展事业与发展产业、提供公共服务和提供市场服务成为基本目标和双重任务；逐步构建起以公共服务、市场运营、政府监管、中介社会服务等体系为基本框架的广播电视新体制；广播影视走出去、提高中华文化国际影响力成为重要目标。① 到2007年底，中国收音机、电视机的社会拥有量分别达5亿台和4亿台，千人平均拥有量居世界首位。② 1999年6月9日，无锡广播电视集团正式挂牌成立，成为全国第一家广电集团。2002年12月，中国第一家省级广播影视媒体集团——湖南广播影视集团成立。至2010年，全国已有20多家广电集团。

20世纪90年代中期以来，中国电视产业的基础设施建设主要经历了两个阶段：自1983年中央提出"四级办台"的事业建设体制以来，我国电视台数量不断增长，并于1997年达到历史最高水平；随着"三台合一"等政策的实施，2008年以来，电视台的数量进入了不断精简的阶段，到了2010

---

①② 廖翊，曲志红. 改革开放30年：中国广播电视电影事业获得大发展[EB/OL]. http://news.xinhuanet.com/newmedia/2008-10/08/content_10168428_1.htm.

年底全国共有电视台247座（图1-2）。

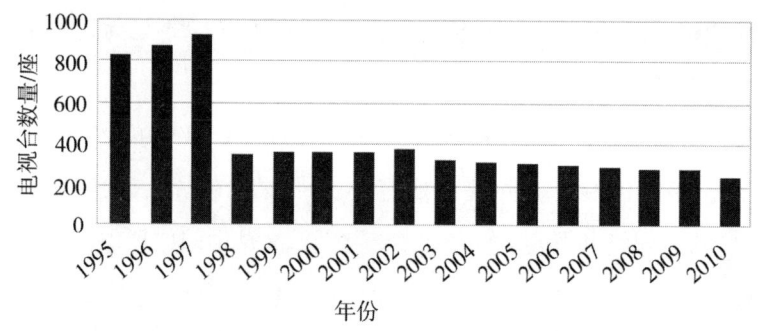

图1-2　1995—2010年中国电视台数量①

新媒体环境下，广播电视正大力推进数字化和广电高科技建设。2003年6月国家发布《我国有线电视向数字化过渡时间表》，开启了我国数字电视快速发展的序幕。数字电视用户从2003年的27.6万户增长到2010年的8798万户，② 2010年全国已有160多个城市、460多个县市实现了有线电视数字化的整体转换，有线电视用户超6500万，双向网络覆盖用户超3000万。此外，中央电视台综合频道及北京、上海等9个地方卫视同步实现了高清和标清电视，全国100多个城市开通了地面数字电视。③ 在数字化技术方面，我国电视拍摄、制作和播出基本实现数字化，传输覆盖网络和接收终端的数字化也在发展之中。下一步国家广电总局将进一步发展下一代广播电视网（NGB），大力推进全国有线电视网络整合和双向改造，并积极发展IPTV、手机电视等新媒体业务。随着2010年三网融合的正式启动、中国网络电视台的成立，加上移动电视、手机电视的快速发展，可以预测电视将继续长期引领大众媒介的发展。

"十一五"期间，随着中宣部、文化部《关于深化国有文艺演出院团体制改革的若干意见》的下发，以院线体制改革为代表的电影产业体制改革全

---

① 据国家广播电影电视总局历年数据整理，引自国家广播电影电视总局网站：http://www.sarft.gov.cn/.

② 崔保国. 2011年：中国传媒产业发展报告[R]. 北京：社会科学文献出版社，2011：142.

③ 崔保国. 2011年：中国传媒产业发展报告[R]. 北京：社会科学文献出版社，2011：155.

面推进。2002年中国启动院线体制改革,启动了电影产业化与市场化步伐。这八年里中国电影总票房增幅维持在20%以上,2010年票房首次突破100亿元大关,达101.72亿元。① 这给中国电影产业带来了信心,国产电影品质不断提升,3D电影、IMAX等特种影片形成市场,进入百亿时代的中国电影产业将从粗放式经营走向内涵发展的道路。

广播是最早的电子媒介。在电视诞生以前,广播在受众生活中发挥了重要作用。伴随性是广播在四大传统媒体中最明显的特征,大部分听众在收听广播的同时通常都会伴随着其他活动,如聊天、上网、看书、做家务等,这也是广播最大的优势,同时也为广播获取了巨大的市场。赛立信媒介研究调查显示,2010年全国城乡居民的广播接触率为59.7%,城乡广播听众总规模达6.6亿人,比2009年略有上升。② 可以预见,随着中国城市化进程加快、互联网广播、移动接收器的普及和人们生活水平的提高,广播还会得到进一步的发展。

改革开放以来,1986年广东珠江经济电台率先在全国从人民台中裂变出一家经济广播电台,从而引发了中国广播的大裂变,引领了广播电台专业化的风潮。到20世纪90年代中期,全国的广播电台市级分裂到了3家的专业台,省级则分裂到6—8家专业台。从综合台到专业台,创新和发展使广播人的观念发生了巨变。③ 中国汽车拥有量的剧增,给广播交通台的发展提供了难得的机遇,私车保有量增加导致道路拥堵现象激增,这增加了驾车人士对交通电台的依赖性,进一步促成了交通台市场的增长。

(3) 20世纪90年代至2010年各种新媒体的发展

20世纪90年代至2010年,中国传媒生态的最大变化就是互联网以及以互联网为基础的各种新媒体的诞生和快速发展。

在大众媒介中,互联网出现的时间最晚,但是发展速度最快。在报纸、

---

① 崔保国. 2011年:中国传媒产业发展报告[R]. 北京:社会科学文献出版社,2011:178.
② 梁毓琳. 2010年中国广播市场态势分析[EB/OL]. http://www.smr.com.cn/article_view.asp?id=250.
③ 李春富. 二十年中国广播改革发展三大现象[J]. 记者摇篮,2010 (3).

杂志、广播、电视和互联网这些大众媒介中，互联网进入我国的时间与国外相距最短。1993年互联网开始进入美国，1994年中国即实现与Internet的全功能连接。1995年中国第一家互联网服务供应商——瀛海威诞生，中国的普通百姓开始进入互联网络。为全面掌握互联网行业发展状况，1997年起，由中国互联网络信息中心（CNNIC）牵头进行互联网发展状况调查。第一次调查显示，1997年我国仅有网民62万人，接着几年网民数出现井喷式发展，到了2010年我国已有网民4.57亿人，其中宽带网民规模4.5亿人，手机网民3.03亿人，互联网普及率达34.3%，成为名副其实的互联网第一大国（图1-3）。

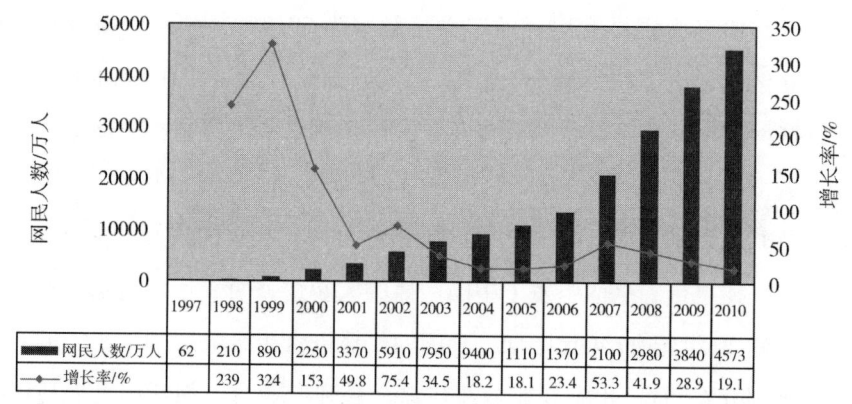

图1-3　1997—2010年历年互联网网民人数及其增长率①

2010年网民整体互联网应用呈现出三大特点：搜索引擎成为网民第一大应用、商务类用户规模增长最快、娱乐类应用使用率普遍下降。微博应用已经初具规模，2010年中国微博用户规模达到6311万，增长速度创下中国互联网应用发展之最。②

随着手机的普及和功能的增多，手机越来越有媒介的功能，有人称之为"掌媒"，手机和互联网的结合也在深刻影响人们的生活。据国家工业和信息

---

①　数据据CNNIC历次调查整理，引自CNNIC网站：http：//research.cnnic.cn/.
②　中国互联网络信息中心（CNNIC）. 第27次中国互联网络发展状况统计报告[R/OL]. http：//research.cnnic.cn/html/1295338825d2556.html/.

化部统计，截至 2010 年底，移动电话用户为 8.59 亿，在电话用户总数中所占的比重达到 74.5%，是固定电话用户的 3 倍左右，① 我国移动增值服务市场规模已从 2005 年的 305 亿元增加到 2010 年的 1853 亿元。②

2009 年工业和信息化部发放 3 张第三代移动通信（3G）牌照，2010 年三网融合"破冰"，为通信业、广电业和互联网的融合创造条件。互联网真正做到"一网天下"并衍生出花样繁多的数字媒体，网络电视、网络广播、播客、数字电视、楼宇电视、电子报纸、在线新闻、手机报纸、电子杂志等新媒体形式，接收终端和业态日益成熟，iPhone、iPad 等成为时代的新宠。这些变化，使得媒体正发生从纸介质到数字化，从原子到比特，从劳动密集型到技术密集型，从人工投递到网络传输的改变，媒体生产力正在呈现质的飞跃。

（4）20 世纪 90 年代至 2010 年中国传媒广告的发展

作为一种二元产品，传媒产业的另一重要市场就是广告，全国广告额从 1995 年的 273.27 亿元增长到 2010 年的 2340.5 亿元，增长了近 8 倍，中国已成为世界第二大广告市场。但从不同媒介来看，其增长并不均衡。从图 1-4 中可以看出，1995—2010 年间，变化最大的是网络广告在媒介广告中呈上升趋势，而报纸广告占的比重逐渐下降。

总的来看，我国大众传媒形成了一定的规模，形成了以报纸、广播、电视和杂志代表和主导的传统媒体以及以互联网为代表的新兴媒体的全方位多层次的媒体格局。通过上述分析可以看出，经过 15 年的市场化，我国大众媒介产业不断壮大发展（表 1-1），2010 年传媒产业规模达 5808 亿元，③ 成为名副其实的传媒大国。

---

① 工业和信息化部运行局. 2010 年全国电信业统计公报[EB/OL]. http://www.miit.gov.cn/n11293472/n11293832/n11294132/n12858447/13578942.html.
② 崔保国. 2011 年：中国传媒产业发展报告[M]. 北京：社会科学文献出版社，2011：17.
③ 崔保国. 2011 年：中国传媒产业发展报告[M]. 北京：社会科学文献出版社，2011：5.

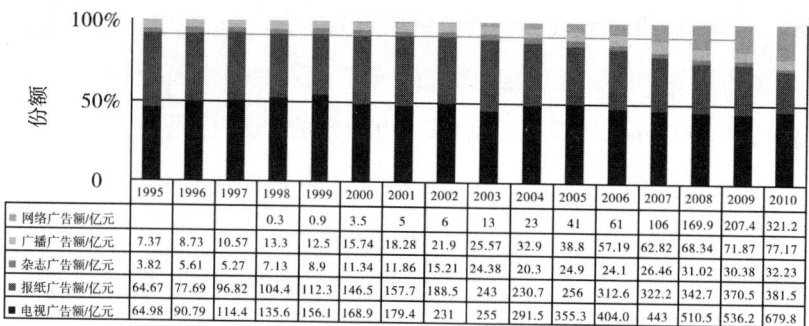

	1995	1996	1997	1998	1999	2000	2001	2002	2003	2004	2005	2006	2007	2008	2009	2010
网络广告额/亿元				0.3	0.9	3.5	5	6	13	23	41	61	106	169.9	207.4	321.2
广播广告额/亿元	7.37	8.73	10.57	13.3	12.5	15.74	18.28	21.9	25.57	32.9	38.8	57.19	62.82	68.34	71.87	77.17
杂志广告额/亿元	3.82	5.61	5.27	7.13	8.9	11.34	11.86	15.21	24.38	20.3	24.9	24.1	26.46	31.02	30.38	32.23
报纸广告额/亿元	64.67	77.69	96.82	104.4	112.3	146.5	157.7	188.5	243	230.7	256	312.6	322.2	342.7	370.5	381.55
电视广告额/亿元	64.98	90.79	114.4	135.6	156.1	168.9	179.4	231	255	291.5	355.3	404.0	443	510.5	536.2	679.8

图1-4　1995—2010年五大媒介广告额及其份额变化①

表1-1　1995年和2010年全国主要媒介产业规模一览表②

媒体类别	1995年规模	2010年规模
电视、电影	全国共有电视台837座，电视综合人口覆盖率84.5%，电视节目制作时长38.35万小时，全年生产故事影片334部	全国共有电视台247座，广播电视台2120座，教育电视台44座。全国有线电视用户1.87亿户，有线数字电视用户8798万户，电视综合人口覆盖率97.62%，全年生产电视剧436部14685集，动画电视221456分钟，故事影片526部
广播	全国共有广播电台1202座，广播综合人口覆盖率78.7%，广播节目制作时长233.22万小时	全国共有广播电台227个，广播综合人口覆盖率为96.78%
报纸	全国共出版报纸1049种，平均期印数1.26亿份，总印数178.9亿份，总印张257.9亿印张	全国共出版报纸1939种，平均期印数2.08亿份，总印数500.2亿份，总印张2153.8亿印张，定价总金额261.02亿元
期刊	全国共出版期刊7583种，平均期印数1.98亿册，总印数23.4亿册，总印张67.0亿印张	全国共出版期刊9884种，平均期印数1.65亿册，总印数35.4亿册，总印张200.1亿印张，定价总金额202.35亿元

---

① 数据据历年《中国广告年鉴》整理所得。
② 本表数据来源较多，其中广播和电视数据来自国家广电总局网站：http://www.sarft.gov.cn/，报纸和杂志数据来自国家新闻出版总署网站：http://www.gapp.gov.cn/，互联网数据来自中国互联网络研究中心网站：http://research.cnnic.cn/，另有部分数据来自相关年份《中国统计年鉴》。

续表

媒体类别	1995 年规模	2010 年规模
互联网	全国网民总数 62 万人，上网计算机数 29.9 万台，域名数 4066 个，网站数 1500 个（据第一次中国互联网络发展状况调查，截至 1997 年 10 月 31 日）	全国网民总数 4.57 亿，普及率 34.3%，宽带网民 4.5 亿，手机网民 3.03 亿，IPv4 地址数 2.78 亿，域名 866 万，网站数 191 万，网页 600 亿个

2. 20 世纪 90 年代至 2010 年工青妇报刊的状况

20 世纪 90 年代中国传媒生态最大的变化，就是报业的改革和由此引起的传媒市场化以及以互联网为代表的新媒体的蓬勃发展。各党报所办的都市类报纸在这场报业改革中快速发展，子报（晚报、都市报等市场报）养母报（各地党报）成为报业集团通行的生存法则，而党报（刊）则有被边缘化的趋势。当前，为配合国家文化体制改革，非时政类报刊转企改制、报刊退出正在有条不紊地进行，将是我国报业的一次重新洗牌。

（1）我国报业的市场结构

我国报纸发行结构相对稳定，这里以 2009 年数据为例来说明。从发行范围看，虽然地市级报纸出版种数居首，但省级报纸印数最多（表 1-2）。

表 1-2　2009 年全国报业出版结构（按发行范围分）[①]

报纸	种数/种	平均期印数/万份	总印数/亿份	总印张/亿印张
全国级	225	2880.53	63.86	189.61
省级	825	12792.06	237.52	1135.33
地市级	871	5131.16	136.83	642.78
县级	16	33.4	0.9	1.67
合计	1937	20837.15	439.11	1969.39

从报纸的内容分，可以分为综合类报纸和专业类报纸。综合类报纸种类少印数多，相反专业类报纸种类多但印数少（表 1-3）。

---

① 新闻出版总署. 2009 年全国新闻出版业基本情况[EB/OL]. http：//www.gapp.gov.cn/cms/html/21/493/201009/702538.html.

表1-3　2009年全国报业出版结构（按内容分）①

报纸	种数/种	平均期印数/万份	总印数/亿份	总印张/亿印张
综合类	806	9064.17	301.43	1636.26
专业类	1131	11772.98	137.68	333.14
合计	1937	20837.15	439.11	1969.4

另据北京世纪华文发行监测调研显示，2009年至2010年上半年，各城市综合类日报发行继续稳居各报之首，占64.7%；生活服务类报纸次之，占16.7%；处在第三位的是时政类报纸，占11.8%。同时，这三类报纸的覆盖率居前三，且优势更明显。②，并且历次调查显示，以都市类报纸、晚报为主体的综合类日报发行和覆盖皆有增长之势，综合类日报通过打造一小时都市圈、跨区域与周边报纸合作以及扩容等方式，其一报独大的优势逐渐增强，并初步形成"一城一报"的集中现象，给后进报纸造成强大的压力。从广告看，各种都市类报纸成为报业广告的主体，如2010年《成都商报》广告收入首次突破10亿元大关，成为继《广州日报》后第二份广告收入突破10亿元的报纸。③

（2）团属报刊和妇联报刊

工青妇是联系党和群众纽带的群众团体，与工人报刊类似的报刊有青年报刊和妇女报刊。2003年全国共有团属报刊125种，④ 共青团中央机关报《中国青年报》是一份在当代中国政治、社会生活中具有重大影响的全国性综合性日报。2004年3月16日，中国青年报社与北大青鸟集团共同出资组建中青报业传媒发展有限公司，负责《中国青年报》的发行、广告、品牌经

---

① 新闻出版总署.2009年全国新闻出版业基本情况[EB/OL]. http://www.gapp.gov.cn/cms/html/21/493/201009/702538.html.
② 崔保国.2011年：中国传媒产业发展报告[M].北京：社会科学文献出版社，2011：59-61.
③ 崔保国.2011年：中国传媒产业发展报告[M].北京：社会科学文献出版社，2011：7.
④ 共青团中央办公厅关于印发《全国团属报刊改革与发展研讨会暨中国青年报刊协会第18届年会纪要》的通知[EB/OL]. http://www.fsou.com/html/text/chl/1130/113092_1.html.

营等经营活动，开创全国性大报产业经营的先河。创刊于1923年的共青团中央机关刊《中国青年》杂志在青年读者中具有广泛的影响力。2004年12月22日，由共青团北京市委机关报《北京青年报》报社控股的北青传媒股份有限公司在香港H股挂牌上市，成为中国内地首家在境外上市的主流媒体。目前北京青年报社共有"十报四刊二网"，此外，北京青年报社还拥有北青传媒股份有限公司、小红帽发行股份有限公司、北京青年报现代物流有限公司、北京儿童艺术剧院股份有限公司等多家企业，形成了自身完善的报业产业链条。另外，发行量较大、影响较广的团属报纸还有《上海青年报》《河北青年报》等。

全国妇联机关报《中国妇女报》除了自办网站外，2004年在全国推出了国内第一家基于短信的手机报，其对新媒体的敏感与对舆论阵地开拓的重视，尤为值得肯定。2000年1月，湖北省妇联主办的知音期刊出版实业集团有限责任公司正式成立。2002年1月，广东省妇联主办的《家庭》杂志社组建成立了我国首家期刊集团——家庭期刊集团。《家庭》和《知音》两种杂志引领了全国期刊的发展。另外，各地妇联主办的《婚姻与家庭》《女友》和《孩子》等杂志具有很强的可读性、知识性、趣味性，着重面向家庭、面向妇女、面向儿童，发行量大，均具有良好的市场效益。而虽然《工人日报》在20世纪80年代生气勃勃的经济报道（如震动中南海的"渤海二号"事故报道）引起广泛反响，但无论从经营还是影响上看，工人报刊仍乏善可陈。

（3）工会报刊的机遇与挑战

对工会报刊来说，当前的挑战与机遇并存，并且挑战大于机遇。一方面为配合文化体制改革，包括工会报刊在内的报刊体制改革正在逐步推行。当前，按照国家文化体制改革总体部署，在指导非时政类报刊转企改制过程中，要积极推进中央和省级党报党刊所属报刊、党政机关所属报刊、企业主办和参与主办的报刊先行改革，时政类报刊则要继续进行宣传、经营业务两分开。① 在 2011 年全国新闻出版工作会议上，时任新闻出版总署署长柳斌杰表示，除党报党刊等时政类报刊出版单位按照事业单位的部署进行改革以外，其他具有独立法人资格的非时政类报刊出版单位，一律要在 2012 年上半年前完成或基本完成转企改制任务。② 2010 年全国进一步深化党报党刊发行体制改革，非时政类报刊已有 1200 家完成转企改制工作，49 家报业集团全部完成了采编、经营"两分开"，以发行、印刷、广告为主营业务组建起来的报业集团公司，大大提升了竞争力。③

为解决长期以来制约报刊业发展的结构失衡、闲置浪费问题，推动报刊体制机制改革向深入发展，2008 年 9 月报刊退出机制在辽宁、河北两省试点，两个试点省份约 20 种报刊退出市场。④ 2009 年 3 月 3 日，《中国足球报》宣布暂时休刊；同年 3 月，《市场报》停刊。2009 年 8 月 27 日，《中华新闻报》停办。截至 2009 年 11 月，全国已有 188 种报刊以调整、兼并、重组、停办等方式退出，而这 4 种方式也成为目前我国最主要的媒体退出形式。2011 年 1 月 1 日起，新闻出版总署印发的《报纸期刊出版质量综合评估办法（试行）》正式施行。评估办法分基础建设条件、环境资源条件、出版能力、经营能力 4 个板块，17 个类别约 60 余个具体指标。经评估，对出版能力不足、出版质量长期低下，报刊经营不善、资不抵债，不能维持正常出版活动的报纸期刊，要采取调整定位，由有实力的传媒集团或报纸期刊企业兼并、重组或托管以及停办等多种手段予以退出。在一个评估周期内，各省（区、市）退出的报纸期刊比例一般不得低于本区域报纸期刊总数的 3%。2011 年 4 月新闻出版总署发布的《新闻出版业"十二五"时期发展规划》（以下简称《规划》）指出，我国目前拥有 2000 多种报纸、9000 多种期刊，数量虽多，但普遍小、散、弱。因此，兼并重组，壮大实力是必然的发展方

---

① 李东东. 推进报刊分类改革 提高报刊品牌影响力[EB/OL]. http://news.sohu.com/20100915/n274957509.shtml.
② 张贺. 我国新闻出版体制改革产业发展进入新阶段[N/OL]. 人民日报，2011 - 01 - 12. http://news.sina.com.cn/c/2011-01-12/042921800543.shtml.
③ 崔保国. 2011 年：中国传媒产业发展报告[M]. 北京：社会科学文献出版社，2011：40.
④ 刘剑飞. 报刊退出机制的历史考察[J]. 新闻实践，2010 (5).

向。《规划》提出，全国报刊出版单位数量将减半，这一硬指标将决定一大批经营不善、效益不佳的报刊退出市场，优质出版资源将更加向着实力强大的报刊出版传媒集中，①这些都给兼有行业报和机关报特点的工人报刊带来了极大的挑战。

另一方面，同样是出于做强做大的文化产业发展需要，《规划》将文化作为支柱产业，对报刊业的发展是政策利好消息。另外，各种媒介新技术日新月异，过去有手机报、移动阅读器，新近的有iPad报纸、3D报纸等，为报纸的突破提供技术平台。通过前述团属和妇联报刊的分析可以看出，工会报刊在体制改革、经营创新、新技术应用等方面没有抓住机遇，又缺乏党报的政治资源，从而导致工会报刊与党报、都市报、团属报刊、妇联报刊相比，还多数处于弱势媒体位置，发行量、读者范围、社会影响力、公信力均显弱势。目前面对报业和其他媒体的竞争、报业转企改制的挑战，工会报刊能否生存下去很大程度上取决于工会报刊能否在这场改革和发展中抓住机遇。

（三）1995年至2010年工会报刊的问题与现状

从总体上看，1995年至2010年，面对新型劳动关系和媒介环境的挑战，我国工会报刊基本处于整体规模小、经济实力弱、报纸影响力低、经营单一、内部机制不活、专业人才匮乏的状况。除少数几家报纸适应性较强，保持良好发展势头外，大多数面临着严重的生存危机。工会报业的这种发展状态与我国改革开放30多年所取得的丰硕成果并不相称，与新闻出版行业的排头兵们相去甚远，也与中国工会当下所肩负的重要使命和工人运动的现实需求并不适应。

1. 20世纪90年代初至2010年职工地位的变化与工会职能的转变

改革开放以来，我国一直在探索国企改革。早在1984年12月20日中共

---

① 新闻出版总署发布《新闻出版业"十二五"时期发展规划》：未来五年蓝图公布 新闻出版业总产出瞄准3万亿[EB/OL]. http://book.people.com.cn/GB/217142/14443124.html.

第十二届中央委员会第三次全体会议通过的《中共中央关于在城市进行经济体制改革的决定》就提出发展商品经济。20世纪90年代初,社会主义制度下计划和市场的关系问题使改革陷入僵局,苏联解体对社会主义制度形成了巨大冲击。1992年社会主义市场经济体制确立,国企改革进入制度创新阶段,国企解困成为主题。1996年以来,"下岗分流、减员增效"成为解决国有企业冗员的指导方针。这种改革下,工人阶级发生了很多变化。

首先是工人阶级内部结构的变化。从就业结构的变化来看,第一、二产业的从业人员比重下降,第三产业的从业人员比重上升;国有单位和集体单位的从业人员减少,非公有制企业的从业人员增加。从文化技术结构的变化来看,技术工人的比重下降,熟练工人的比重上升,国有企业、集体企业职工的学历层次相对较低,非国有高科技企业职工的学历层次相对较高。从年龄结构的变化来看,国有企业职工队伍年龄结构老化,非公有制企业职工队伍年龄结构年轻化。

其次是工人阶级内部阶层明晰化。工人阶级各个组成部分在社会生产过程中地位、作用和经济利益发生了变化,劳动关系双方利益主体由国家主体向企业和劳动者主体地位的确立转变,计划经济时代企业管理者和劳动者即普通工人之间在实现劳动的过程中结成的政治利益关系,逐渐转变成以经济利益为基础的利益关系,分化成两个不同的阶层,即企业经营管理者阶层和普通工人阶层。由于工人阶级内部各组成部分在社会结构中的经济地位、社会地位、权利地位和利益关系的不同,工人阶级内部可以划分为几个阶层:企业经营管理者群体、以知识分子为主体的白领群体、机关公务员群体、普通工人群体以及由普通工人群体派生出来的困难职工群体和打工者群体。这就是现阶段我国工人阶级内部结构最为显著的变化,[①] 即由以前单纯的国家-工人二元体制,变为现在更多是工人-企业主二元体制。

再次,劳动关系由性质的单一化向多样化发展。下岗使得原有的国家与

---

① 王慧民. 工人阶级内部结构的变化与劳动关系矛盾的协调[J]. 北京市总工会职工大学学报, 2001 (4).

职工之间的社会契约发生了变化，打破了传统的"铁饭碗"，终生有保障的就业制度已不复存在。与此同时，非国有企业，特别是民营企业、乡镇企业、三资企业等得到迅速发展，劳动关系多样化，由此带来劳动关系日趋契约化，劳动用工由政府决定向企业和劳动者订立合同、契约转变，包括加强基层的平等协商、集体合同制度和职工代表大会制度，工会通过国家协调劳动关系三方会议制度逐渐形成。

最后，这种变化使维护工人的合法权益成为工会的基本职能。由于工人阶级内部各群体之间的矛盾显现化、明朗化，劳动关系日趋不稳，劳动者由依赖国家就业向自由选择职业转变，管理者和普通工人之间的矛盾即劳动关系矛盾占主要地位，导致维权成为工会的首要职责。1994年7月5日颁布的《劳动法》是新中国成立以来的第一部保护劳动者合法权益的法律，于1995年1月1日起正式实施；经过1992年的修改，2001年全国人大常委会再次对《工会法》作了较大修改，突出工会维护职工合法权益的职能。2006年全总推动沃尔玛在华总部和分店全部建立了工会组织，产生了很大影响。2007年3月7日胡锦涛总书记在参加全国政协十届五次会议工会、共青团、青联、妇联界委员联组讨论时充分肯定了工人阶级在推动经济社会发展中的重大贡献，再次强调了在共建共享和谐社会中必须充分发挥工人阶级的主力军作用，明确要求工会组织在共建共享和谐社会中要充分发挥"四个作用"——组织、引导、服务职工和维护职工的合法权益，维权在工会职责中的重要性越来越凸显。如何更好地了解和认同受众需要，真正贴近职工群体并为之服务，成为工会报刊需加以严肃认真关注的问题。

2. 工会报刊的现实困境

2010年，我国共有工会报刊58种（含5种内刊），其中全总主管报刊16种，地方省级总工会主管报刊42种。而2010年全国报刊种类总数11823种（报纸1939种，期刊9884种），工会报刊只占总报刊数的0.45%。工会报纸中除全总机关报《工人日报》创刊时间较长，规模较大外，地方工会报规模、发行量、效益参差不齐。长期以来，全国的工会报业资源分布过于分散，定位趋同,发展很不平衡,工会报刊处于不同的发展阶段上。有的创刊、办报时间长,采编力量强,年经营发行总量近亿元,如《工人日报》《劳动报》等;有的办报时间较长,采编力量较强,年经营发行量上千万元,如《河北工人报》《浙江工人日报》等;还有大量的工人报处于规模较小,实力弱,收入低于千万元的状况。① 当前以工会报刊为主体的工人媒介与工人阶级现实存在三大失衡:职工对新闻媒介的满意度与媒介对职工的影响力不相称、工人新闻的数量与庞大的工人队伍不平衡、工人对新闻的需求与新闻媒介的现状还有距离,成为新时期工会报刊的困境。现实问题主要表现在以下几个方面。

(1) 市场意识薄弱,影响力薄弱

据2009年不完全统计,全国地方工人报有25种,从刊期看,日报(含每周5期)的有16种,每周3期、每周4期的有6种,每周2期的有3种;从发行量上看,20万份以上的仅有1种,发行量在10万份以上不足20万份的有4种,发行量在5万份以上不足10万份的有5种,发行量在3万份以上不足5万份的有6种,发行量在2万—3万份的有4种;从总收入上看,收入1000万元以上的有6种,超过500万元不足1000万元的有9种,超过300万元不足500万元的有5种;从广告收入上看,广告收入在1000万元以上的有4种,500万元以上不足1000万元的有5种,200万元以上不足500万元的有9种,100万—200万元之间的有3种。另外,至1994年底,全国共有工人期刊26种。其中,全总直属期刊有12种,工人期刊的期发数差别较大,少的仅有1万余册,多的可达四五十万册(如《当代工人》),多数在数万至十几万册之间。1994年26种期刊总发行量达到150万册。② 工会报刊基本没有走向市场,即使有也只有少数几家,仅上海《劳动报》一家工会报刊市场化运作较好,实现盈利。工会报刊市场化中更有惨重的代价和教训,《工人日报》曾尝试过"母报坚守,子报闯市场"的集团化路子,可惜创办

---

① 李传海. 整合资源 筑牢阵地 互利共赢:对工会报业生存与发展的思考[C/OL] //首届中国工会报业发展论坛论文集. (2010 - 07 - 28). http://media.workercn.cn/c/2010/07/28/100728132134721188993.html.

② 高江波. 中国工人期刊述评[J]. 中国出版,1995 (6).

的都市报《北京新报》2003年6月由于严重违反新闻纪律而夭折。原来由重庆市总工会主办的《现代工人报》，曾在1999年大胆地进行了市场化运作，不但没有成功，反而被划转到了重庆日报报业集团的旗下，2004年10月中旬该报正式改名为《时代信报》，成为一家新闻周报。① 这导致工会报刊影响力很薄弱，比如一些地方总工会还需要在各自的地方党报上开辟固定的工会专版、专栏，花钱扩大宣传。②

（2）工人报刊体制僵化，改革动因不足

截至2010年，从工会报刊的自身现状和发展要求看，前景不容乐观。工会报刊在办报刊的方针调整、内容与形式的相应变化、管理机制改进、人才使用、资本运营等方面，远落后于都市报、党报（刊）等，面临生存危机。尤其在经营创新、新技术运用、人事改革、分配改革等方面滞后明显，报刊运营情况普遍不佳。过去工会报刊依靠红头文件权力发行，广告额低，工会报刊绝大部分靠发行收入维持，尤其是期刊，基本全靠发行。2004年3月起，新闻出版总署要求实行管办分离，对以发行收入为主的工会报刊造成强烈冲击。此外，工会报刊普遍缺少资金投入。过去办报刊的投资来自国家财政，机构改革后，大部分工会报刊将由差额拨款，渐变为自收自支。而目前大部分工会报刊在国家保持投入前提下，仅能维持运转。在全国范围，工会体系报刊在制度改革上明显落后于同业，至今没出现一家工会报刊集团。相比之下，全国各地都市报、晚报、青年报、妇联期刊，包括党报，都纷纷建立报刊集团，投入大，发展快，体制新，远远走在工会报刊前面。

从发行看，截至2010年除少部分工人报实现了自发或多渠道形式的发行外，大部分仍是单一的邮发形式。而且邮发费率偏高，发行市场结构不合理，发行数量主要集中在企业，企业订数占整个发行订数的比重较大，机

---

① 刘乐华，郭晓明. 试论工人类报刊的生存与发展空间[EB/OL]. http://media.people.com.cn/GB/22114/63480/63482/63489/4340900.html.
② 李传海. 整合资源 筑牢阵地 互利共赢：对工会报业生存与发展的思考[C/OL]//首届中国工会报业发展论坛论文集．（2010-07-28）. http://media.workercn.cn/c/2010/07/28/10072813213472118 8993.html.

关、事业单位订数所占比重较小。在报纸发行上，90%以上的工人报均被列入省、市总工会对下级工会的工作考核目标，①工人报的发行主要依靠行政手段和半行政手段订报。大部分工人报的发行，订报经费来源主要是工会经费，其中大部分报纸工会经费订报数额所占比重达到了报款总额的80%以上。②工人报很难进入非国企职工群体，而自发市场和零售市场数量更小，有的报社甚至是一片空白，没有自发市场和零售市场。受内容及订阅方式的影响，读者自费订阅工会报纸的积极性并不高，而发行量不高又直接影响到广告收入。

（3）工人读者定位不明确

工人报刊是办给职工看的，但当前中国工人阶级的概念内涵已经发生了许多变化，对具体的工人报刊而言，其读者定位也应该随之作相应调整。而实际情况是工人报纸的读者定位仍然没有与时俱进，其读者定位主要停留在一线传统工人，这种定位严重限制了工人报刊的读者面。

新中国成立初期，工人阶级就是指雇佣劳动者，后来，在我国传统计划经济体制下，工人阶级包括国有、城市集体企业以及政府机关及事业单位的职工。虽然知识分子阶层的身份是职工，享有一切职工的福利待遇，但在政治思想领域，他们又经常被列入资产阶级阵营。改革开放后，知识分子成为工人阶级的一部分。2001年修改的《工会法》对工人阶级的概念用法律语言进行界定，那就是"在中国境内的企业、事业单位、机关中以工资收入为主要生活来源的体力劳动者和脑力劳动者"。通俗地说，工人阶级就是社会上的工薪阶层，占社会群体的大多数。从最新的工人阶级概念出发，其内涵几乎涵盖了社会上除了军人、农民（进城务工的农民除外）、学生、企业主、无业人员之外的几乎所有群体，现在的工人阶级已经不单单是指厂矿企业中的一线工人，从大学教授到进城的农民工、从国家机关的公务人员到企事业的一线职工都是工人阶级的组成部分。这些读者群，他们的利益诉求、知识

---

① 华光耀. 对工人报业发展的途径与思考[C] //首届中国工会报业发展论坛论文集，2010.
② 许扬. 工会报纸发行面临的挑战与对策[J]. 中国报业，2001（5）.

水平、经济状况、兴趣爱好均千差万别，面对如此庞大的读者群体，工人报刊就存在着对读者群体的细分问题，比如针对教师、国企管理者、外企白领等有针对性地办报（刊）、开设相应的栏目。但是目前，很多工人报刊仍然笼统地将读者定位为一线产业职工，定位的趋同与僵化，显然不符合变化了的实际状况，其结果只能是被市场所淘汰。①

（4）工会报刊形式落后，内容乏味，不能满足职工需求

从工会报刊传播效果看，报刊质量普遍不高，内容陈旧，形式呆板，职工读者不爱看。过去在行政干预下，订阅率高，但传阅率并不高。报刊长期注重工作指导性和宣传性，忽略了新闻性、可读性、亲近感。报刊的许多内容，缺乏有力度的真正关心职工群众在新型劳动关系中权益维护上出现的大量矛盾和争议，工会报刊在"两个维护"中偏向维护国家利益，却淡化维护职工群众利益这个最能吸引职工群体的方面。同时，行政机关指导的痕迹，至今在大部分工会报刊中仍然存在。工会报刊在读者心目中的地位，受到冲击。

2007年第六次职工状况调查显示，仅有32.4%的上海职工、34.9%的广东职工对现在新闻媒体关于职工群众的宣传报道"很满意"或"比较满意"，经济和媒体均发达的上海和广东尚且如此，可以推测其他相对落后地区更不容乐观。职工对媒体的满意度低在很大程度上源于新闻媒体的报道形式呆板，缺乏生动活泼的表达形式。1986年第二次职工状况调查显示，只有6.67%的职工表示当时的报刊、广播宣传"生动活泼、言之有物，有吸引力"。② 1992年复旦大学的调查显示，在列举的包括《工人日报》在内的17种工人最喜爱的报纸中，上海工人最喜爱的前三种报纸均没有工会报刊。③

工会报刊形式上落后，大都属于4版或8版的薄报，在厚报时代跟不上市场的发展；在新闻表达上比较落后，报道无影响力，适应不了读者的阅读

---

① 林宜承. 办好工会报刊必须解决的三个问题[J]. 新闻传播，2010（9）.
② 中华全国总工会. 中国职工队伍状况调查：1986[M]. 北京：中国工人出版社，1987.
③ 复旦大学新闻学院《上海工人与新闻媒介》课题组. 受众调查：上海工人与新闻媒介[J]. 新闻大学，1994（3）.

要求。从报道内容看,事业单位、企业管理的媒介定位使当今的传媒受制于政治规范和经济驱动的双重控制,特别是传媒过度意识形态化,媒体在报道塑造党和国家形象以及弱势群体利益表达的冲突性议题中更多倾向于前者,作为体制内宣传者工会报刊为工人阶级提供利益的表达渠道极为贫乏。夏倩芳等(2007)通过对1979—2008年《工人日报》有关"工人"议题报道的内容分析发现,工人群体的媒介表达状况不容乐观,"工人"议题报道的新闻框架受限于意识形态藩篱,工人议题的报道不仅未随政治经济体制改革的深入而得到改善,反而有所弱化。工人群体是工人议题新闻最次要的信息来源,排在企事业单位、党政机关、工会、媒体之后。消息来源是最原始的守门人,消息来源常借使用媒介的机会筛选、宣扬于己有利的资讯,大部分新闻报道(85.4%)无工人话语引述且呈减少趋势。[①]

20世纪80年代初,工会报刊曾经迎来黄金期。工会报刊利用它和国企的盟友关系,一度发展迅猛。当时,《工人日报》在全国的发行量曾逾240万份。随着我国改革开放和经济体制改革的不断深化,企业改组、改制全面进行,新的民营企业和外资企业不断涌现,一些地方工会报刊的发行和定位已经越来越不能适应社会主义市场经济的发展,它依附在工会工作的链条中,长期以来有种"反正有上级工会的红头文件要求订阅"的心态。办报者在征订发行过程中依靠摊派的色彩比较浓重,市场存活能力较差,缺乏改革的动力。再加上其他行业报刊的无序竞争及乱摊派、强行征订,工会报刊的发行量和影响力遭遇到了前所未有的影响。另外,面对新媒体的竞争和报刊转企改制的政策,工人报刊将面临前所未有的挑战。

---

① 夏倩芳,景义新. 社会转型与工人群体的媒介表达:《工人日报》1979—2008年工人议题报道之分析[M]//罗以澄. 新闻与传播评论:2008年卷. 武汉:武汉出版社,2008.

二、工会报刊的受众分析

在一个完整的信息传播过程中，信息、传播者、媒介、受众、效果五个部分缺一不可。① 其中，技术进步带来的信息易得和信息过剩，使大众传播由过去的"传者本位"转变为当下的"受者本位"，受众在信息传播中的地位也更加凸显。因此，工会报刊要在新的传播环境有所作为，必须高度重视受众分析。

分析受众的目的，在于发现读者的真正需要，这构成了本节的核心问题。围绕这一问题，我们要检视的是：当下工会报刊的受众主体是哪些，他们有怎样的特征，他们的阅读需求是否被有效满足。如果没有，他们的阅读需求是怎样的；在新的时代背景和制度安排下，工会报刊要发展壮大，还应当争取哪些人群作为自己的目标受众，这些潜在受众有哪些信息需要，工会报刊要作出怎样的对策设计。

在分析方法上，尽管受众分析方法林林总总，但可以概括为三种研究路径：结构性的、行为性的和社会文化性的。② 结构性受众研究源于媒介工业的需要，其目的是为了获得有关受众规模、媒介接触、到达率、流动情况等方面的量化信息，是广告投放等商业行为的必备数据。行为性受众研究把受众视若"黑箱"，认为不必了解其内在机理，主要通过察其言观其行，便可描述受众经验，推知其行为动机和传播效果。结构性和行为性受众研究主要采用调查统计和心理实验等定量研究方法，这样的数据可以用来说服广告商

---

① 郭庆光. 传播学教程[M]. 北京：中国人民大学出版社，1999.
② 丹尼斯·麦奎尔. 受众分析[M]. 刘燕南，等译，北京：中国人民大学出版社，2006.

或广告主,却永远无法把握真正"受众本体"的实质。①和上面两种方法不同,社会文化性受众研究则主要采用民族志和定性的研究方法,在社会和文化的意义上全面深入地把握受众,强调对"人"的再发现。本节的研究方法,以社会文化性的角度为主。

(一)工会报刊的传统受众分析

一家报纸的定位是由其受众决定的,其中传统受众是信息传播的接收主体,构成了一家媒体存在合理性的基石。从历史上看,工会报刊的传统受众一直是以"工人阶级(层)"为主。随着时代发展,"工人阶级(层)"在中国成为一个所指不断变化的概念,针对这一概念下的受众分析,需要结合时间维度才能揭示其群体特征和阅读需要。

1. 改革开放前工会报刊传统受众——相对单纯的受众群体

中国共产党创办的第一份全国性工人杂志《劳动周刊》(1921年8月创刊),第一份每日发行的工人报纸《工人之路特号》(1925年6月24日创刊),均以指导罢工斗争为主要任务,② 所服务的受众对象是马恩经典作家所述的工人阶级。在马恩经典作家看来,无产阶级和工人阶级意义是一致的,主要是相对于资产阶级的一个概念。这个阶级具有以产业工人为主、失去生产资料、工资只是劳动者的价值等特征。③

旧中国的工人阶级绝大多数存在于帝国主义在华企业和官僚资本、民族资本所办工矿企业中。1870年前后,中国产业工人约有1万人,到1894年约有9万人,到1919年五四运动前已达到200多万人。他们大多数来源于破产的农民,文化水平很低。④ 这一特点对工会报刊的办报风格有显著影响。

---

① ANG I. Desperately Seeking the Audience [M]. London:Routledge & Kegan Paul, 1991. 转引自:刘燕南. 受众分析:解读与思考[J]. 现代传播, 2006 (1).
② 方汉奇, 李矗. 中国新闻学之最[M]. 北京:新华出版社, 2005.
③ 姜芳. 中国工人阶级结构变化的历史沿革及原因[J]. 大连海事大学学报(社会科学版), 2009, 8 (6).
④ 张菲, 陆卫明. 当代我国工人阶级结构变化分析[J]. 理论导刊, 2002 (7).

新中国成立之初，工人阶级除了与其他阶级的关系发生变化外（即成为领导阶级），自身结构并没有发生变化，在构成上依然是以产业工人为主的单一结构单位，因此迎合工人阶级受众特点的办报理念没有改变。时任全总副主席、党组书记的李立三，正是以"《人民日报》工人很难看懂，因为文字较深……需要有一个专门以工人群众为主要对象的报纸，一切都应与大报不同。编辑方法，新闻的内容、来源，发行的方法，都应该与大报不同"[1]为由说服了毛泽东，创办了《工人日报》。

"受众是社会环境和特定媒介供应方式的产物，人们社会环境的相同或者相似导致了他们相同或者相似的文化兴趣、理解能力和信息需求等。"[2] 在整齐划一的时代，工人尤其是产业工人，无论是所处的社会环境还是工作环境、生活环境，都具有鲜明的集体主义色彩，因此对信息的需求也保持一致。但这种情况并没有持续太久。从新中国成立初期到社会主义改造结束，工会报刊迎来了传统受众第一次规模暴涨、同时内部阅读需求多样化的时期。在过渡时期中国社会阶级阶层结构相对复杂，社会阶级阶层结构呈"四阶级一阶层"格局，即工人阶级、农民阶级、小资产阶级、民族资产阶级和一个既与工人阶级密切联系又因特殊社会功能独立于工人阶级的管理者阶层。但是随着其他阶级社会主义改造的基本完成，他们逐渐转化为工人阶级的一分子，工人阶级数量因此急剧增长，达到800多万人[3]，这为工会报刊的发展提供了受众基础。

尽管人数众多，认知水平不同，但由于国家对企事业单位的人员配置实行计划管理和行政审批，强大的公共权力限制了社会资源作用的范围和程度，工人阶级内部各群体是相同的利益主体，有相近或相似的经济利益、政治地位、价值观念和行为规范，具有较高程度的封闭性或凝固性，没有分化

---

[1] 李思慎，刘之昆. 李立三之谜[M]. 北京：人民出版社，2005.
[2] 丹尼斯·麦奎尔. 受众分析[M]. 刘燕南，等译. 北京：中国人民大学出版社，2006：2.
[3] 张菲，陆卫明. 当代我国工人阶级结构变化分析[J]. 理论导刊，2002（7）.

和整合的空间。① 因此这一时期工会报刊的受众分化并不明显，依然表现出主人翁意识充分、集体荣誉感强烈、社会参与态度积极等较为一致的特征。反映在工会报刊方面，催生了一大批地方工会报刊，它们以恢复经济和为新中国建设动员、组织广大职工发挥主力军作用为办报方针，发挥了巨大的积极作用，且在工人中拥有较大的影响力和归属感。

工会报刊传统受众的第二次扩容，是1956年1月14日周恩来代表党中央作《关于知识分子问题的报告》后，知识分子成为工人阶级的重要组成部分。到改革开放前，我国工人阶级由国有企业职工、集体企业职工和知识分子共同构成。从新的概念出发，其内涵几乎涵盖了社会上除了军人、农民（进城务工的农民除外）、学生、企业主、无业人员之外的所有群体，从大学教授、国家机关的公务人员到企事业的一线职工都是工人阶级的组成部分。到改革开放前，包括国有和集体企业职工、知识分子、职员在内的工人阶级的数量已由解放初的809万人上升到1.23亿人，占总就业人口的1/3左右，其中工业行业职工人数为4354万人。②

在这一读者群中，他们的利益诉求、知识结构、经济状况、文化品位、兴趣爱好都不同。而且知识分子阶层虽然身份是职工，享有一切职工的福利待遇，但在政治思想领域，他们又经常被列入资产阶级阵营。面对如此庞大、复杂的读者群体，工会报刊在面对统称为"工人阶级"这一传统受众群体时，开始产生了读者定位上的困惑。想固守传统，必然顾此失彼；想全盘兼顾，又实在难以左右逢源。如果说这种情况在计划经济时代还能被整齐划一的意识形态所掩盖，那么到了改革开放之后，工会报刊的传统受众分化已经到了无法回避、直接关系到报刊存活与否的关键时刻，同时也埋下了工会报刊未来必须进行受众细分的伏笔。

2. 改革开放后工会报刊传统受众——内部构成发生深刻分化

"我们想创造一个世界，但最终这个世界崩溃了。"反映传统产业工人生

---

① 姜芳.中国工人阶级结构变化的历史沿革及原因[J].大连海事大学学报（社会科学版），2009，8（6）.

② 刘丽杭.当代中国工人阶级的群体分化与利益整合[J].社会主义研究，2002（3）.

活的代表性纪录片《铁西区》导演王兵如此总结被拍摄对象的心理感受。①在 20 世纪末社会转型的阶层流动中，工人阶级队伍的变化尤为突出，主要表现为工人阶级分布日趋多样化，内部亦日益明显分化为众多的阶层。除传统国有、集体企业外，工人阶级大量向私营、"三资"等各种所有制企业流动，工会报刊的传统受众阵营开始分裂、流失。

据统计，1991 年底私营和个体就业人员有 2491.5 万人，到 2001 年底达 7474.1 万人，而同期国有单位就业人员则从 10664 万人下降至 7409 万人。同时，传统产业的萎缩与新兴产业的蓬勃发展，使第三产业的从业人员激增，已超过了第二产业。1978 年，第一、二、三产业就业人数的比例是 70.5∶17.3∶12.2，而 2001 年这一比例则变为 50∶22.3∶27.7。这些变化使得工人阶级由以前相对固定、单一的状况日益分化为众多的阶层。此外，从不同角度观察，又有所谓国企与私企（包括乡镇、私有、"三资"企业）工人之分，企业内与外来劳动者（包括农民工）之分，"在岗"与"下岗"工人之分，高收入、中等收入、低收入、贫困者群体之分。②

与此同时，工人阶级内部各阶层间利益和矛盾更加复杂与多样化。虽然他们的根本利益是一致的，但不同阶层之间有着利益矛盾。从矛盾的性质和内容看，这些冲突不仅表现在经济收入、物质生活上，而且也体现在政治权利以及精神需求和心理上，凡此种种亦可概括为物质利益矛盾、政治利益矛盾和精神利益矛盾。其中，物质利益矛盾是最基本的利益矛盾，政治利益矛盾是物质利益矛盾的集中体现，精神利益矛盾反映了物质和政治利益矛盾。随着市场经济关系的发展和竞争的加剧，这些差异和矛盾冲突将日益明朗化、复杂化。

利益格局的改变反映在调查数据上，据 1996 年一次调查显示，私营单位（私营企业、外商投资企业、港澳台投资企业）职工人均月收入为 1192

---

① 吕新雨.《铁西区》：历史与阶级意识[J]. 读书，2004（1）.
② 张朝晖. 当代中国工人阶级队伍变化的特点及其影响[J]. 当代世界社会主义问题，2004（3）.

元;混合制单位(股份制企业、联合经济企业)职工人均月收入为958元;公有制单位(国营企业、集体企业)职工人均月收入为699元。① 改革开放以来地区间经济发展的不平衡也产生了以地区为单位的工人群体的分化。由于地理位置不同,所具有的资源不同,所享有的国家优惠政策不同,各地区经济发展具有很大的差异,由此导致各地区间工人收入、福利待遇等方面的差异。如1996年6月末,上海人均工资为4621元,黑龙江省人均工资仅为1846元,前者是后者的2.5倍。②

此外还有产业群体的分化。如信息咨询服务行业与纺织行业的收入差距在增加。而同一地位的工人,由于所处产业部门的不同就会存在不同的收益差别。原劳动部对1000多户国有企业进行的调查表明,外贸、金融、旅游、电力、邮电和烟草6个行业的职工1995年上半年收入高于其他行业70%以上,这还不包括大量的工资外收入和在职实惠。③

经济基础直接影响了人们对自身地位的判断。全总《1997年全国职工队伍状况调查报告》显示:"在被调查的职工中,4.1%认为1992年以来职工在基层单位的地位大有提高,29.4%认为有提高,23.6%认为没有变化,15.8%认为有所下降,9.3%认为下降很多,17.8%表示说不清楚。认为主人翁地位大有提高和有提高的,比1992年下降了12.5个百分点,下降幅度很大。职工评价的综合均值为3.02分,与1992年调查时的3.18分比较,下降了0.16分。此外,职工对其在基层单位主人翁地位的自我评价,也出现了显著下降。"1998年,一项在广西国企普通职工中对自己的职业社会地位评价调查中,工人中认为自己社会地位处在中下的占36.6%,处在下的占26.2%,两项相加为62.85%;认为处在中的28.9%,处在中上的占5.8%,两项相加为34.7%;认

---

① 胡俊. 对当前利益调整中工人阶级地位评价的社会学思考[J]. 中共宁波市委党校学报,2000(6).
② 中国社会科学院"社会形势分析与预测"课题组. 1996年—1997年中国社会形势分析与预测[J]. 管理世界,1997(1).
③ 戴炳源,万安培. 中国中产阶层的现状特点及其发展态势简析[J]. 财政研究,1998(9).

为处在上的仅占1.2%；另有1.2%未作回答。①

除了明确地感知自身社会地位下降外，一些工人群体还面临自身权利受损的逆境。首先是"下岗"。下岗经历了一个历史的发展过程。② 据原劳动和社会保障部的统计，1996年末下岗人数为8147998人，其中国有、国有联营、国有独资企业的人数为5419636人，城镇集体企业的人数为2549139人；到2000年末，下岗人数为9113104人，其中国有、国有联营、国有独资企业的人数为6571845人，城镇集体企业的人数为2341404人。另外，城镇失业登记人数率从1996年开始就一直在3.0%以上，1996年登记失业人数为552.8万人，登记失业率为3.0%。而到了2004年末，城镇登记失业人数增长到839万人，城镇登记失业率达到4.2%。③

在城镇失业人口中，传统产业工人是其中的主体，同时也是工会报刊传统受众中的主干力量。他们在下岗过程中，产生了一系列的现实问题。近十多年来的劳动争议与群体性事件数量一直上升，很充分地说明了这个问题。自1994年《劳动法》颁布以来，劳动争议的数量便急剧上升，且涉及的劳动者人数也越来越多（表2-1）。

表2-1　1994年—2006年全国劳动争议处理情况④

年度	当期案件受理数/件	集体劳动争议案件/件	劳动者当事人数/人
1994	19098	1482	77794
1995	33030	2588	122512

---

① 李秋洪.群体的比较：国有企业员工的阶层[J].广西大学学报（哲学社会科学版），2000（3）.

② 2003年10月28日，当时的劳动和社会保障部首次宣布：北京、天津、辽宁、上海、浙江、福建和广东7个省市已没有下岗职工，再就业服务中心已全部关闭。至此，下岗作为全社会关注的一个现象，开始走向终结。转引自刘建洲.传统产业工人阶级的"消解"与"再形成"：一个历史社会学的考察[J].人文杂志，2009（6）.

③ 数据来自国家统计局人口与就业统计司.中国劳动统计年鉴[M].（1994—2005）.北京：中国统计出版社，1995—2006.

④ 根据中华人民共和国国家统计局网站（http://www.stats.gov.cn）发布资料整理而成；转引自刘建洲.传统产业工人阶级的"消解"与"再形成"：一个历史社会学的考察[J].人文杂志，2009（6）.

续表

年度	当期案件受理数/件	集体劳动争议案件/件	劳动者当事人数/人
1996	48121	3150	189120
1997	71524	4109	221115
1998	93649	6767	358531
1999	120191	9043	473957
2000	135206	8247	422617
2001	154621	9847	467150
2002	184116	11024	608396
2003	226391	10823	801042
2004	260471	19241	764981
2005	313773	16217	744195
2006	317162	13977	679312

在这些劳动争议案件中，引发劳动争议的原因主要集中在劳动报酬和经济补偿、赔偿及保险福利等劳动者基本劳动权益方面，利益矛盾成为劳动关系中的主要矛盾。近十年来，因劳动报酬、经济补偿和保险福利引发的争议一直是劳动争议的焦点，连续多年均占全部受理案件的50%以上，居各类争议之首，[①] 同时也成为工人群体特别希望媒体介入的焦点话题。

总的说来，改革开放以后，我国工人阶级队伍发生了一系列深刻变化，这种变化不仅表现在工人阶级队伍在人数上的发展壮大，而且表现在工人阶级内部构成发生了许多变化。[②] 工人阶级内部阶层被划分为：精英阶层——由政治精英、知识精英组成的，包括高层领导干部、国有大型企业经理人员、高级专业人员等；管理者阶层——包括公务员（含中低层领导干部）、教学科研人员、国有集体大企业中层管理人员、国有集体中小型企业经理人员、中高级技术人员等；城镇产业工人阶层——包括国有、国有控股企业固

---

① 乔健，姜颖. 我国市场化进程中的劳动争议和劳工群体性事件分析[G]//陆学艺，李培林. 2005：中国社会形势分析与预测. 北京：社会科学文献出版社，2004：117-118.
② 冯同庆. 工人阶级内部阶层关系的变化与工人阶层的地位[J]. 工会理论与实践（中国工运学院学报），1997（3）.

定制工人（含中层管理人员）、事业单位中下层职工、非公企业中层管理人员及专业技术人员等；农民工阶层——户籍在农村，进入城镇务工的农民工；困难职工阶层——包括非正规就业人员，失业、半失业，下岗人员等。①

在传统受众高度分化后，工会报刊基本上都选择了有历史关联的产业工人作为自己的主要目标受众。而这一目标受众群体，自20世纪末经历了一个被学者称之为"传统'类中间层'的整体衰落"过程。② 在这个过程中，他们产生了与计划经济时代不同的信息需求，包括对自身遭遇的现实困难、制度层面的疑问，未来命运的担忧和要求，都成为迫切想要了解和讨论的话题。那么，工会报刊是否牢牢抓住了自己的传统受众信息需求了呢？答案并不乐观。

3. 当代工会报刊传统受众群体的信息需求——并未得到真正满足

在改革开放前到改革开放后的一段时间内，工会报刊保持着比较平稳的发展态势。如《工人日报》在1995年11月至1996年3月由中国人民大学舆论研究所进行的读者调查统计中，表明《工人日报》日发行逾百万份，每张报纸平均阅读率为10人，依此计算，拥有读者上千万人。③ 除了行政资源和经济体制的支持因素外，与工人阶级内部分化并不明显有根本关系。这使得《工人日报》在征订时"以各级领导干部、企业经营者和管理人员、工程技术人员、工会工作者和广大职工为读者对象"的定位，还可以为订者接受。

但随着改革开放的不断深入，进入21世纪以来工会报刊出现了江河日下的形势。目前全国省、市和地市级的工会报刊近58种，除《当代工人》（辽宁）、《工人天地》（江西）、《江苏工人报》、《现代工人报》（重庆）、《劳动报》（上海）等个别几种外，绝大多数工会报刊都到了苦苦支撑甚至难以为继的境地，即使是原有发行上百万份的大报，发行量也下滑到了数十

---

① 重庆市总工会课题组. 工人阶级主要阶层分析及对和谐社会构建的影响[J]. 新重庆，2007（7）.
② 李强. 关于中产阶级和中间阶层[J]. 中国人民大学学报，2001（2）.
③ 中工网.《工人日报》简介[EB/OL].［2011 - 07 - 14］. http://news.workercn.cn/jzbdjlb.aspx.

万份。而且,这个数字也是在各级工会行政支撑下取得的。比如,2005年,仅武钢集团就订阅了《工人日报》达6000多份,金额达到200万元左右。①

在各地工会报刊的征订季节到来时,类似"各基层工会要安排专门工作人员,集中力量全力以赴、千方百计做好征订工作"②"大中型企业要把两报一刊订到车间、班组一级。《山西工人报》要订阅到村级工会组织"③,以及随附各家企业要完成征订数的任务书更是催订通知后的惯常格式。

半命令式的订阅结果又如何呢?一项专门针对工会主席和一线职工的工会报刊读者调查表明,有4/5以上的基层工会主席对工会报刊基本不看或只稍作浏览,认真阅读的不到1/5。而普通职工阅读工会报刊的更少,只有不到1/4的人浏览大标题,其余的则大多平均每四期浏览1—2次标题,认真阅读的不足1/10。不少工人这样说:"这种报没啥看头,里面登的东西与我们不搭界。"有的甚至说:"工会报刊都是工会出钱订的,要是让私人掏钱肯定没人订。"④ 这样的读者反映,让人汗颜。

工会报刊为何如此受到读者冷落呢?究其根本,是工会报刊没有根据受众需求应时而变。当代工人阶级内部阶层由于劳动关系状况、劳动性质及行业属性等方面的差异,不同的个体之间、集体之间、阶层之间、与其他阶级之间都存在利益差别。不仅表现在对社会资源的占有、对经济发展成果的分享上,而且也体现在政治权利、精神需求和心理上。面对如此分化的受众群体,依然沿袭惯性的工会报刊在受众数量、阅读评价、媒介影响力方面都出现下降的局面就不奇怪了。

在一项对《工人日报》工人议题报道分析的统计中,抽取该报自1979年至2008年的有关工人议题的报道。该研究采取等距抽样法,每隔一年进行抽

---

① 王宏铭. 浅谈工人报刊的定位和发行[J]. 中国报业, 2005 (12): 50-51.
② 成都市总工会. 关于认真做好2011年度《工人日报》、《四川工人日报》征订工作的通知[EB/OL]. http://www.cdzgh.com/html/detail.asp?id=17980.
③ 长治市总工会. 关于做好2009年度《工人日报》、《山西工人报》、《中国工运》发行征订工作的通知[EB/OL]. http://www.jqzf.changzhi.gov.cn/department/content.aspx?departmentid=668&articleid=2435&id=2435.
④ 柏宁湘, 崔志鹰. 部分工会报刊为什么不受欢迎?[J]. 新闻记者, 1990 (10).

取，共获得1979年、1981年、1983年、1985年、1987年、1989年、1991年、1993年、1995年、1997年、1999年、2001年、2003年、2005年、2007年共15年的报纸，每年抽取1月、3月、5月、7月、9月、11月共6个月的所有报道。有四个方面的数据尤为值得关注（表2-2）。

表2-2 《工人日报》报道主题数据统计

报道主题	报道量	占总量的百分比	累计百分比
企业改革	79	9.1%	9.1%
企业民主	135	15.6%	24.7%
工作条件/劳动环境	149	17.1%	41.8%
下岗再就业/扶贫济困	230	26.5%	68.3%
生活条件/福利待遇	232	26.7%	95.0%
其他主题	43	5.0%	100.0%
总计	868	100.0%	

数据表明，"下岗再就业/扶贫济困"（26.5%）、"生活条件/福利待遇"（26.7%）两主题是报道量最大的工人主题，二者报道量之和占总量的一半以上（53.2%）；其次是"工作条件/劳动环境"（17.1%）；而"企业民主"（15.6%）和"企业改革"（9.1%）明显偏少，两者之和仅占不到1/4。总之，媒体最关注工人基本生活保障和提高现实生活水平等眼前的切近利益问题，而对"企业民主""企业改革"这些涉及工人群体深层次、长远利益的问题关注偏少。

问题呈现情况的统计（表2-3）显示，报道中呈现"问题已解决"一项特别突出，占了所有报道的大部分（76.7%），而其他几项数量都大大减少，数量最少的是"无问题呈现"。在工人议题报道上，"问题已解决"表明党政有所作为和社会状况良好，而"问题未解决"则有负面暗示，于是党政意识形态影响下的新闻框架选择了"已解决"问题呈现方式而排斥"未解决"和"解决中"的问题呈现方式。在单一意识形态下，党政权力在此类议题报道中被过度呈现，导致真正的问题受到掩盖且意见表达渠道被垄断。

表 2-3　工人问题呈现数据

问题呈现	报道量	占总量的百分比	累计百分比
已解决	666	76.7%	76.7%
未解决	124	14.3%	91.0%
解决中	67	7.7%	98.7%
无问题呈现	11	1.3%	100.0%
总计	868	100.0%	

工人话语引述情况统计（表 2-4）显示，绝大部分报道是"无话语引述"（85.4%），而存在话语引述的报道中，"正面/满意"话语占总量的9.0%，"负面/不满"话语占总量的4.7%，"中性话语"占0.9%。工人话语引述情况直接反映了工人媒介接近权状况和利益表达状况。绝大部分报道"无话语引述"说明工人缺乏借用媒介表达意见的机会。存在话语引述的报道中，"正面/满意"话语几乎是"负面/不满"话语的两倍，这使得工人利益表达的程度又打了折扣，因为"负面/不满"的话语才更能引起读者关注，从而实现利益表达的效果。

表 2-4　工人话语被引述情况

工人话语引述情况	报道量	占总量的百分比
无话语引述	741	85.4%
正面/满意	78	9.0%
负面/不满	41	4.7%
中性话语	8	0.9%

数据显示（表 2-5），1992 年后媒体在新闻来源方面发生了两个显著变化：党政机构和工会信源显著增加，而企事业单位和工人信源显著减少。另外，1992 年前以企事业单位为第一信源转变为 1992 年后以党政机构为第一信源。工人群体始终都是最次要的信源，尤其在 1992 年后其作为信源的机会大幅缩减，所以我国工人群体的媒介接近权现状不是随着时代发展而有所改善，反而趋于弱化。

表2-5 两个阶段新闻来源情况比较

新闻来源	党政机构	工会	企事业单位	媒体	工人	无法判断	总计
1992年前	61 15.1%	65 16.1%	196 48.6%	27 6.7%	30 7.4%	24 6.1%	403 100%
1992年后	200 43.0%	124 26.7%	94 20.2%	20 4.3%	6 1.3%	21 4.5%	465 100%
总计	261 30.1%	189 21.8%	290 33.4%	47 5.4%	36 4.1%	45 5.2%	868 100%

类似的调查也证明这样的情况并非个案。上海市工会管理干部学院对全国部分工会报刊的一次书面调查，在访问了50余名基层工会主席和数百名职工群众后发现，造成读者忽视工会报刊的主要原因在于报刊不贴近职工的生活，缺乏职工报刊的特色。工会报刊一方面固然应贯彻党的新闻宣传方针，坚持正确的舆论导向，但另一方面应该面向实际、面向基层，反映职工群众的意愿、要求和呼声，维护职工群众的正当权益。遗憾的是现今多数工会报刊刊登的大多是文件和工会领导讲话，内容重复，可读性弱。有的刊物领导讲话或文件竟占了1/2、1/3的篇幅，有的甚至整期均是这些内容。不少工会报刊回避社会热门话题，不敢反映职工群众的意愿、要求和呼声。①

要扭转不利局面，新时期的工会报刊必须通过从社会文化的分析角度对当代传统受众进行深层的心理分析，获得真实的受众需要，为下一步的困境突围打下坚实的决策基础。

4. 当代工会报刊传统受众的深层社会心理

在众多关于受众分析的理论中，使用与满足理论是传播研究史上的一个重要转折点。之前传播研究大多站在传播者的角度，就传播者如何影响受众进行研究，而"使用与满足"理论则把研究焦点转移到了受众身上。这一理论出发点在信息泛滥的网络时代显得更为真实。传统的理论认为媒介在传播过程中的主要任务是说服受众，受众是被动的，而"使用与满足"理论把受众看作有着特定"需求"的个人，认为他们的媒介接触活动是有特定需求和

---

① 柏宁湘，崔志鹰. 部分工会报刊为什么不受欢迎？[J]. 新闻记者，1990（10）.

动机并得到"满足"的过程。这一理论提醒我们，工会报刊只有充分研究了工人群体的动机、期望，才能更好地满足他们，也才能获得安身立命之本。

以产业工人为主体的工人阶级，在社会转型中承担了原本不该他们承担的成本，同时也在心里留下了他人难以真正体会的感受。概括起来，主要有以下三种。

（1）心理契约破灭导致的不公正感

"心理契约"是由阿吉里斯于1960年在其《组织诊断》一书中首次提出，并于20世纪60年代初被引入管理领域。美国著名管理心理学家施恩教授第一次对心理契约进行界定，并完整提出心理契约概念："在组织中，每个成员和不同的管理者以及他人之间在任何时候都存在的、没有明文规定的一整套期望。"① 换言之，心理契约论者认为，雇员与雇主（或组织）之间的关系是一种交换关系，在这种交换关系中，相互之间的义务是个中心问题。这些相互之间的义务部分记录在成文的、正式的就业契约里，但是，大多数义务却是未讲明的、隐蔽的，也很少被讨论。

在企业尤其是国有企业内部，工人也持有一种自己与企业乃至国家之间的心理契约。这种心理契约主要是由以下因素决定的：一是党和政府提倡的意识形态。意识形态强调社会主义企业的优越性，强调职工是国有企业的主人，否定国有企业工人是雇佣劳动者，宣扬要全心全意依靠工人阶级。二是国有企业具有的单位组织特性。在计划经济体制下，我国的国有企业是一种典型的单位组织。它不仅仅是一种生产和经营单位，同时也是一种行政单位和生活单位，它带有显著的非经济特征，肩负着十分广泛的社会责任。

但现实是，由于政府对改革前景的乐观预测，国有企业改革在由谁来改革、怎么改革的问题上，一直被称为国有企业的"主人翁"的职工群众也希望"当家作主"，也希望自己拥有发言权。然而现实具体落实下来，这种关系基本上就成了代表国家的政府官员和代表国有企业的厂长（经理）之间的

---

① 转引自：穆春娟，顾凡，衡阳．基于心理契约论的高校青年教师的期望激励[J]．教育理论与实践，2011（3）．

关系。在许多地方，国有企业改革就是由政府官员和厂长（经理）所决定和推行，根本没有充分考虑到工人呼声。进入20世纪90年代中期以后，很多工人面临下岗、失业的威胁，他们只好不断降低自己的需要层次，往往只求保住"饭碗""不下岗"而已。一旦他们不再拥有"国有企业工人"这种身份，他们的心理契约就被彻底击碎，而结果就是他们的公正判断标准以及相应的行为反应往往也会发生很大的变化。①

（2）阶层自我认知后产生的被剥夺感

正如马克思谈到在资本主义社会整体的需求发展的同时，工人的需求却受到压抑并进而使工人产生的不满情绪，他形象地写道："一座小房子不管怎样小，在周围的房屋都是这样小的时候，它是能满足社会对住房的需求的。但是，一旦在这座小房子近旁耸立起一座宫殿，这小房子就缩成可怜的茅舍模样了。这时，狭小的房子证明它的居住者不能讲究或只能有很低的要求；并且，不管小房子的规模怎样随着文明的进步而扩大起来，只要近旁的宫殿以同样的或更大的程度扩大起来，那座较小的房子的居住者就会在那四壁之内越发觉得不舒适，越发不满，越发感到受压抑。"②

在20世纪90年代初，"三资"企业职工的平均工资就高出国有单位职工平均工资50%—60%，比城镇集体单位职工的平均工资高1倍。私营业主的收入要高出一般职工10倍以上。③ 总体来说，传统工人阶层无论在既得利益的维护还是改革新收益的获取上，都在沦入相对剥夺地位。④ 因此，即使是改革中没有受到严重冲击的工人个体，没有经历下岗和生活困难，当发现自身阶层在整个社会地位体系的比较中下降，他们也会产生强烈的被剥夺感，进而产生对整个社会的不满。

（3）传统产业工人阶级"再形成"与"消解"过程中汇聚的抵触情绪

---

① 游正林. 心理契约与国有企业工人的不公正感：以西厂为例[J]. 湖南师范大学社会科学学报，2007（2）.

② 马克思. 雇佣劳动与资本[G]//马克思，恩格斯. 马克思恩格斯选集：第1卷. 北京：人民出版社，1972：1849.

③ 李培林. 中国新时期阶级阶层报告[M]. 沈阳：辽宁人民出版社，1995.

④ 刘欣. 相对剥夺地位与阶层认知[J]. 社会学研究，2002（1）.

随着社会主义市场经济的逐步确立和国有企业改革的深化以及企业劳动关系的渐次市场化，国家、企业与职工的关系都发生了巨大变化。用麦克·布洛维的话来说，此种背景下的中国传统产业工人阶级，正在经历着社会主义国家市场转型的"第二次大转变"。① 在这一过程中，传统产业工人朝着两个方向分化：一是成为劳动力市场中的被雇佣者，二是成为下岗、失业者。前者意味着工人阶级的"再形成"（remaking），后者则指向工人阶级的"消解"（unmaking）。

在这个过程中，国企改制、非公企业的快速发展，使企业领导层、老板和工人界限分明，工人的政治地位岌岌可危，甚至被"边缘化"，成为"局外人"。80%的职工认为在企业中是经营者说了算，工人阶级主人翁地位有名无实，"主人翁"已变成了"主人空"。② 新中国成立以来意识形态所提倡的"国家主人"幻象不再，这对工人群体的心理冲击很大。在一个关于工人生活地位和心态的调查中，参加座谈的干部职工普遍认为，当前产业工人社会地位太低。有位老工人说，"五一"节电视里唱《我们工人有力量》，听了真让人掉泪。③ 而相当数量的产业工人阶层则对一些社会问题的不满情绪增加，汇聚成为抵触情绪，导致职工上访人数和群体性事件不断增加。仅重庆市总工会的统计，2006年共处理职工来信102件，接待来访852人次。产业工人对现实有太多的不接受、不认可、不信任，普遍存在一种政治上的失落感、经济上的失败感、精神上的空虚感、文化上的差距感、心理上的仇视感。④

尽管使用与满足理论被有的学者认为过于强调个人和心理因素，忽略了社会条件和所处环境的制约，但在"受众本位"的今天，它提醒我们受众使用媒介时在很大的程度上掌握控制权，引导我们更加关注受众，把充分满足

---

① Burawoy M. The Sociology for the Second Great Transformation [J]. Annual Review of Sociology, 2000 (26): 693. 转引自刘建洲. 传统产业工人阶级的"消解"与"再形成"[J]. 人文杂志, 2009 (6).

②④ 重庆市总工会课题组. 工人阶级主要阶层分析及对和谐社会构建的影响[J]. 新重庆, 2007 (7).

③ 黄健卢, 向东. 关于工人生活地位和心态的调查[J]. 企业管理, 1996 (6).

受众的需求作为衡量传播效果的基本标准。因此，在把握了上述工人群体的深层社会心理后，工会报刊才能在今后的工作改进中有的放矢。有关于此，本节将在第（三）部分对策与建议部分予以阐述。

（二）工会报刊的潜在受众分析

如前所述，在工人阶级内部分化后，可以划分为精英阶层、城镇产业工人阶层、农民工等阶层。① 工会报刊在延续把城镇产业工人阶层作为传统受众主体的同时，也应该对工人阶级内部的其他阶层给予关注。其中，精英阶层被划入工人阶层，更多是因为政治考量的需要，以目前工会报刊的资源禀赋要承担他们的信息需要实在是勉为其难。真正有可能成为未来一段时间工会报刊潜在受众的是不断增长的农民工群体，他们将是工会报刊未来扩大受众规模的生力军。

1. 农民工群体——潜在的"新工人"受众

当国际社会和经济学家们异口同声地断言中国正在变成一座"世界工厂"时，这一断言的社会学意义已被一语道破：农民工的加入，使得世界上最庞大的产业工人阶级正在中国形成。

根据2004年国家统计局在全国31个省（区、市）对6.8万农户和7100个行政村的调查，当年外出就业农民工约1.2亿人，占农村劳动力的24%左右。加上在乡镇企业就业的农村劳动力，2004年全国农民工总数大约为2亿人，他们平均年龄28岁左右，绝大多数为初中教育水平，主要从事制造业、建筑业和服务业工作。②

农民工们不远千里都市寻梦，成为地理和文化上的"双重移民"。他们多是中国农民中的精英，渴望通过辛勤劳动为城市认可，对社会地位和经济地位的提升充满期待。与此同时，还要在新环境中不断调整自己的工作方

---

① 重庆市总工会课题组. 工人阶级主要阶层分析及对和谐社会构建的影响[J]. 新重庆，2007（7）.
② 国务院研究室课题组. 中国农民工调研报告[M]. 北京：中国言实出版社，2006.

式、生活习惯、价值观念。可以说，农民工群体承受着适应与发展、经济与心理的多重压力。在"世纪迁徙"的大潮中，他们急需找到推动其完成顺畅地继续社会化的资源，以及释放、缓解压力的渠道，大众媒介成为他们的重要选择。根据一份对河北省石家庄市农民工群体所作的调查，大众媒介已成为农民工城市生活中的重要组成部分，平均每天接触时间在1—3小时的比例占到37%，71%的人认为进城后的媒介接触总量增加。①

农民工对媒介的依赖也推动了媒体对他们的争夺。近年来农民工是许多大众媒介的热点题材。一方面是因为农民工群体确实存在很多急需解决的实际问题，另一方面也与倡导关怀弱者的社会氛围、媒体的品牌塑造等多方面原因相关。以《人民日报》为例，一个对其1988年到2006年农民工报道主题的调查表明，虽然不断变化报道题目，但一直以来农民工都是该报的焦点对象。② 其他如《南方周末》等精英媒体，更是把农民工作为关注重点。而农民工作为日益成长的"新工人"，工会报刊更应该将其纳入自己的核心报道范围。但遗憾的是，农民工群体并没有把工会报刊作为自己的"娘家人"。有研究表明，农民工平日最常接触到的报纸、广播和影视节目，却大多属于市民色彩浓厚的都市类媒体③，这不能不让人为工会报刊遗憾。

2. 农民工群体的信息消费特点

工会报刊要成为农民工眼中名副其实的"新工人"报刊，必须了解农民工信息消费的特点。概括起来，农民工群体的信息消费有以下主要特点。

（1）对现有媒体的报道质量评价不高

尽管普遍认为农民工的媒介素养低于其他社会群体，但农民工对新闻报道的真实性却有自己的辨别力。一项对在上海打工的农民工所作的调查表明，高达74.9%的被调查者认为媒体上出现的关于农民工的报道只是"部分

---

① 杨英新，仝文瑶. 寻找"世纪迁徙"中的数字路：农民工媒介素养教育前瞻[J]. 中国劳动关系学院学报，2010（5）.
② 沈亚英.《人民日报》农民工报道研究（1988—2006）[D]. 西安：西北大学，2007.
③ 董宽. 传媒歧视遮蔽利益诉求：透视中国农民工群体的媒介表达[J]. 新闻三昧，2006（12）.

真实",2.9%认为"全部不真实",这其中49.8%表示媒体这种不合实际的报道会引起市民对他们群体产生不好的印象。① 这一结论并非孤证。在郑州的民工调查也显示,② 有51.1%的农民工表示新闻报道"有些不是真的",更有8.9%认为"假的很多"。在农民工看来,媒介自身存在的最为严重的问题一是"有偿新闻与广告太多",二是"重大新闻有所隐瞒",三是"虚假新闻太多",这与实际情形基本一致。由此可见农民工群体大体上能较为准确地把握当前媒体中存在的问题。

在信息的实用效果评价上,现有媒体的报道得分也不高,分别有38.1%和20.8%认为媒介上的信息"很少有用"和"基本没用",而认为"很有用"和"比较有用"的仅占6.3%和14.8%。③ 更有农民工对报道效果呈现负面评价,认为报道丑化了农民工群体,导致了该群体与市民的隔阂。

(2) 农民工对信息的接近性要求较高

农民工外出打工都是背井离乡,对家乡的变化和对新环境下与自身利益密切相关的信息更为关注。对农民工媒介阅读的调查表明,农民工最为关注媒体上有关自己家乡的消息和情况报道,其次是政府有关农民工的政策和措施等这些与自身生活、自身利益密切相关的新闻与消息,而对当前充斥媒体版面的娱乐新闻、体育新闻则不甚关注。具体而言,农民工对媒介内容的偏好次序为:家乡的消息和情况>各级政府的政策及与农民工有关的措施>社会新闻与民生新闻>与所从事行业有关的信息>国内外大事>娱乐新闻>体育新闻。④

农民工虽然对媒介上接近性的信息最为关注,但对信息的效用评价并不高。一份对农民工对媒介信息接近性的评价所作的调查表明,对于与农民工生活和工作息息相关的就业、讨薪、工伤保险、子女教育四大方面,被调查

---

①③ 陶建杰. 民工的媒介接触状况及评价:以上海市徐汇区为例[J]. 新闻大学,2003 (冬季刊).

② 郑素侠. 农民工媒介素养现状调查与分析:基于河南省郑州市的调查[J]. 现代传播,2010 (10).

④ 郑素侠. 农民工媒介素养现状调查与分析:基于河南省郑州市的调查[J]. 现代传播,2010 (10).

者总体反映不是很充分，36.5%认为关于就业方面的报道充分性一般，只有31.9%认为在帮助农民工讨薪方面媒体的报道"比较充分"，28.5%认为在工伤保险方面媒体的报道"很不充分"，23.2%认为子女教育方面报道"不充分"。他们表示希望媒体在这四个方面加大报道力度。另外，59.4%认为"很有必要"创办属于农民工群体自己的媒体，这说明大部分农民工都希望媒体对他们这一群体予以必要的关注且在报道时能真实客观，[①] 这无疑为目标受众身份最为接近他们的工会报刊提供了机会。

（3）农民工对新媒体的使用是趋势

农民工对新媒体尤其是手机媒体的使用正在成为趋势。在对农民工对媒介选择情况的调查中发现，在报纸、杂志、广播、电视、网络及手机六种媒介中，手机报的"天天看"一项被选择比例最高，达到58.8%。[②] 这一结果的原因主要有两个。一是农民工经济能力有限，对购买报刊的支出控制很严。调查表明农民工阶层报刊渠道中，临时借阅的占33.8%，其中还有12.1%的被调查者是"拣来的"。农民工自费购买的阅读物相当有限，他们每月用于购买报纸和上网的费用通常不超过10元，其中5元以下的占45.8%。经济因素限制了农民工的媒介接触情况。有相当数量的被调查者认为报纸的价格有些高。[③] 而手机因其适用性和便携性，加上国内手机市场发展迅猛，品牌众多，近年来出现了越来越多中低价位的手机适合低收入人群，无疑使手机成了农民工使用频率最高的媒介。

第二个原因是民工群体中年轻人比例正在增加，而他们更倾向于使用手机、网络等新媒体。在这些新生代农民工中，调查表明，互联网、手机等新兴媒体在这一群体中更受欢迎。40.8%的被调查者主要通过互联网获取信息，每周平均上网时长达到131.78分钟，7%的被调查者每周平均上网时长超过300分钟，最长的达到每周2100分钟。手机操作简单、价格便宜、携

---

①③ 张雅利. 农民工媒介接触状况及评议：以兰州地区为调查分析单位[J]. 东南传播，2008（4）.

② 包凌雁，徐静. 宁波市农民工媒介使用调查及对策[J]. 新闻爱好者，2010（1·下半月刊）.

带方便，还有无线网络媒体传输的新特征，在媒介融合的时代兼具人际传播与大众传播的功能，是其广受新生代农民工欢迎的重要原因。①

从以上分析可以看出，工会报刊媒体必须在了解自身现有的资源和现状基础上，分析将来应该如何加强面向农民工传播的渠道和方式，争取他们成为自己新的受众主体。有关于此，将在下面策论部分集中论述。

（三）工会报刊的受众争取策略

面对传统受众和潜在受众群体，工会报刊需要至少在以下几个方面作出努力。

1. 调整编辑理念，成为为职工认可的媒体

有学者指出，目前工会报刊同时扮演至少四种不同的社会角色：第一，工会是中国共产党领导下的职工自愿结合的工人阶级群众组织，是以执政党的纲领作为其政治纲领的，其宣传工作是党的宣传工作的重要组成部分。因此，工会报刊肩负着宣传主流意识形态的职责，扮演着宣传者的角色。第二，工会报刊虽为工会主管主办，但它是一个具有独立的法人资格的经济实体，因此它扮演着一个市场经营者的角色。第三，从新闻出版专业层面上看，工会报刊遵循新闻出版传播的客观规律，因此它是地地道道的新闻出版机构。第四，它的特定身份，必然地决定了它必须具备宣传工会、维护职工合法权益，在内容上与党报如出一辙，因此在业内常被称为"第二党报"。

但是，在上述四种角色下，一些地方工会报刊缺乏党报的权威性、敏感性、重要性这些天然优势以及庞大的政经资源。在党报进行改版、扩版并不断扩大其影响之际，工会报刊却显得力不从心，其结果只能是声音被淹没在党报党刊中，成了人云亦云的发声机器。② 要改变这种情况，就要充分认识到，行政思维长期浸润下的办刊惯性，使得工会刊物的读者定位偏重于"工会"而非"工人和公众"，刊物成为工会内部"自娱自乐"的"自留地"，

---

① 李宁. 新生代农民工媒介使用情况调查[J]. 新闻爱好者，2011（5·下半月刊）.
② 林宜承. 工会报刊：多重角色的尴尬和冲突[J]. 编辑之友，2010（7）.

利益视野狭隘，社会焦点反应迟缓，不是真正的大众媒体。而只有先完成媒体自身形象的塑造，才谈得上在工会维权进程中发挥作用。因此，理念调整后的工会报刊，应彻底改变这一落伍形象，传递工人阶层疾恶如仇的勇气，建设公正社会的理性，坚持关爱弱势群体的立场，敢于面对自身不足的客观，把自己打造成关注时政、关心民生、守护工人利益和公共利益、形象鲜明的有影响力的媒体。

2. 发挥维权先锋的作用，敢于介入并强化舆论监督

1993年11月19日，深圳致丽玩具厂发生特大火灾，87名打工妹罹难，53名打工妹被烧伤，《工人日报》连续刊载事件报道，对后来为死难者讨回公道，并预警全国其他类似企业关注劳动安全与保护，起到了良好的作用。因此，选择重大题材，以调查性报道为主，强化舆论监督色彩，对侵犯公共利益和工人利益的事件进行不妥协的揭露，是工会报刊实现自身迅速崛起和践行工会维权职责的必需选择。

以《中国工人》为例，作为月刊不宜追求时效，较长的出版周期，便于其在三个主要方面进行经营：操作深度、力度兼具的"封面报道"；社会焦点、争议事件的事实沉淀和从容判断；进行社会资源动员，策划有影响力的媒介事件。

"封面报道"选择重大题材，以调查性报道为主，强化舆论监督色彩，对侵犯公共利益和工人利益的事件进行不妥协的揭露，对关乎国计民生的重大决策和制度安排进行深度解析。每期由2—3人专门负责，加强策划和选题培养制度，使之成为刊物的兴奋点。

观点述评依托北京深厚的行政资源和学术资源，邀请工会及其他领域领导、公共知识分子、专栏作家作事件评析、思想交流，邀请工人、资方、市民等阶层发表看法，鼓励观点交锋，建立一个理性交流的公共领域，使之成为高质量言论的集散地。

社会活动包括"《中国工人》年度人物"评选、社会调研、学术研讨等。活动倡导社会责任意识，培养现代公民素养，开辟社会问题前瞻视角，汇聚社会各方力量，使之成为刊物的社会交往品牌。

3. 应发挥系统内媒体的特点，成为工人的启蒙园地和公共空间

哈贝马斯在谈到如何在公共空间实现理性沟通时，认为要满足四个基本条件：任何具有言说及行动能力的人都可自由参加此一对话；所有人都有平等的权利提出任何他想讨论的问题，对别人的论点加以质疑，并表达自己的欲望与需求；每一个人都必须真诚表达自己的主张，既不刻意欺骗别人，也不受外在的权力或意识形态所影响；对话的进行只在意谁能提出"较好的论证"，而不是任何别的外在考虑。

所以，工会报刊要重视来自工人的来信和反馈，给他们发言的机会。同时根据工人文化水平的状况，依托工会的行政资源和学术资源，邀请工会及其他领域领导、公共知识分子作事件评析、思想交流，邀请工人、资方、市民等阶层发表看法，鼓励观点交锋，建立一个理性交流的公共领域，使之成为高质量言论的集散地、工人群体理性智算能力的训练场。

4. 对农民工潜在受众群体，要做到有针对性的信息传播服务

农民工作为社会弱势群体的一部分，有着特殊的信息需求，他们对大众媒体心存一定期待。即除了满足他们的信息需求外，还希望能在就业、维护权利（讨薪、工伤保险）等领域给他们提供帮助。因此，工会报刊在实现传递信息的需求外，在帮助社会和谐化建设中也应起到一定作用。具体而言，工会报刊可以通过评估和整理以前的面向农民工的报道来分析自己的优势和不足之处。如考虑以"新工人"代替"农民工"的提法，之后可以通过各种手段来拓宽面向他们的信息渠道，比如增设免费浏览的读报栏、免费发放报纸；在民生新闻部门和板块当中，可以加大对农民工问题的关注力度；吸收熟悉农村或农民工群体的专业记者；加强建设媒体与农民工交流的信息平台渠道，如热线、短信平台、网络平台、服务信箱、上门服务等。

总之，日益壮大的农民工群体已成为工人阶级的构成部分，工会报刊应将他们的话语权纳入自己的关注范围，为其传递所需的信息，并努力实现一定意义上的社会功能，成为公众利益的表达者。

5. 重视新兴媒体作用，传统报刊进行数字化转型，迎合年轻受众群体

互联网是人类进入信息时代的主要标志。互联网的传播优势，在于实现信息的即时、双向流动，以及建立其上的资源整合能力。目前，工会报刊对互联网的运用，停留在信息"点对面"的单向发布，对接收各界信息回馈、整合工会内外资源的功能尚未开发。传播学界一致的判断是，互联网成为社会第一大众媒介的时间，将比电视短得多。让人印象深刻的是，妇联组织对新传播科技的重视与应用，除了自办网站外，还在2004年6月全国推出了国内第一家基于短信的手机报。作为一个习惯了行政思维的团体，其对新媒体的敏感与对舆论阵地开拓的重视，尤为值得肯定。因此，工会报刊在吸引受众尤其是年轻受众进程中，更有效地应用互联网、手机媒体是时代的必然要求。

6. 建立职工舆情调查研究中心，为工会报刊把脉受众需求提供真切的信息基础

工会报刊需要认真看待和用心研究长期以来被忽略的广大职工受众群体，体察在新型劳动关系下工人的心理、精神和文化需求，他们权益维护的表达方式和对未来生活的追求，系统记录深刻社会变革下工人群体的所思所想、所忧所惧，并通过这种记录，促使工会组织回归为职工群体服务的本来功能，为构建和谐社会作出根本性的因应。

具体来说，可以通过建立"职工舆情调查研究中心"来实现。"职工舆情调查研究中心"的核心功能包括：（1）调查了解职工的关注热点、焦点话题、心理动态、价值倾向。（2）与工会、工人相关的社会舆论、敏感话题，根据新闻出处权威度、评论数量、报道时间、密集程度等参数，排列出给定时间段内的热门话题、敏感话题。（3）社会倾向性分析。针对特定话题，对发表的文章观点、倾向性进行分析与统计。（4）关注主题跟踪。对工会选定的主题，分析新发表文章，观察主题走向。（5）建立情报摘要。对各类主题，各类倾向能够形成简要摘要，提供资料积累和决策依据。（6）趋势分析。分析某个议题在不同的时间段内，人们所关注的程度和立场走向。

(7) 突发事件分析。对突发事件进行跨时间、跨空间综合分析，获知事件发生的全貌并预测事件发展的趋势。(8) 预警系统。对突发事件、涉及工会、工人利益的敏感话题、政策制定及时发现并预警。(9) 统计报告。根据舆情分析处理后的结果库生成报告，供工会用户通过浏览器浏览，提供信息检索功能。用户可根据指定条件对热点话题、倾向性进行查询，并浏览信息的具体内容，提供决策支持。(10) 发布权威调查报告，设置媒介议程，引导社会舆论。①

---

① 李双，张佰明．"形象再造"与外宣工作：新时期工会公共形象重塑策略研究[R] //全总国际部研究报告（内部资料）．

三、工会报刊经营管理模式与制度创新

任何媒体都有自己的经营管理模式，它是媒体运营诸要素围绕媒体发展总体目标而呈现的一种定型化的结构形式，这种结构形式一旦确定下来，就会决定媒体运营诸要素的排列组合方式。在工会报刊只是作为各级工会面向职工进行宣传教育的机关刊物而存在的发展阶段，负责报刊经营管理的部门与工会下属的其他部门没有明显差别，都是按照事业单位的运转方式平稳发展。但随着报刊领域竞争的加剧和行业外报刊对读者阅读时间的争夺，尤其是在所有非时政类报刊即将全面走向市场的背景下，传统的媒体运营要素及其组合方式和管理手段必然要进行调整。对工会报刊经营管理模式进行系统梳理，在此基础上探索模式改革和制度创新的有效路径，从而激活工会报刊的潜能，提高其适应市场竞争的能力，是工会报刊走出困境的关键环节。

（一）工会报刊的功能与传播规律

1. 工会报刊的功能

报刊作为大众传播媒介，具有一般媒介的基本功能，主要包括：（1）社会环境监测；（2）社会关系协调；（3）文化传承；（4）提供娱乐；（5）经济功能。工会报刊作为各级工会主办的报刊形式，虽不乏以综合报定位的报刊，但主要还是以行业报为主，即以特定行业、领域的人群为主要受众。这就决定了上述功能虽然在工会报刊中都应有所体现，但由于这类报刊承载的职能不同于一般的大众传播媒介，因此在内容呈现的侧重点上与一般报刊有所区别。

作为以服务"三工"（工会、工人、工厂）为核心定位的工会报刊而言，前两项功能是最为主要的：刊登有关工会、职工和企业的各种动态信息，为工会系统内的读者了解与自己相关的信息提供便捷的渠道；报道工会、企业为职工做的实事，突出报道工会为职工维权的情况，促进工会和工人之间的关系和谐。这两项属于"必读性"信息。第（3）、（4）两项对于提升读者的情趣、缓解工作压力有一定作用，属于"可读性"信息。第（5）项作为实现媒体增值、确保良性循环有着重要的补给作用，是实现媒介内容"二次售卖"的重要手段。

与基本功能相对应，工会报刊信息内容分为以下类型：

（1）满足读者日常工作、生活所需的大众化信息；

（2）促进人与人之间相互理解、便于彼此沟通、优化人际关系、达成人与人之间和谐的信息；

（3）提高生活情趣和文化素养的信息；

（4）满足读者娱乐需求的消遣性信息；

（5）为广告主和报刊带来额外经济收入的信息，主要是各种类型的广告信息。

从信息类型的划分看，第（1）、（2）两项内容明显属于体现工会报刊行业报属性的核心内容，需要投入核心的人力和财力重点建设，也是形成媒体核心竞争力的关键性内容。从报刊市场的整体竞争态势看，这些内容才能构成媒体的独特价值和独家优势，也是这类媒体存在的理由。它们也构成媒介品牌的核心，只有这两项内容做出特色、做出质量，才有可能持续吸引读者的注意力，确保报刊的顺利发行，吸引广告的持续投放。

第（3）、（4）两项内容虽不是核心内容，但对于构造读者完整的信息环境而言却是不可缺少的。每个人对于信息的需求是多样性、多层次的，受众希望媒体能够提供"一站式"的信息服务，如果报刊能够满足读者多方面的需求，做到"一报（刊）在手，信息尽览"，读者就没有必要再去购买其他报刊，这无疑会巩固本报刊的读者占有率。在报刊市场上成功的媒体，无一不是能够全方位满足读者需求，不断增版、扩版的目的就是让媒体的内容无所不包，使一份报刊能够满足不同需求的读者和同一读者的不同需求。20世纪末21世纪初报纸进入"厚报时代"，就是在这一背景下出现的。20世纪90年代中期，以《华西都市报》为代表的都市报这一报纸类型的崛起，就是基于满足市民的需求，围绕"市民生活报"的定位而走向成功并被广泛复制，从而掀起都市报的狂潮。这是不断被证明有效的报刊功能定位，需要给予足够的重视。

在这方面，《河北工人报》的报刊定位比较到位，即"权威性与贴近性相结合，指导功能与传播功能于一体"，并加强"新闻+维权+服务"的办报特色。[①] 这一定位就是在党报和都市报的挤压下为争夺生存空间而作出的选择，是一种符合报业市场竞争实际的理性选择，是工会报刊走出边缘化困境、获得更大发展空间的希望所在。

2. 工会报刊传播的基本路径

由于依托工会系统的传统渠道发行，因此目前的工会报刊在传播路径上与市场化的报刊有很大区别，是典型的"两级传播"：报刊先送到订报主体——各级工会，再由工会下发到班组和职工手里。这种传播方式与报刊订阅方式直接相关。由于工会报刊本身的行业报属性，这些报刊基本上都是由各级工会出钱订阅，或出于自愿，或出于被迫，无论是哪种订阅方式，都是一种自上而下的行为。对于读者而言，工会报刊的阅读是上头要求的，而不是职工自愿的。这主要是因为工会报刊体现的是各级工会的意志，尽管从本质上说代表工人的工会与作为工会成员的工人在根本利益上是一致的，工会报刊也是从工人的需求出发来策划和组织内容的，但毕竟二者之间还存在一定的区别。工会组织"要你看"的内容和工人自己"我要看"的内容还是有所不同。这种"两级传播"往往只是媒介产品（报刊）通过两个环节交到读者手中，由于共鸣点少，报刊上的信息很难引发读者再次传播给其他

---

① 张书华. 优势资源就是生命力[J]. 工人报刊研究，2004（7）：12.

人，报刊的影响力只限于阅读报刊的读者本身。

那些有影响力的报刊，如都市报，在传播路径上也存在"两级传播"现象，被传播的不仅仅是媒介产品本身（报刊），更是媒介信息（报刊内容）。那些有影响力的机关报和依托于机关报的都市报，读者主动订阅占了很大比重。当报刊到达读者手中后，读者在阅读后会主动向身边人传阅，一般的报刊都会有2—3人的传阅率。不仅如此，影响力报刊在选题策划上往往能击中整个社会"绷得最紧的那根弦"，刊发的报道往往会引发读者的共鸣，因此会刺激读者向他人传播的冲动，主动将信息向他人进行"二次传播"，让报刊的观点在更大范围内发挥效力，产生影响。这类报刊往往以输出观点见长，对读者的影响深远。比如，以"新锐"见长的《新周刊》是面向社会主流人群的话题策源地，尽管该杂志的订阅量并不大，大概只有几十万本，但关注该杂志的人群却很广泛，说明其媒体影响力和辐射力非常大。该杂志的观点、话题和推出的概念得到广泛的传播，为杂志赢得了良好的口碑。目前关注《新周刊》杂志的读者（新浪微博粉丝）约有245万[①]，可见该杂志传播范围之广。

工会报刊在传播路径上的"两级传播"方式，弊端就在于受到传播的第一个层级——工会的影响太大，报刊的订阅数量会随着主管工会的负责人的好恶、工会经费的压缩或企业改制的影响而出现变数。随着报刊市场化推进速度的加快，依靠行政命令和工会渠道来实现报刊信息传播的有效性将大打折扣。要发挥工会报刊的媒体影响力，增强工会报刊对读者的"心灵占有率"，改变现有的编辑思路和发行策略才是根本。

（二）工会报刊经营管理模式现状

1. 采编模式

工会报刊目前的采编模式，除了《工人日报》和极少数省级报刊有明确

[①] 截至2011年7月16日6:00，其粉丝数量为2482999，详见http://weibo.com/neweekly。

的编辑、记者分工,为读者提供自采新闻报道外,绝大多数报刊还是以编辑为主,由报刊社的编辑对提供给编辑部的各类信息进行加工,而不是主动出击,根据选题策划去"跑"新闻稿件,自采量比重很低。这类报刊是典型的"等米下锅"的内容经营模式,而且已经形成了很强的惯性。造成这种现象的原因主要有以下几点。

首先,与报刊的定位和编辑思路直接有关。报刊的读者是多样化的,每一种报刊都会围绕目标读者群来编辑、制作内容,而每一种报刊都不会针对每一类读者群平均用力,而是要明确核心读者群并将编辑的重点放在为这部分读者群服务上。许多工会报刊会自觉不自觉地将各级工会领导作为主要读者群,因此在稿件征集上认为只要将下一级工会、各工会对应的企业、班组的信息加以集纳就可以。要将这些稿件征集上来,依靠各级工会及各级通讯员即可,没必要也不可能将报刊编辑部的人员派到下面去收集信息、现场采访。这种编辑思路下产生的稿件,就是简单地对"来料"进行加工,报刊的质量取决于主动提交的稿件质量。报刊编辑的主导思想不明确,报刊也很难发出自己的观点,而只是各种观点的集纳,这样的报刊是很难形成媒体影响力的。

其次,与报刊的人员素质高度相关。凡是有影响力的媒体必然拥有名编辑、名记者,正是他们的出色工作才可能让报刊有独特的品位和有见地的观点,才会让报刊与众不同。相比之下,工会报刊的用人制度和管理体制很难培养出出色的编辑和记者,许多报刊不但人员严重老化,而且在知识结构上也存在明显的欠缺,在日新月异的时代发展和日益复杂的劳动关系面前,"失语"是这些报刊的普遍"症候"。许多报刊多年没有进人指标,那些意气风发、文笔犀利、知识结构合理、思想观点犀利的年轻编辑、记者,是很难补充到工会报刊的采编环节的。不从广大读者的角度来进行采访、编辑,而是按照常规、老套的方式来为读者提供信息,必然要被读者抛弃。

最后,与用人机制不灵活有关。工会报刊基本上都采用事业单位的人员管理制度,普遍缺乏有效的激励制度和分配制度,编辑、记者的积极性不高。即使报刊社想奖优罚劣,想淘汰落后、奖励先进,也无法有效实施。尤其是报刊社普遍没有用人权，无法招聘能够有效改变现状的采编人员，编辑部想主动出击，想有所作为，也是捉襟见肘，无能为力。

2. 用人与分配机制

一些工会报刊社在巨大的压力面前求新求变，在用人和分配机制上有所突破，使媒体的面貌焕然一新。比如《河南工人日报》在2000年前后就实行了全员聘任制："在编、非在编人员的档案全锁在柜子里，看政治素质，看工作能力安排工作岗位……选用中层干部为聘任制，一年一聘，能者上、庸者下，每一个中层干部始终有紧迫感和危机感。"① 同时，该报"制定了一套视能力分配、视贡献分配、视业绩分配的分配机制，在编、非在编人员视能力、业绩、贡献定报酬。"② 这种全新的打破以往的用人、分配制度，确实大大激发了员工的工作积极性和潜能，带来了报社整体面貌的巨大改观。与此相比，绝大多数报刊社在人事权和分配权上都鲜有改观，一直延续几十年前的管理和分配模式。报刊社人员进出和利益分配的权力牢牢掌握在工会和上级主管部门手中，一直没有松动。这种管理办法是典型的终身制和平均分配思路，早已落后于时代的发展。反观那些党委机关报以及下属的都市报，早在十几年前就在这方面开始进行大刀阔斧的改革。有些报社在人事制度的改革上更彻底，除了总编辑和社长属于事业编制外，其他所有的员工都属于"非在编"人员。报社拥有人员聘任权，可以根据报刊经营的需要随时招聘和补充有能力的人员，并鼓励人员流动（许多报社都会规定一定的流动人员比例）。在瞬息万变的媒介市场上，只有根据市场竞争的需要随时调整生产链条上的人员，保证整条生产流水线的顺畅、高效运转，才有可能将最好的产品生产出来，满足受众的需求，实现产品的快速售卖，使整个媒体的发展处于良性循环状态。报刊人员管理太死，分配制度严重不合理，是工会报刊的普遍状况。如何能够像《河南工人日报》那样，真正按照"事业编

---

① 河南工人日报社. 昂扬向上 团结奋进 开拓创新 再造辉煌[J]. 工人报刊研究, 2001 (6)：6.

② 河南工人日报社. 昂扬向上 团结奋进 开拓创新 再造辉煌[J]. 工人报刊研究, 2001 (6)：7.

制,企业化管理"的方式实质性地推动报刊社的现代企业制度转变,是当前改变工会报刊普遍不景气现状的最迫切问题。

3. 发行方式

工会报刊作为行业报,在发行上具有鲜明的特点:一是发行体制比较单一,全国几十家工会报社,除了极少数实现了自发或多渠道发行外,大部分工会报刊仍采用单一的邮发形式;二是发行市场结构不合理,发行的大头主要集中在企业,机关、事业单位订数很少,自发市场和零售市场的比重更小,有的甚至是空白;三是依靠行政手段订报,通过工会红头文件保证订量,报刊社给予发行大户一定的优惠条件;四是在直接面向读者征订、"敲门发行"(都市报的做法)方面几乎没有什么作为。

这种传统的发行方式已经远远不适应时代的发展,工会报刊发行量下降在所难免。主要原因有:一是产业结构的调整使得大型企业资产重组,机构精简,职工减少,经济效益好的企业也在压缩订报费用;二是报业竞争加剧,强势党报和都市报、时尚生活类报刊抢占了大量市场,其丰富、生动、时尚、前卫、贴近性强的内容,远比工会报刊有吸引力;三是工会报刊的内容定位和文章质量落后于读者的需求,报刊的服务性和可读性不足;四是发行队伍素质不高,发行人员无论是文化结构、服务意识还是与采编部门、读者的沟通意识都有很大差距;五是发行方式严重滞后,只会单一邮发、坐等上门收订,只是靠开发行会、行政要求、红头文件、熟人关系等,不了解、不懂多渠道发行方式,无法打开市场,更不要说拉动采编和广告经营等环节走上良性循环轨道。

面对这样的困境,工会报刊的发行需要利用自身的优势,积极探索行之有效的方式开拓新路:利用工会报刊所在的工会系统的优势,借助现有的发行征订网络,主动到基层征订;在邮发的基础上,扩大自行发行的范围,同时可以借助其他优势的发行网络代发;在条件成熟的情况下,按照产业化的要求,联合其他报刊成立发行公司,按照现代企业制度运作,在扩大报刊发行量的同时搞多种经营,闯出一条新路。《北京青年报》下属的发行公司

"小红帽"就是这方面成功的典型。

4. 广告经营

广告经营属于媒体的二次售卖行为,即将吸引到媒体上的读者注意力卖给广告主,售卖的产品以报刊版面形式存在。报刊版面得以售卖的前提,是作为一次售卖的报刊内容要能吸引读者的注意力,而这部分读者与广告主产品的潜在消费者有较高的重合度。说到底,广告经营要依靠工会报刊过硬的内容产品,同时要有能将版面售卖出去的专业广告人才。在这两方面工会报刊明显存在先天不足。

从内容产品吸引的读者类型看,行业报的性质决定了工会报刊的读者局限性较大,基本上是行业内人士看,除了《工人日报》等全国性报刊外,其他报刊都属于区域性报刊,读者群较小,发行量不大,对于以发行量为投放依据的广告主来说,这样的报刊明显不是理想的投放媒体。即使是《工人日报》,尽管号称面向全国发行,但二三十万份的发行量,对广告主的吸引力不大。不但如此,其核心读者的人群构成也影响了广告主的认可。根据2003年的数据,"目前工人日报的主体读者是各级工会干部和各企业、机关的政工宣传干部,而企业的管理人员和一线职工已经不再是本报的主体读者。"[1] 8年时间过去了,这一现状依然没有得到明显改观。这样的读者群对广告主的吸引力较弱,与其他全国性报纸相比,《工人日报》没有任何优势可言。

在广告经营人才方面,工会报刊落后的用人和分配机制决定了这些媒体很难吸引高水平的广告人才加盟。那些市场化程度高、内容质量过硬、企业文化开放、用人机制灵活、薪酬体系合理的报刊,对广告人才有更大吸引力。在广告市场上,没有专业化、高水平的广告经营人才去开拓市场,面对其他报刊咄咄逼人的进攻,工会报刊的广告份额持续下降是再正常不过了。

广告经营是报刊经营的重心,广告收入无疑是报刊的命脉,一般能占到报刊总收入的80%以上。要想改变目前广告经营疲软的现状,就要全方位进

---

[1] 张刃. 报纸经营:从发行看报道[J]. 新闻三昧,2005(11):21.

行改革创新。同样是工会报刊属性的《劳动报》在这方面的做法可供借鉴。根据2004年的数据,《劳动报》年广告收入高达3000万元,报纸的发行量为20万份。其在报纸定位、发行方式、品牌形象塑造、自身形象宣传方面都有可圈可点之处。①

5. 工会与报刊的关系

目前的工会报刊管办机制是:各级工会是报刊的主管机构,各报刊社是报刊的主办者,"管办合一"是多年来工会报刊运营的基本方式。作为主管机构的工会全面介入报刊的运作过程,尽管在"管办分离"的呼声下工会逐渐放松了对报刊的管理,比如会在采编、发行、广告环节给报刊社更大的自主权,即在媒体运作的环节上给报刊社松绑,但在事关报刊社经营的一些根本性的事务上却没有放松,比如干部任免、薪酬体系、办报宗旨等。因此我们看到,各工会报刊虽然在版式设计、栏目设置、印刷质量等方面不断改革,但由于没能从根本上解决问题,总是处于治标但不治本、换汤难以换药的局面,报刊社的整体经营依然在怪圈中徘徊。

客观地说,工会报刊作为一种比较特殊的报刊类型,几十年的发展很大程度上得益于这样的管办机制。由于国情的特殊性,这种机制常常成为保护伞,使得工会报刊能够获得新闻出版总署的"另眼相待":在1997年、1999年和2003年的三次报刊清理整顿中,工会报刊由于隶属于各级工会而没有列入被清理的范围,对于那些经营较差的报刊来说算是躲过一劫。今天看来,这种因身份的特殊所受到的"庇护"未必是好事,因为工会报刊错过了最好的自我调整期。这是因为,20世纪末、21世纪初正是那些今天在市场上表现良好的报刊创办、转型或发展的最重要阶段,如果当时工会报刊能在国家清理整顿的大环境下主动求变,可能的结果是:在一些报刊必然被清理出市场后,剩下的报刊在经过调整后或许到今天已经站稳了脚跟。错过了报业发展的黄金时期,今天的工会报刊要想在市场格局基本稳定的情况下取得

---

① 吴由之. 适应读者 适应市场 适应工人阶级的深刻变化[J]. 工人报刊研究,2004(9):9 – 13.

一席之地，所付出的代价要比以往更高。

从工会报刊管办的实际情况看，总体上处于弱势的工会报刊要想走出低谷，走上依靠质量、按照市场规律获得稳定、健康、良性发展的道路，现行的管办方式必将进行改革。这是因为，目前工会自身也在进行改革，传统上依靠自己编辑出版的报刊来执行宣传任务这一做法的有效性逐渐受到质疑，工会要拿出不小数目的资金来养活一家报纸或一家杂志，对于各级工会而言越来越成为难以承受的负担。权利和责任是对等的，工会在享有管理报刊这一权利的同时，还要尽到有效管理报刊的责任，这其中就包括财政支持。但在现代媒体环境下，经营上的一个重要原则就是要舍得投入。行业有一个公认的说法：大投入大产出，小投入小产出甚至不产出。对于一家要摆脱依附地位获得自身独立发展的媒体而言，想在强手林立的传媒市场获得立足之地，在资金投入上小打小闹是解决不了问题的，必须要有足够的资金投入。比如，在北京报业市场上，一家报纸在市场导入期每年投入至少需要 5000 万元以上的规模，要想有效开发市场并打造品牌，就要投入更多的资金。这就意味着，要想改变工会报刊的现状，就应该参照那些改制成功的党报的经营模式，在确保其对报刊主管并对报刊的经营定位、刊载内容把关的前提下，将报刊管理的权力下放到报社，由报社根据市场需要进行资源调配，享有人事任免权、薪酬分配权等与经营相关的各项权力。

（三）重塑工会报刊的媒介经营价值与制度创新

长期以来，传统体制造成全国工会报刊资源分布过于分散，定位趋同，发展很不平衡，有的报社年经营发行总量近亿元，如《工人日报》《劳动报》等，但大量工会报依然规模小，实力弱，收入水平较低甚至赔钱。工会报刊的整体发展状态与我国改革开放 30 多年所取得的丰硕成果相比很不相称，与新闻出版行业的排头兵们相去甚远，也与中国工会当下所肩负的重要使命和工人运动的现实需求很不适应。不少地方工会还要在地方党报上开辟固定的工会专版、专栏扩大宣传，凸显出工会报刊的疲软状态。照此下去，工会报刊必然要走向边缘，传统的经营模式到了必须要改革以为自己争夺立足之地、谋求更好发展的时候，这是工会报刊进行体制改革的内因所在。

改革的外部压力在于，新闻出版总署连续发文，敦促非时政类报刊全面改制，由原来的事业编制改为企业，报刊社成为市场经营的主体。2011年5月8日，中国新闻出版报社率先完成整体转制，挂牌成立中国新闻出版传媒集团有限公司，拉开了非时政类报刊全面改制的序幕。据时任新闻出版总署署长柳斌杰介绍，2009年全国非时政类报刊大约有6000家，主要包括中央和地方党报党刊所办的都市报、晚报，所有企业法人办的报刊如出版集团办报、报业集团办报等，还有中石油、中石化等大公司办的行业报刊。2011年首先要对这三类报刊进行转制，当时已经改制了1300多家单位，另外还涉及5000多家单位。尽管没有提及各级工会主办的报刊，但从当时的形势看，改制势在必行，只不过是时间早晚的问题。从内、外部环境看，以机制创新重塑工会报刊竞争力和媒体价值，是下一阶段要大力着手的任务。

1. 工会报刊的经营战略选择

工会报刊在"内忧外患"之际应如何确定经营战略？要解决这个问题，就需要对工会报刊所处的媒介经营环境进行全方位的梳理，在对涉及工会报刊经营发展诸要素有了清晰认识和判断的基础上，再确定战略选择方向。在这方面可以借助SWOT模型来进行分析，并以此为基础决定战略方向。

SWOT模型分析是国际上广泛应用的一种战略选择方法，是指对企业内部的优势（Strengths）和劣势（Weaknesses）以及外部的机会（Opportunities）和威胁（Threats）进行综合分析，这几项内容的英文首字母合起来就是SWOT。对于媒介产业来说，使用SWOT模型分析法的要点，就是媒介战略必须与媒介的内部能力（优势和劣势）与外部环境（机会和威胁）相适应。各项战略制定的着眼点，就是有效利用各种正面因素，克服不利因素，使企业发展处于有利地位。根据这一工具，我们来看一下工会报刊的内、外部情况，并据此来确定目前工会报刊所应采取的策略（表3–1）。

表 3-1　工会报刊的 SWOT 分析及经营战略选择

外部因素 ＼ 内部能力	优势（S） 1. 行业报刊身份受政策保护 2. 工会宣传的主要渠道 3. 在职工维权方面得到广泛认可 4. 较为稳定的发行渠道 5. 较为广泛的群众基础	劣势（W） 1. 内容报道局限于工会系统的小圈子 2. 外观设计缺乏时尚感 3. 工会的投入力度越来越小 4. 营销能力偏弱 5. 发行量较小 6. 广告吸纳能力不强 7. 经营结构单一 8. 品牌形象较弱 9. 人员老化且结构不合理 10. 人事和分配体制僵化 11. 新媒体的开发能力不足
机会（O） 1. 国家在政策层面欲培植一批有实力、有特色的报刊 2. 劳动关系的深刻变化需要专业媒体权威解读 3. 职工维权事件频发需要媒体为职工说话 4. 投资商对媒体投资兴趣一直热情较高 5. 新媒体为报刊内容的扩散传播提供便利通道	SO 战略 1. 利用国家政策争取更多有利条件 2. 深层介入劳动关系和维权报道，强化内容报道的权威性 3. 引入外部资金按照企业化经营改制 4. 拓展新媒体渠道提高媒体内容的影响力	WO 战略 1. 扩大报道范围，全面提供读者需要的各类信息 2. 吸引资金投入，强化外观设计的时尚感 3. 提高营销能力 4. 改变发行方式，扩大发行范围 5. 加强广告经营，增加其他经营渠道 6. 加强媒体品牌的塑造和宣传 7. 改革用人和分配制度
威胁（T） 1. 非时政类报刊治理整顿力度加大 2. 国有、民营企业纷纷改制，入会职工数量下降 3. 党报和都市报介入工会内容报道 4. 网络媒体兴起冲击报刊阅读时间 5. 读者有更多媒体形式可供选择	ST 战略 1. 利用整顿时机加强工会报刊的横向联合 2. 将报刊发行渗透到新兴企业 3. 强化专业优势提高工会内容报道的权威性 4. 利用网络媒体、手机媒体传播工会报道内容 5. 激发现有读者积极性，帮助工会报刊宣传	WT 战略 仅凭自身能力无法摆脱困境，以集团化运营方式降低危险，化解威胁

2. 权衡职能：走向市场还是服务工会

在工会报刊几十年的发展历程中，尤其是近十年左右，一些工会报刊为走出困境不断尝试，在市场化的道路上进行可贵的探索，如《劳动报》《南方工报》等。与此相比，绝大多数报刊却一直甘于围绕工会组织的指挥棒转，不敢越雷池一步。面对今天的市场环境和政策动向，所有的工会报刊必须直面现实，认真思考这一问题：工会报刊如何处理走向市场和服务工会两者之间的关系。

工会报刊在定位上往往会走入误区，认为服务工会和走向市场只能两者选其一：服务工会系统就无法走向市场、获得市场的认可；走市场就会偏离服务工会系统的定位，无法体现自身的特色。事实上，在编辑思路的改革上，无论是当年在"增量改革"上成功突破旧思路的省市机关报，还是工会系统已经打破原来定位逐渐获得市场认可的报刊，都在印证这一规律：走向市场和服务工会是可以有机统一的。

"所谓'增量改革'，是指改革发展一般是以不触动现存的'存量'格局（包括其利益格局、功能角色等），而是在'做大'的过程中通过新的增量成分来达到改善其整体上对于社会的适应度的一种办法。"① 其基本内涵就是在确保作为主流意识形态宣传阵地的版面不变甚至增加的前提下，通过其他版面的扩充以增加普通读者关注的内容，以此来吸引读者付费购买，让报纸走向良性循环的市场化通道。以《广州日报》为代表、肇始于20世纪90年代中期的省市机关报的改革，就是以"增量改革"的方式取得成功的。其做法是，在满足各级党委日常宣传所需版面的基础上，通过扩版来增加那些普通百姓喜欢看的生活、娱乐、社会、民生方面的内容。比如，作为党委机关报原来是四个版面，上面刊登的全部是党委出于宣传需要必须刊登的内容，而这部分内容通常并不是老百姓愿意阅读的。为了满足老百姓的阅读需求，在原来四版的基础上扩充版面，这些新增的版面不但能为老百姓提供愿

---

① 喻国明. 拐点中的传媒抉择[M]. 北京：中国经济出版社，2007：36.

意自己掏钱阅读的内容，而且还会为满足党委扩大宣传需求提供比以前多的版面。这一策略让主管单位和普通读者都买账，从而解决了长期无法协调的走向市场和服务党委两者之间的矛盾。

在工会报刊领域，《山西工人报》是整体表现较好的报纸，2001年至2009年连续9年被山西省新闻出版局评为"山西省一级报纸"，在政府满意的同时也获得了职工的认可。尽管这家报纸在属性上被划入行业报行列，但该报却打破了行业的限制，在报道内容上可谓面面俱到，无所不包。除了工会内容外，文化、经济、历史、军事、体育、卫生等应有尽有。其在发行领域也做得很到位，达到了"有职工的地方就有工会，有工会的地方就有《山西工人报》"的程度。其取得这一成绩的主要原因就是报社将它定位为综合类的报纸。内容选择的标准很简单：只要是职工爱看的都可以刊登。①

因此，工会报刊的未来在于对报刊内容的合理定位，要调整报刊的编辑思路，在确保工会宣传这一核心职能的基础上（存量），通过全方位满足工会报刊的核心读者群——职工的需求，在社会化的内容上多做文章（增量），既满足主管、主办机构在宣传、教育方面的功能需求，又满足普通职工通过这一载体形式获得专业化、社会化、娱乐化的信息需求。从近年来各种成功的报刊发展经验看，报刊不能为刊名所累，读者也不会只从刊名上简单地作出取舍，而是会根据内容来决定自己的选择。当职工通过工会报刊不但能够获得与自身发展相关的专业化内容，而且能够获得娱乐、休闲、扩充知识面、扩大视野的大众化的内容，读者就没有必要再去购买其他的报刊阅读。这就是对读者的"一站式"资讯服务。

北京市总工会主办的《劳动午报》在这方面作了深入的尝试。由于首都职工队伍已经发生了重大变化，产业工人比例减少，知识分子和管理干部比例明显上升，该报的读者对象广泛分布在社会各界、各阶层，特别是党政机关干部、事业单位和科研院所的知识分子以及中国500强大企业的管理层干

---

① 详见：王勇. 围绕省总工作大局 推动报社事业发展：山西工人报社坚守定位、做强报业的探索和思考[J]. 新闻采编，2010（5）：35-37.

部已经占了读者群中的重要部分。这些读者层次较高,对新闻信息的选择性很强,泛泛报道的内容已经满足不了他们的需要。这就要求报纸必须在新闻信息的广度和深度上下功夫,多方面满足读者的需求,使报纸成为综合性的有深度的媒体。"依照这样的指导思想,我们对版面进行了大规模的调整:一是加强和新华社、中工网等大媒体合作,对国内国际新闻、文体新闻和财经新闻进行精编,争取将一天内的国内外大事和财经大势完整地提供给读者;二是加强都市新闻、社区新闻和民生新闻,将老百姓关心的民生信息和都市生活信息尽可能全面地报道出来,提升报纸的服务性。我们的新闻热线、社区新闻、司法新闻以及健康报道、文摘版,已经形成了一定的特色,对读者普遍关心的社会热点诸如玉树地震、世博会和世界杯,我们都强势报道,力争做到'一报在手,大事全有'。我们还对版面进行了统一规划调整,增加了与职工和企业密切度较高的版面,强化财经报道和经济新闻,使报纸更好地为企业和职工服务。不少读者反映,午报有看头了,信息量大,服务性强,版面也活泼了。"①

在明确了工会报刊的内容定位后,围绕这一定位需要制定一整套的配套制度,核心就是进行制度创新,参照转向市场化经营取得成功的报刊进行制度设计。首先就是报刊的管理体制,要按照先进的现代企业制度改革现有的由工会全面管理的方式,有效的办法就是通过股份制改造的形式,面向社会募集报刊发展所需资金,在确保报刊社控股和拥有对报刊内容终审权的前提下,引入民营资本,由职业经理人负责报刊的日常运营。与之配套的就是以能力、绩效为任用考核标准的人事制度,按劳取酬、合理拉开差距的分配制度。在工会报刊领域目前还没有形成一家独大的局面,谁能先走一步,占有先机,在制度创新上大胆尝试,依托工会所独有的制度和资源优势,就有可能获得成功,甚至成为这一领域的领头羊。在目前的政策环境和媒介环境下,敢于尝试就有成功的机会,故步自封、裹足不前的结果必然是走向萎缩这已经被改革开放 30 多年来无数事实证明的真理,

---

① 王兆华. 坚持导向出特色 大胆创新进主流[C] // "工人报刊论坛"论文集, 2010.

在传媒领域依然适用。

3. 组建工会报刊集团的可行性分析

媒介组织发展到一定阶段选择集团化发展之路，在全世界范围内都是一种趋势，国内媒体的集团化发展从 1996 年广州日报报业集团开始，陆续有几十家报业集团出现。这些报业集团基本上都属于区域性集团，就是某一地区多个独立经营的报刊按照行政指令组合在一起成立报业集团，通过优势互补、扩大规模来抵御经营风险，提高媒体竞争力。这种组合往往由当地某一强势报刊来主导，相对较弱的媒体为附属，在合并后通常不会改变各媒体的原来业务，集团内的资源可以共享。这种思路可以为工会报刊所借鉴，由全总来协调，尝试组建工会报刊集团。

与现有报业集团按照地域组建集团的方式不同，工会报刊的集团组建方式可以采取跨地域的方式，这与工会报刊的地域分布直接相关，因为这些工会报刊分布在各个省（区、市），都是由各省（区、市）工会主管。由于各工会的职能相同，对于承担宣传和教育功能的工会报刊在要求上也比较接近，只不过各工会报刊所面对的人群和具体的情况不同，在内容上自然会形成较大差异。但对于全总工每个阶段要宣传的重点内容，各家报刊具有高度的同一性。也就是说，如果把某一阶段全国各级工会主办的工会报刊进行内容分析的话，共性的内容是全总硬性要求刊登的内容，重合率非常高，个性化的内容是每家报刊结合本地区实际采编制作的内容，区分度较大。

在集团化发展上，工会报刊集团的组建应由全总负责总体协调，由《工人日报》社来主导，各省级报刊社是该集团的下属单位。在采编方式上，可以参照国外新闻网的方式，由集团成立大编辑部统一编辑内容，可以以《工人日报》为班底，同时抽调各地的优秀采编人员在北京编辑部采编内容，这部分内容是通发稿件，是适合于全国各地工会系统读者阅读的内容，大概占到每期报纸的 3/4。另外 1/4 的内容由各地工会报刊编辑部结合本地实际采写本地化、贴近性的新闻，满足当地读者的实际需求。这部分内容相当于国外全国性新闻传播网的本地（省、市）新闻网制作的内容，或者是《人民日报》的地区版（如华东版、华南版）上刊登的针对不同地域读者采写的文章内容。在内容编辑上"统分结合"的操作方式，其优势就在于可以实现资源的集约化经营，集中工会报刊领域的精兵强将打造精品内容，工会系统重点宣传的内容能够深入、全面、统一地传播给目标读者，政策性和权威性都能得到保证。而各地工会报刊作为集团大编辑部的有机组成部分，则可以集中精力深入工厂、企业、基层去了解工会领域的最新动向，围绕事件的当事人深入采访，针对有新闻价值的事件进行深度调查。以往工会报刊报道的内容由于地域和资源的限制，往往只限于一时、一事、一地、一点的报道，即使是全国性报刊《工人日报》也很难深入底层，所获得的信息通常是局部的、片面的。而有了这个全国性的新闻网后，大编辑部可以根据各地编辑部汇总的情况，及时把握全局性、普遍性、规律性的问题，无疑会大大提高报刊内容的质量，有利于读者获取更有价值的信息，提高读者的依赖性。

中国社会正处于深化改革的重要时期，劳动关系领域的变革随时都在深化，涉及范围广，具有普遍性，社会关注度高。面对如此深刻的变化，工会系统各级领导干部和职工群众迫切需要及时了解最新动向和权威观点，以往那种固守城池、画地为牢的媒体经营方式已经无法适应时代的发展，真正有生命力的媒体就是能够在新闻的及时性、资讯的丰富性和观点的权威性几个方面都有出色的表现。优化配置各种资源以形成合力，才能改变目前多数工会报刊言之无物、观念陈旧、语言乏味、形式呆板的落后状况，真正发挥工会报刊应有的价值。工会报刊在几十年的经营中，积累了大量的资源和广泛的群众基础。为更好地适应新的社会环境、产业环境和媒体环境的要求，工会报刊应该有所作为，认真细致地清点家底，并通过有效机制将长期闲置不用或低效率利用的资源加以盘活，而集团化不失为一种选择。因为依靠各级工会自身来解决历史形成的问题，只局限于一时一地来盘活资源，是无法根本改变现状的。报刊集团的成立就是用现代制度和先进管理方式来打破陈规旧习，通过注入催化剂促动有机体的质变。

当然，集团化运营并不是万灵药，它只是改变工会报刊现状的一种相对有效的办法而已，在没有更好的选择之前，这不失为一种良策。在具体实施上还有大量艰巨的工作要做，在短时间内还无法做到一蹴而就。在彻底走向集团化这一新型媒介经营方式之前，可以通过"媒体联盟"的形式过渡，将那些在经营上没有起色、愿意加入集团的报刊社集中在一起形成联盟，按照新闻网的方式尝试经营，待条件成熟时全面推行，将范围扩大到全工会系统。在新一轮报刊清理整顿大潮之下，处于劣势的工会报刊无疑是一艘艘小舢板，工会自身已无力为它们提供平静的港湾，想依靠自身的力量抗击风浪，自然是难逃一劫。而改变被动局面的办法，首先是把舢板捆绑在一起，以"媒体联盟"的形式提高抵御风浪的能力，然后再按照巨轮的结构重新设计和组装，通过结构化的改造使其真正具备扬帆远航的能力，以报业集团的形式让工会报刊焕发生机和活力。这不一定是最好的选择，却是目前情况下最合适的选择。

四、新型劳动关系下工会报刊新闻业务的改进

在新形势下,工会报刊新闻业务确有改进的必要。所谓新形势,主要包括新型劳动关系的变化,职工从"单位人"转变为"社会人",而农民工这一群体越来越壮大;从新闻管理角度,工会报刊还面临非时政类报刊转企改制压力,甚至还有关停的风险。

在上述新形势下,我们需要关注工会报刊新闻业务的历史变迁,探究传统工会报刊新闻业务的优势和劣势。此外,本部分还引入 SWOT 分析(即态势分析法),分析工会报刊的竞争优势(Strengths)、竞争劣势(Weaknesses)、机会(Opportunities)和威胁(Threats)。分析的结果是,工会报刊新闻业务改进应是全方位的,无论是从理念还是从实践操作上,都应系统地进行。而"转变"是最重要的关键词。

在工会报刊新闻业务改进方面,我们提出了从理念到实务的一些策略:从"工会本位"向"职工本位"转变;从上情下达工具向信息传播平台转变;加大舆论监督的力度;加强新闻评论的力度。

(一)传统工会报刊新闻业务的优劣势分析

1. 传统工会报刊定位下新闻业务的优势

目前我国工人报刊实质上均为各级工会机关报,即报刊担负指导工会、工运工作、服务广大职工的任务,比如《四川工人日报》的办报宗旨就是

"宣传工人阶级,报道时代信息,维护职工权益,服务社会读者"①。

这其实就是传统工会报刊的定位:在工会指导下,为职工服务。当然,工会报刊的角色并不单一,而是如某论者所指出的那样,工会报刊同时扮演至少四种不同的社会角色②:第一,工会的宣传工作是党的宣传工作的重要组成部分,工会报刊肩负着宣传主流意识形态的职责,它扮演着宣传者的角色;第二,工会报刊是一个具有独立法人资格的经济实体,它有自身的新闻出版产品及其营销方式,并且参与传媒业的市场竞争,因此它扮演着一个市场经营者的角色;第三,工会报刊具备作为新闻出版物所具备的所有要件,产品的生产和流通过程,即采编、传播的过程,也遵循新闻出版传播的客观规律,因此它又是地地道道的新闻出版机构;第四,它天生是工会组织的话语平台。

在上述四种社会角色中,最重要的关键词是"工会"和"宣传"。它们深刻影响到传统工会报刊的办报理念。比如,其中最重要的表现是对工会工作的重视。我们研究发现,包括《工人日报》《劳动报》《广西工人报》和《劳动者报》在内的多家报纸的第二版都是"工会新闻",《工人日报》甚至还开设有《工会周刊》,而《河北工人报》等报纸也辟有"工会新闻"专版。

在传统工会报刊定位下,工会与报刊、读者的关系如图4-1所示:

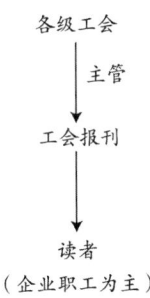

图4-1 传统工会报刊定位下工会与报刊及读者的关系

---

① 胡发强. 21世纪的工人报纸[J]. 工人报刊研究, 1999(3).
② 林宜承. 办好工会报刊必须解决的三个问题[J]. 新闻传播, 2010(9).

在这样的信息传播链条中，工会报刊更多地充当了各级工会的信息平台，其存在的意义在于将工会政策和动向即时传递给相关企业的工人读者。在上述定位下，所以工会新闻极为重要，往往占据第二版的位置。

另一方面，事实上，工会报刊从诞生起，就部分地承担了工会的职责，其中最主要的表现是维权。《工人日报》《四川工人日报》《河北工人报》和《厦门特区工人报》等工会报刊在 20 世纪 90 年代就大力推出维权报道。2004 年底，《工人日报》还创办了《维权周刊》。

以下就是上述报刊为职工维权的实践：

1999 年，创刊于 1984 年的《厦门特区工人报》应读者要求，在第一版推出舆论监督味较浓的"记者调查"栏目，以大篇幅、图文并茂的形式，报道广大职工关心的热点、难点问题，陆续推出了《急诊，急起来没有？》《外来工，业余时间好无奈》等报道。"工人报就应该为职工说话"①，让该报在职工中影响巨大。

《四川工人日报》的维权报道，在 20 世纪 90 年代末向纵深发展，分了几大板块进行维权报道：对具体侵害职工合法权益的事件加强报道，如《环卫工人王琳无辜受伤住院》；从广义上对维权充分报道，如《一位下岗女工的求职困惑》；通过社会求助的报道，如《一个领导帮一户特困》；维权方面的答疑解难，政策咨询。据粗略统计，仅 1998 年，在《四川工人日报》第一版（要闻版）和《社会周刊》上见报的维权报道就近 200 篇，头条约 50 篇，另有内参 12 份，接待企业职工及社会来访者近百人次，收到信件几百封。②

《河北工人报》则结合"要闻加周刊"的特点，充分发挥《工会周刊·劳动法维权热线》等专栏的作用，把维护职工群众合法权益，当作自己的神圣职责。仅 1998 年 4 个月的时间里，刊发有关舆论监督方面的稿件 50 多篇，出《内参》7 期，督促有关部门解决了 20 多件损害职工群众利益、侵犯职

---

① 包华山. 加强工人报刊的舆论监督作用[J]. 工人报刊研究，1999 (5).
② 王莉，王骏. 突出维权报道，办出"工"味特色[J]. 工人报刊研究，1999 (1).

工群众合法权益的事件，赢得职工群众的支持。①

2004年底，《工人日报》创办《维权周刊》，根据报纸的特色与阅读的需要，注重选择那些具有一定典型性的侵权新闻事件以及在司法实践中具有典型意义的案件作为主打稿件，在周刊的重要版位刊发，同时辅以相关的事件或法律衔接，为读者"以案说法"，从而把法律的武器交给职工。②

我们知道，工会原意是指基于共同利益而自发组织的社会团体，工会报刊则可以说是职工们的耳目喉舌，这对其自身的新闻业务有着深远影响：工会为旗下的报刊提供了重要的消息来源，职工则因工会报刊的贴近性而乐意成为报刊的新闻线索提供者。

有研究者以消息和通讯为分析单位，抽取全总的机关报《工人日报》自1979年至2008年的有关工人议题的报道。该研究采取等距抽样法，每隔一年进行抽取，样本共868篇报道。结果发现，《工人日报》消息来源分布情况如表4-1所示。③

表4-1 《工人日报》消息来源分布情况

新闻来源	报道量/篇	占总量的百分比	累计百分比
企事业单位	290	33.4%	33.4%
党政机构	261	30.1%	63.5%
工会	189	21.8%	85.3%
媒体	47	5.4%	90.7%
工人	36	4.1%	94.8%
无法判断	45	5.2%	100.0%
总计	868	100.0%	

我们从表4-1可看出，工人议题的消息来源分布不均衡。最多的新闻

---

① 张景阳，沈凤莉. 搞好新闻舆论监督 依法维护劳动者合法权益[J]. 采写编. 1998（6）.
② 杨军. "您最关心的就是我们最关注的"：从创办《工人日报》《维权周刊》看报纸专副刊的读者定位[J]. 工人报刊研究，2006（1/2）.
③ 夏倩芳，景义新. 社会转型与工人群体的媒介表达：《工人日报》1979—2008年工人议题报道之分析[G]//罗以澄. 新闻与传播评论：2008年卷. 武汉：武汉出版社，2008.

来源是企事业单位，占 33.4%；其次是党政机构，占 30.1%；再次是工会组织，占 21.8%；媒体、工人消息来源占了很小比例。可见消息来源更倾向于组织和机构，主要是企事业单位、党政机构和工会组织，此三者一起占据了消息来源总量的绝大部分（85.3%）。

工人群体虽然应该是工人议题的主体，但是作为消息来源的比例却非常小（4.1%）。不过，我们认为，这说明在传统工会报刊，工会成为工人信息的收集者，并时常借助工人报刊为工人发声。

2. 传统工会报刊定位下新闻业务的劣势

传统工会报刊定位为"在工会指导下，为职工服务"。一方面，工会为报刊的发展提供了财政支持，也在新闻素材上提供了诸多便利；另一方面，工会报刊在为职工维权上，确实做了不少的贡献。但我们不得不认识到，传统工会报刊定位下，新闻业务也存在种种问题。最主要的表现在以下方面。

（1）宣传意味太浓

传统工会报刊在新闻业务方面，工会占据了绝对领导的位置，同时也决定着新闻稿件的题材选择和报道方式。这从此前提到的《工人日报》消息来源分布情况就能看出来。这就决定了工会报刊往往成为各级工会传达上级政策、总结各企业经验的传播平台。

比如，《吉林工人报》2011 年 7 月 9 日的头版（要闻版）刊登的新闻如下：

- 头条：通钢集团上半年实现利润 2.68 亿元
- 龙井市总扎实推进"二帮扶"
- 评论：抓阄选才与"萝卜招聘"乃一丘之貉
- 图片新闻
- 吉林市重点企业节能改造
- 长春近 10 万党员观影《建党伟业》
- 珲春林业局职工文体活动丰富多彩
- 全省工商系统 5 年帮扶万名困难群众

- 图片新闻
- 东丰县招商引资逾40亿元
- 简讯
- 集聚合力 多方联动 强势推进

上述新闻编排，实际是不少传统工会报刊常用的方式：不仅在要闻版，甚至第二版（通常是"综合新闻"）往往也是各工会或各企业的工作总结。

之所以出现这样的情况，我们认为，是新闻与宣传不分导致宣传意味太浓。如果追溯新闻史，我们也会发现，由于早期阶级斗争的需要，媒体的工具性得以强化，所以办报时宣传为第一目的。比如，1948年4月2日，毛泽东对《晋绥日报》社编辑人员发表谈话时就说："报纸的作用和力量，就在它能使党的纲领路线、方针政策、工作任务和工作方法，最迅速最广泛地同群众见面。"

那么，新闻与宣传到底有什么区别呢？中国人民大学教授陈力丹将两者对比如下：[1]

新 闻	宣 传
重信息	重形式
重新异	重反复
重事实	重观点
重时效	重时机
重沟通	重操纵
重平衡	重倾斜

从上述对比可以看出，新闻注重快速地传递新鲜的事实信息，而不是通过形式的包装，选择时机地传达某种观点。遗憾的是，在传统工会报刊中，我们会看到大量类似工作总结的所谓新闻呈现在报刊上。而这些稿件刊发的目的很简单，就是让读者知道报道的主体做了哪些事情，取得了哪些成就，哪怕它们一点不稀奇，也没有什么新闻价值。

---

[1] 陈力丹. 新闻理论十讲[M]. 上海：复旦大学出版社，2008.

出现这样的情况,是有一定的现实合理性的:因为作为工会的机关报,有必要对自身的工作或所属重点企业所做的工作进行报道支持。但是,对于读者来说,这些包装成新闻的稿件,却因没有多少有用信息,所以没有多少阅读价值,进而弱化了报刊的吸引力。

(2)办报远离职工

工会报刊的读者绝大多数是各企业的职工,而不是工会干部。同样,工会报刊的素材主要提供者不应是政府部门和工会部门,而应是职工。

但是,有研究发现,1992年前后两个阶段的《工人日报》消息来源的变化如表4-2所示。①

表4-2 《工人日报》消息来源的变化(1992年前后)

新闻来源	党政机构	工会	企事业单位	媒体	工人	无法判断	总计
1992年前	61篇 15.1%	65篇 16.1%	196篇 48.6%	27篇 6.7%	30篇 7.4%	24篇 6.1%	403篇 100%
1992年后	200篇 43.0%	124篇 26.7%	94篇 20.2%	20篇 4.3%	6篇 1.3%	21篇 4.5%	465篇 100%
总计	261篇 30.1%	189篇 21.8%	290篇 33.4%	47篇 5.4%	36篇 4.1%	45篇 5.2%	868篇 100%

上述数据显示:两个阶段中,工会提供的信息来源总计达到21.8%,而1992年的占比较1992年前增加了10.6%;工人提供的信息来源才4.1%,1992年后还从之前的7.4%下降到1.3%。从这个意义上说,我国工人群体的媒介接近权现状不是随着时代发展而有所改善,反而趋于弱化。

正是由于在消息来源方面,工人处于弱势地位,工会报刊呈现出主办机关单向信息传播的态势。比如,有从业者就指出了当前工会报道存在的三方面不足:② 一是经验性的报道多、应景的报道多、官样文章多,突发性新闻少、事件性新闻少、有深度的报道少。这是工会报道中存在的最主要的问

---

① 夏倩芳,景义新.社会转型与工人群体的媒介表达:《工人日报》1979—2008年工人议题报道之分析[G]//罗以澄.新闻与传播评论:2008年卷.武汉:武汉出版社,2008.
② 杨祝夫.当前工会报道存在的主要问题和我们的对策[J].工人报刊研究,2006(3).

题。二是没有多大新闻价值、内容极为普通的关系稿较多。三是抓大求全的多，抓小角度抓侧面的少。其结果是大而空，不少有价值的新闻被覆盖在大量一般性的材料之中。

这位从业者虽然谈的是工会报道存在的不足，但它们何尝不是传统工会报刊新闻业务的重要特征呢？消息来源不倚重职工，报道方式上也不考虑职工的信息需求，这就将传统工会报刊推向了一个窘境：往往自说自话，让职工敬而远之。这是有数据佐证的。1990年，全国省、自治区、直辖市和地市级的工会报刊近120家。有研究者对全国部份工会报刊作了一次书面调查，并对50余名基层工会主席和数百名职工群众阅读工会报刊的情况作了书面问卷和了解。调查结果显示：①

有些报刊确实比较出色，如《现代工人》（辽宁）、《工人天地》（江西）、《江苏工人报》、《现代工人报》（四川）、《劳动报》（上海）等。然而，有些数据相当不理想。例如有4/5以上的基层工会主席对工人报刊基本不看或只稍作浏览，认真阅读的不到1/5。而普通职工阅读工会报刊的更少，只有不到1/4的人浏览大标题，其余的则大多平均每四期浏览1至2次标题，认真阅读的不足1/10。不少工人这样说："这种报没啥看头，登的东西与我们不搭界。"有的甚至说："工会报刊都是工会出钱订的，要叫私人掏钱肯定没人订。"

那么，为什么会出现这种情况呢？上述研究者通过调查，发现造成这一状况的主要原因在于报刊不大贴近职工的生活，缺乏职工报刊的特色。工会报刊一方面应贯彻党的新闻宣传方针，坚持正确的舆论导向；另一方面应该面向实际、面向基层，反映职工群众的意愿、要求和呼声，维护职工群众的正当权益。遗憾的是，现今多数工会报刊刊登的却大多是文件和工会领导讲话，内容重复，可读性弱。有的刊物领导讲话或文件竟占了1/2、1/3的篇幅，有时甚至整期均是这些内容。如1988年12月份的《中国工运》《兰州工运》等刊物，整期是工会十一大的工作报告、领导讲话、委员会名单、学

---

① 柏宁湘，崔志鹰. 部分工会报刊为什么不受欢迎？[J]. 新闻记者，1990（10）.

习文件的心得体会。

可另一方面,当时各地工会报刊办刊经费来源方面,属省、自治区、直辖市总工会拨款的占56%,收费加上工会补贴的占44%,自负盈亏的工会报刊一家也没有。在缺少竞争的情况下,各级工会是出钱出力,却没有迎来叫好声。

因此,传统工会报刊的新闻业务一定要改进,以创新的精神、专业的办报赢得职工的心。

(二)传统工会报刊面临新型劳动关系的挑战

正是因为有劳动关系的存在,才有职工,从而才有职工的组织——工会。有了工会,才有了工会报刊。从这个意义上来说,劳动关系对工会报刊而言,是本源,也是工会报刊生存和发展的前提。研究劳动关系,对研究工会报刊大有裨益。但是,劳动关系的发展并非一成不变,而是经历了一个漫长和复杂的演变过程,中外都是如此。新中国成立以来,我国劳动关系发展受到经济体制的影响,也经历了两大阶段:一个是计划经济阶段,另一个是向市场经济过渡阶段。

有学者指出,由于计划经济体制下的劳动关系是统包统配的方式建立起来的(起始于20世纪50年代初,延续到20世纪80年代初),所以主要特征有四个:[①] 一是行政运作,它表现在劳动关系的建立、延续、变更、终止的运作过程全由政府的行政命令来实现。人员严格限制流动。二是劳动关系的类型是单一的公有制。三是劳动关系的内容由国家统一规定,用人单位和劳动者没有自主权。四是利益一体。

自20世纪80年代起,我国的劳动关系开始向市场经济过渡,其特征如下:[②] 一是劳动关系的类型从单一的公有制劳动关系向不同所有制劳动关系

[①] 柳可白,王玫,阎春芝.当代工人阶级地位与作用[M].北京:中国工人出版社,2007:31.

[②] 柳可白,王玫,阎春芝.当代工人阶级地位与作用[M].北京:中国工人出版社,2007:32.

共同存在发展，劳动关系的类型呈现出多样化，非公有制劳动关系出现并大幅度增加。二是劳动关系的运作从国家化向市场化发展，劳动力市场建立并不断完善，劳动力的市场配置与行政配置共同发挥作用。工人的"铁饭碗"被打破，企业自主权扩大，劳动者弱势地位显现出来。三是劳动关系的建立从行政分配向契约制发展。但由于合同制并不成熟，劳动者的合法权益时常受到侵犯，劳动争议不断上升。四是劳动关系的调整行政化与法制化并存，《劳动法》及有关法律相继颁布实施，劳动争议的协调开始依法规范。工会的维护者地位从法律上得到明确。

2002年4月29日，国务院新闻办公室发表了《中国的劳动和社会保障状况》白皮书，宣告一种与社会主义市场经济相适应的新型劳动关系已在中国基本形成。该白皮书指出，中国致力于维护和谐稳定的劳动关系，初步形成了以《中华人民共和国劳动法》为主体的调整劳动关系的法律法规体系，建立了劳动合同和集体合同制度、三方协调机制、劳动标准体系、劳动争议处理体制和劳动保障监察制度。

我们认为，新中国劳动关系的发展其实就是职工从"单位人"向"社会人"的转型，也就是由国家或单位大包大揽，向社会化管理迈进。在这样的新变化下，职工社会流动的频次和数量加大，还出现了庞大的农民工群体；另外，由于法制不健全、执法不严、职工维权意识差等原因，劳动争议增多，而职工的利益诉求亟待适当的渠道抒发，并找寻解决之道。

显然，新型劳动关系的出现，对工会报刊提出了更高的要求：一方面，职工的数量激增，其利益诉求更加多元，传统工会报刊过度依赖工会的理念已经过时；另一方面，职工在新形势下面临更多的困惑与挑战，所以更需要找到自己的代言人，若工会报刊不能为他们服务，他们将会把目光投向其他非工会报刊。

（三）新型劳动关系下工会报刊新闻业务的改进

1. 报刊新闻业务改进的大背景

这主要体现在两个方面：新型劳动关系促使传统工会报刊在定位上要有

所改变；非时政类报刊转制政策下要求工会报刊走向市场，与非工会报刊一起竞争。

（1）工会报刊定位的变化

正是由于新型劳动关系的出现，传统工会报刊首先在定位上就应该有所调整。前文提到，传统工会报刊的定位是：在工会指导下，为职工服务。在这一定位上，工会报刊往往过于强调工会的指导作用，将工会报刊办成工会的机关报，却弱化了对职工的服务意识。

那么，在新型劳动关系下，工会报刊的定位应该怎么变化呢？我们以图4-2来表示。

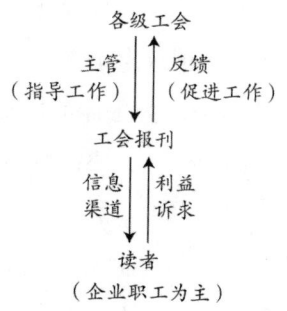

图4-2 新型劳动关系下工会报刊的定位

从图4-2我们可以发现，在新型劳动关系下，由于职工群体的壮大，利益诉求的多元化，传统的依靠工会向各企业收集职工诉求的做法已经不太可行。此外，传统工会报刊惯于单向传播企业信息或个别职工事迹的做法也不适应新的形势了。

综观上述模式，我们认为，"互动"是重要的关键词：各级工会与工会报刊是双向互动关系，前者主管工会报刊，而后者作为其耳目喉舌，要积极反馈有效和有益信息，促进其工作的改进；以企业职工为主的读者和工会报刊之间的关系也要变化，读者不再只是被动的信息接受者，而是信息的生产者。借助工会报刊平台，读者的利益诉求有合法化的渠道。

当然，不可否认的是，职工与各级工会也会有良性互动关系。只不过，在新型劳动关系下，各级工会更多地将工作重点放在职工的普遍性需求（或利益诉求）上，而工会报刊则成为重要的中介。

（2）非时政报刊转制的压力

2011年5月17日，中办和国办联合下发《关于深化非时政类报刊出版单位体制改革的意见》，提出在社会主义市场经济条件下，非时政类报刊单位的现行体制制约了报刊出版业发展，存在数量过多、规模过小、资源分散、结构不合理、市场竞争力弱等突出问题，部分单位长期靠行政摊派、买卖报号刊号维持生存，有的成为部门和单位的"小金库"，助长了不正之风。

非时政类报刊出版单位体制改革的目标任务中有一条是：实行严格的报刊出版市场准入机制，从主管主办资质、内容导向、资本来源、资产规模等方面制定具体的市场准入条件，同时建立健全市场退出机制，关停并转一批不符合市场准入条件、不具备报刊出版资质和违规出版以及严重亏损、资不抵债的报刊出版单位，切实提高报刊出版业集中度。

2011年5月9日，时任新闻出版总署署长、国家版权局局长柳斌杰表示，全国5000多家非时政报刊年内将全面展开转企改制。我们认为，非时政类报刊出版单位体制改革的关键词是"转企改制"和"关停减量"。按上述《意见》，"省级、副省级和省会党委机关报刊所属的非时政类报刊出版单位，专业技术性较强的行业性报刊出版单位，隶属于企业法人的报刊出版单位，要先行转制"。那么，工会报刊算时政类报刊还是非时政类报刊？事实上，这也是不少工会报刊负责人的困惑。比如北京市总工会机关报——《劳动午报》究竟算时政报刊还是非时政报刊，成了悬在该社社长王兆华和所有员工心头的一把矬子，让他们有点不安。王兆华说："工人报刊有其特殊性，工会作为党和政府的桥梁和纽带，需要一份有特色的报刊为之服务。多年前我们就在探索市场化的道路，我们不怕市场化，我们在意的是必须保持工会报刊的性质不动摇。"①

目前，工会报刊的数量上百种，其中报纸有几十种。而依靠行政指令征订存活的并不鲜见。可以预计的是，工会报刊中的大部分将转制，而关停也

---

① 李凤桃. 报刊改制风暴来了[J]. 中国经济周刊, 2011（22）.

会是部分工会报刊的结果。那么，对以新闻报道为主打的工会报刊，显然会直面市场的挑战。这就需要将权威、即时、深度的新闻报道作为核心竞争力，从而打造良好的品牌，赢得市场的空间。非时政类报刊出版单位改制这一背景，对工会报刊是一个"洗牌"的过程。在业务上精益求精，并能良好经营的工会报刊，必然是大发展的主角。

2. 工会报刊新闻业务改进的方向和策略

（1）工会报刊新闻业务改进的方向

在探讨这一话题时，我们应该引入SWOT分析方法，即态势分析法。20世纪80年代初，它由美国旧金山大学的管理学教授韦里克提出，经常被用于企业战略制定、竞争对手分析等场合。

SWOT是一种分析方法，用来确定企业本身的竞争优势（Strengths）、竞争劣势（Weaknesses）、机会（Opportunities）和威胁（Threats），从而将企业的战略与公司内部资源、外部环境有机结合。因此，清楚地确定企业的资源优势和缺陷，了解企业所面临的机会和挑战，对于制定公司未来的发展战略有着至关重要的意义。

结合工会报刊，我们分别从新闻业务层面对其进行SWOT分析：

竞争优势（Strengths）：因职工而生，所以有相对固定的读者。而随着新生代农民工群体的扩大，工会报刊的目标读者群会更大。此外，因有工会的指导，工会报刊有清晰的角色定位：充当职工的代言人。

竞争劣势（Weaknesses）：在以往体制下，工会报刊并无生存压力（多由工会拨款）。而且作为工会机关报的色彩过重，所以在新闻业务方面存在不少问题，尤其报道的选题、报道方式以及刊发评论等方面，都有脱离目标读者——广大职工的倾向。

机会（Opportunities）：主要体现在两个方面：职工阶层人数不断增加，其信息需求对工会报刊的存立与发展是利好；在新形势下，如2010年的富士康事件（多名职工自杀），暴露了中国劳动关系存在巨大的危机。这些新题材加上旧有职工维权，对工会报刊来说，是新闻报道的"富矿"，寻找解决之道也是其使命所在。

威胁（Threats）：就非时政类报刊改制的日程表来看，给工会报刊调整的时间并不多，从这个意义上，工会报刊新闻业务的改进应该加速度，快速实现转型；另外，其他都市类媒体也在关注职工题材新闻，加之网络媒体勃兴，也威胁到工会报刊的地位，甚至是存在的必要性。

综合以上分析，报刊新闻业务改进的方向应作如下观：依托广大职工，做好职工的代言人，拓宽报道的广度，提高新闻制作水准，并在多样媒体竞争时代打造自己的品牌特色，进而在市场中占据应有的地位。

（2）工会报刊新闻业务改进的策略

我们认为基于SWOT分析的结果，工会报刊新闻业务改进应是全方位的，无论是从理念还是从实践操作上，都应系统地进行。而"转变"是最重要的关键词。

其中，以下几个方面的转变是重中之重：

a. 从"工会本位"向"职工本位"转变

在一个完整的信息传播过程中，包含信息、传播者、媒介、受众、效果，五个部分缺一不可。[①] 其中，技术进步带来的信息易得和信息过剩，使大众传播由过去的"传者本位"转变为当下的"受者本位"，受众在信息传播中的地位也更加凸显。因此，工会报刊要在新的传播环境有所作为，必须高度重视受众分析。

在传统工会报刊，往往目标受众是工会和各家企业，所以工作总结式的报道占据了大量版面。而这些新闻对最大多数的受众——职工却并没有多大新闻价值。此外，以"工会本位"办报刊，最大的问题在于，其立足点往往是如何宣扬工会或企业做得好的方面，而对职工的疾苦却涉及不足。

我们尤其要关注新生代农民工这个阶层。所谓新生代农民工，是指16—30岁的农民工。据国家统计局公布的数据，2009年，全国农民工总量为2.3

---

① 参见：郭庆光. 传播学教程[M]. 北京：中国人民大学出版社，1999.

亿人,外出农民工数量为1.5亿人,其中,16—30岁的占61.6%。① 据此推算,2009年外出新生代农民工数量在8900万人左右,如果将8445万就地转移农民工中的新生代群体考虑进来,我国现阶段新生代农民工总数约在1亿人左右。这表明,新生代农民工在我国2.3亿(2008年为2.25亿)职工中,已经占了将近一半,他们在我国经济社会发展中日益发挥主力军的作用。

全总新生代农民工问题课题组《关于新生代农民工问题的研究报告》显示:② 新生代农民工年龄大多20岁出头,其思维、心智正处于不断发展、变化的阶段,因此外出务工观念亦处于不断发展、变化中,对许多问题的认识具有较大的不确定性;他们绝大多数未婚,即将面临结婚、生子和子女教育等问题,也必然要承接许多可以预见及难以预见的人生经历和变化;他们大多刚从校门走出3—5年,虽然满腔热情、满怀理想,但是职业经历刚刚开始,职业道路尚处于起点阶段,在职业发展上也存在较大的变数。他们边缘性地位体现在:新生代农民工生活在城市,心理预期高于父辈,耐受能力却低于父辈,对农业生产活动不熟悉,在传统乡土社会中处于边缘位置;同时,受城乡二元结构的限制与自身文化、技能的制约,在城市中难以获取稳定、高收入的工作,也很难真正融入城市主流社会,位于城市的底层,因此,在城乡两端都处于某种边缘化状态。

中国社科院研究员王春光接受《南方农村报》采访时指出,80后农民工的生活方式已经和城市人没什么大的差别:衣着潮流、手机先进、喜欢上网、极少寄钱回家,就连口音都差不多,比如在广东打过几年工的,有很多人粤语都讲得很好。由于对网络的熟练运用,80后的说话胆量、开放程度和交际能力已经远远超过第一代农民工。③ 正是由于新生代农民工成为农民工主体,在全国职工中占的比重越来越大,工会报刊显然应该更加关注这样一

---

① 国家统计局.2009年农民工监测调查报告[R].2010.
② 全国总工会新生代农民工问题课题组.关于新生代农民工问题的研究报告[N].工人日报,2010-06-21(1).
③ 转引自:明永昌.专家:80后农民工被边缘化不利稳定[N].联合早报,2010-02-03.

个群体。而他们的喜怒哀乐则应是工会报刊需要及时、客观和深入反映的。

以职工为本位，其实就是想职工所想，急职工之所急，做好职工的勤务员。近年来，《失语者的呼声——中国打工妹口述》（潘毅、黎婉薇编，生活·读书·新知三联书店，2006年3月第1版）、《中国农民工调查》（魏城编著，法律出版社，2008年1月第1版）、《蚁族——大学毕业生聚居村实录》（廉思主编，广西师范大学出版社，2009年9月第1版）等图书陆续出版，成为全国阅读热点。这说明全社会非常关注当下工人阶层（尤其是新生代职工），但遗憾的是，这些选题都不是工会报刊发掘出来的。这是值得我们深思的。

b. 从上情下达工具向信息传播平台转变

传统工会报刊过于强调媒体的工具性，往往将其视为上情下达的渠道（即使维权类报道也带有这种意味）。这就导致新闻稿件（选题及报道方式）宣传味十足。工会报刊应向信息传播平台转变。其要义是在实现上情下达的同时，也践行下情上传。就新闻业务层面来说，简单说，就是要倡导按新闻传播规律办事。

2008年6月20日，时任国家主席、中共中央总书记胡锦涛在《人民日报》出版60周年之际，前往人民日报社视察并发表讲话。在讲话中，他提出，媒体"要把体现党的主张和反映人民心声统一起来，把坚持正确导向和通达社情民意统一起来"，"要坚持用时代要求审视新闻宣传工作，按照新闻传播规律办事，创新观念、创新内容、创新形式、创新方法、创新手段，努力使新闻宣传工作体现时代性、把握规律性、富于创造性，不断提高舆论引导的权威性、公信力、影响力。"①

这是国家领导人首次在公开场合提出"按照新闻传播规律办事"。这实际上体现了执政党对新闻传播理念的一种更新。学者展江就细心地发现，在胡锦涛3200多字的讲话中，"党性"出现1次，"喉舌"没有出现，"舆论导向"共出现5次，而值得注意的是，"舆论引导"出现了9次，"引导"

---

① 胡锦涛在人民日报社考察工作时的讲话[N]. 人民日报，2008-06-26.

出现了 14 次，柔性的"疏导"出现了 1 次。①

之所以在当下仍然要提出"按新闻传播规律办事"，这说明中国新闻媒体（尤其是党报、党刊，包括工会报刊）在现实实践中不按规律办事的现象不少。当然这一方面是新闻媒体的实践问题，另一方面则是新闻管理问题。就工会报刊来说，有时候过于强调舆论导向，很多应该报道的新闻没能报道。然而，在媒介融合时代，新媒体的迅猛发展，对传统媒体的管理模式造成了巨大的冲击。当工会报刊不报道时，那么职工们的注意力显然就会移到其他媒体上。

按新闻传播规律办事，这就需要工会报刊的新闻工作者深入车间，深入班组，甚至深入职工宿舍，加强职工调查，不是等新闻，而是去发现新闻。

c. 加大舆论监督的力度

2010年的富士康事件，让全国人民对职工的工作和生活有了全新的认识。而职工权益保护，在中国作为全球"世界工厂"的背景下，成为重要的现实课题。对工会报刊而言，舆论监督的要义有两个方面：为职工赋权；在职工利益受损时，站出来为其鼓与呼。

根据社区心理学的一般说法，赋权乃是个人、组织与社区借由一种学习、参与、合作等过程或机制，获得掌控自己本身相关事务的力量，以提升个人生活、组织功能与社区生活品质。那么，对工会报刊来说，"赋权"的做法是通过揭露与劳动关系相关的各种违法事件，提供给职工一种知识体系，进而影响其行为。

另一方面，在职工利益受损时，工会报刊有义务站出来为他们鼓与呼。工会报刊曾经有过舆论监督光辉史。比如《工人日报》关于"渤海2号钻井船翻沉事故"的报道就是很好的例子。

1979年11月25日凌晨3时30分左右，原石油部海洋石油勘探局"渤海二号"钻井船在渤海湾迁移井位的拖航作业途中翻沉。船上74名职工除

---

① 展江. 审慎而积极地调整国家－媒体关系：胡锦涛在人民日报社考察工作时的讲话解读[J]. 国际新闻界, 2008 (7).

两人获救外，其余 72 人全部遇难，直接经济损失高达 3700 万元人民币。这一新中国成立 30 年以来石油系统最为重大的死亡事故，在世界海洋石油勘探史上也是少见的。事后查明，这是一起典型的因官僚主义违章瞎指挥造成的重大责任事故。事故发生后，该局领导竟把"丧事当作喜事办"：隆重召开遇难同志追悼大会，提出追认英雄烈士，并命名"渤海二号"钻井队为"英雄钻井队"，以此来掩饰自己的错误。原石油部主要领导也搞"大事化小，小事化了"。

首都几家新闻单位顶住巨大压力介入事故调查，以强烈的社会责任心和神圣的使命感，历经八个月的共同努力，终于得以将这一起重大责任事故的真相和石油部主要领导在这一事故上的错误态度和做法公之于众。1980 年 7 月 22 日，《人民日报》和《工人日报》同时发表有关"渤海 2 号"钻井船翻沉的消息。《工人日报》还发表该报记者采写的通讯《"渤海 2 号"钻井船翻沉说明了什么》，尖锐地指出：这次事故绝不是偶然的，而是领导长期不重视安全生产、不尊重科学、不严格执行规章制度的必然结果。

有工会报刊媒体人就提出，"维权是工会报道之魂。我认为，这种维权不应只局限于有关权益案例或事件的报道，而应是大维权的理念，也就是一种以履行工会维护职责、维护职工合法权益以及宏观维护、大局维护、源头维护的视角取舍新闻素材的新闻报道原则"。[①]

所幸的是，现在越来越多的工会报刊开始注重舆论监督的重要性。它们大多开设有"工会周刊"，上海《劳动报》、《江苏工人报》、《天津工人报》特稿部和《河南工人报》等纷纷开通微博，向全社会征集新闻线索，就是很好的"开门办报"方式。

d. 加强新闻评论的力度

新闻评论是媒体的旗帜和灵魂。在西方，很多社论撰稿人在谈及他们的责任时，都会提到评论写作中四个最重要的目的：为读者大众服务；为读者、社区和国家提供一个论坛——一个自由交换观点的市场；做社会的守望

---

① 王娇萍. 做最权威的工会报道[J]. 工会报刊研究，2005（6）.

者；为你的读者提供信息并引导他们去促成变革。① 对工会报刊来说，打造一个良好的声音平台同样非常重要，有利于其达成上述四个重要目的。在新闻实践中，打造这一平台可以有两层含义：一个评论栏目化，二是向全社会开放言论平台。

工会报刊的评论栏目是职工自有的言论园地，这包括社论或职工论坛。比如新疆维吾尔自治区总工会主办的《工人时报》早在1997年就有多个评论栏目，如1997年5月1日第2版《五味果》栏目刊发的《领导干部带头讲规矩》、5月6日在头版《职工论坛》刊发的《欣闻再就业明星》。

20世纪七八十年代，《工人日报》的评论影响力也非常大，如前面提到的"渤海2号钻井船翻沉事故"。《工人日报》除推出深度报道外，还以读者来信、编发评论等多种形式对该事故进行了追踪报道。正是在强大的舆论压力下，国务院宣布解除原石油部部长宋振明的职务，并给予主管石油工业的副总理康世恩以记大过处分。

2000年11月，《工人日报》创办新闻评论版，开中央级大报之先河。该报在评论方面增加力度，比如专门有评论版，评论形式多样化，其设置如下：

社评：本报评论员主笔的头条评论。针对新近发生的重大新闻事件、典型社会现象，从较宏观层面，做深入、理性、客观的评论。

有话直说：来论中的精锐篇。直抒胸臆，单刀直入，短小精悍。

新闻观察：来论中的纵深篇。强调新闻的及时、视角的独到、分析的深入、个性的表达。所论视野囊括经济、社会、文化等方方面面。

大众话题：来论中的平民篇。侧重普通百姓关心的身边新闻，兼以平民化的表达。

钟鼓篇：来论中的杂文篇。

图说：新闻漫画加点评。

---

① 康拉德·芬克. 冲击力：新闻评论写作教程[M]. 柳珊，等译. 北京：新华出版社，2002：4.

除专门的评论版外,《工人日报》其他各版还有不少评论栏目:

民生视点:关注民生,就是关心老百姓的生活。该栏目坚持平民视点,关注民生民情,从为百姓排忧解难的角度出发,将话语权更多地交给平民百姓。

国际随笔:深入分析国际热点的来龙去脉,及时追踪国际形势的最新动态。持续关注这个不断变化中的世界,致力于为读者提供高端前瞻的国际时事评论。

科教时评:牵动千家万户的国民义务教育、学历教育、职业教育,是关注的热点。该栏目着重传播有关教育领域的前沿话题,关注教育部门的改革方向,褒贬教育体制的现存利弊。

文化周刊言论:转型中国的文化建设和发展是关注的焦点。该栏目聚焦文化领域的新鲜话题,希望以冷静犀利的言论为文化的健康发展献计献策。

一家之言:分析体育事件,聚焦体育热点,发掘体育精神。虽是一家之言,仍力求客观公正、理性深入。

2010年6月7日,我们随机抽取了13份地方工人报,头版设置评论栏目的有《吉林工人报》《河南工人日报》《河北工人日报》《陕西工人报》《四川工人报》《新周末》《天津工人报》等工会报刊,在数量上不到总数的一半。

因此,工会报刊对评论应该更加重视。除重视版序和开设评论专版外,还应在评论的及时性、权威性上多下功夫。另外,还应善于打"组合拳",也就是采用在重要报道推出时配发评论的方式。

五、职工舆情、维权与工会形象

职工的真实舆情、维权及劳动者与工会的公共形象，近年来显得越来越重要。工会报刊在转型期，遭遇能否承担真实反映职工舆情并具备令人信服的公信力引导职工群体的舆情走向的疑问。从工会报刊的历史看，真实反映舆情无疑是一个全新的课题；从工会报刊的现状看，受多方掣肘以及自身的怠惰，缺少创新的勇气，以及成为新时期媒介舆情"多余人"的状态，并未得到有力的扭转。通过对职工真实舆情产生的背景以及现状的分析，梳理媒介对职工群体的影响因子，为工会报刊出谋划策，加强工会报刊迎头赶上其他媒介对职工舆情的影响力，使工会的基本职能——维护职工群体的权益通过报刊影响舆情和表达舆情来真正实现，是我们这一部分研究的重要目的之一。同时，通过对职工群体的认同与关心，重塑职工群体劳动者形象和工会的公共形象，同样是当下工会报刊值得高度重视的任务。

（一）工会报刊与职工舆情及维权

1. 职工舆情的现状分析

工人阶级是我国的领导阶级，是执政党的阶级基础。2006 年我国职工人数达 2.70 亿。[①] 在美国《时代》杂志 2009 年年度人物评选中，"中国工人"作为榜单上的唯一群体，在评选中居亚军位置。《时代》杂志评价称，中国经济继续保持最快的发展速度，并带领世界走向经济复苏，这些功劳首先要

[①] 中华全国总工会政策研究室课题组. 全面建设小康社会新征程中的中国职工队伍：第六次全国职工队伍状况调查总报告[J]. 工运研究, 2008 (16, 17).

归功于中国千千万万勤劳坚韧的普通工人。但经济体制的转型和国企改革，让工人阶级变成新时期的弱势阶级，当前劳资冲突愈演愈烈，涉及职工队伍稳定的群体性、社会性事件越来越多，职工舆情状况不够稳定，成为和谐社会建设的一大障碍。

所谓舆情，是指在一定的社会空间内，围绕中介性社会事项的发生、发展和变化，作为主体的民众对作为客体的国家管理者产生和持有的社会政治态度。概括地说，舆情就是民众的社会政治态度。[①] 职工舆情就是广大工人阶级的社会政治态度，包括对自身的认知、对所在单位的评价和对整个社会的态度，职工舆情成为整个社会的舆情热点：职工们最关心的利益意愿和诉求也是整个社会关心的问题；涉及职工队伍稳定的群体性、社会性事件也就成为社会性事件；职工对一些社会热点、焦点和民生问题的反应、看法在很大程度上也代表了整个社会大众的意见。改革开放后六次全国职工状况调查[②]均涉及职工舆情方面的调研。本部分主要对历次职工调查表现出的舆情进行梳理，发现当前的职工舆情表现出如下特点。

（1）职工舆情总体呈积极态势

总的说来，职工舆情的主流是正面的，2007年第六次全国职工队伍状况调查表明，广大职工认同和拥护党提出的坚持科学发展观、构建社会主义和谐社会的执政理念。94.2%的职工认为党和政府提出"以人为本"的科学发展观，"符合中国经济发展现实"，"能让广大群众得到实惠，得到广大群众的拥护"，"有利于促进经济社会和城乡协调发展"；88.2%的职工认为，党和政府提出构建社会主义和谐社会的战略思想，让广大人民群众在共建中共享，在共享中共建，"符合中国社会实际，有利于促进社会稳定"，"合民心，顺民意，能让广大群众得到实实在在的好处"；在对生活的感受上，

---

① 王来华. 舆情研究概论[M]. 天津，天津社会科学院出版社，2003.
② 为准确把握职工现状，1982年在中共中央书记处研究室和中华全国总工会的领导下开展了第一次全国职工状况调查，以后基本每5年由全总组织开展一次全国职工状况调查（分别为1986年、1992年、1997年、2002和2007年）。

57.1%的职工认为自己比较幸福或很幸福。① 这次调查还显示，66.2%的职工对实现"十一五"规划"很有信心"，86.5%的职工对国有企业改革重组表示"积极赞成"或"基本赞成"，职工群众对党和政府还是信任的，对改革开放也是支持的②，但工人收入增长缓慢、贫富差距拉大、社会保障制度不健全、劳资纠纷增多等问题较为突出，对职工舆情形成较强的负面影响，也在一定程度上形成社会不稳定因素。

（2）职工对低工资水平和高收入差距不满

职工收入虽然有所增长但总体偏低，且增长缓慢，收入分配差距加大，引起职工的不满情绪。早在1991年，企业职工对日常经济生活的关注处于突出地位，在18项问题的满意度中，职工对个人经济收入、个人住房条件、企业生活福利的满意度分别排在第15、第17、第14位。③ 而2007年全总第六次职工队伍状况调查结果显示，43.9%的职工对自己的工资收入水平"不太满意"或"不满意"；84.3%的职工对个人收入水平"很不满意"或"不太满意"；有33.1%的职工认为与5年前比较，收入水平有"很大下降"或"有所下降"；75.2%的职工认为当前社会收入分配不公平；61%的职工认为"普通劳动者收入过低"是当前社会收入分配最大的不公平。④这次调查还发现，有66.4%的职工认为收入分配"差距很大"，24.8%的职工认为"差距较大"。⑤低收入和高差距导致职工感到生活压力巨大。第六次全国职工队伍状况调查结果显示，不少职工认为，收入差距大、就业难、腐败现象严重、看病就医费用高、房价越来越高、子女教育费用高等，成为影响当前社会和谐最突出的问题。⑥

---

①④ 中华全国总工会政策研究室课题组．全面建设小康社会新征程中的中国职工队伍：第六次全国职工队伍状况调查总报告[J]．工运研究，2008（16，17）．

②⑤ 中华全国总工会宣教部课题组．当前企业职工思想现状和思想政治工作调查[J]．政工研究动态，2007（3）．

③ 冯同庆．1992—1993年：中国职工状况的分析与预测：对5万名职工的问卷调查[J]．社会学研究，1993（3）．

⑥ 中华全国总工会政策研究室课题组．全面建设小康社会新征程中的中国职工队伍：第六次全国职工队伍状况调查总报告[J]．工运研究，2008（16，17）．

（3）职工普遍缺乏自豪感和主人翁意识，职工自我社会地位认知有所下降

从历次全国职工状况调查发现，职工的主人翁意识在逐步下降。1992年第三次全国职工队伍状况调查显示，7.1%的职工认为其主人翁地位大有提高，39.2%的职工认为有所提高，只有19.2%的职工认为有所下降，认为大大下降的仅占8.0%。[1] 而2007年的第六次全国职工队伍状况调查问及"您对改革开放以来职工主人翁地位的评价"中，只有6.5%的职工选择"大有提高"，选择"没有提高""有所下降"和"大有下降"的职工为56%，相当多的职工对"全心全意依靠工人阶级"和"工人阶级是领导阶级"等宣传感到反感，[2] 多数工人（69.5%）和农民工（67.3%）对自己的社会地位表示不满意，表示满意的分别只有30.5%和32.7%。这种现象在改制企业、非公有制企业职工中表现更为突出。[3] 第六次全国职工状况调查结果还显示，职工对自己的前途感到比较迷茫，对未来机会的预期也不太乐观，29.3%的职工认为今后改善自己的生活和工作条件的机会较少，15.6%的职工认为机会很少，还有18.2%的职工回答"不知道"，而认为机会较多和很多的只占36.7%，表明我国职工对自己未来的发展和地位的获得不明确，对未来的预期模糊。[4]

2002年第五次全国职工队伍状况调查结果显示，在对自己子女未来职业的期望中，只有0.7%的职工希望自己的子女将来成为产业工人。[5] 收入报酬低、社会地位低、工作辛苦是被调查者不愿下一代当工人的主要原因。导

---

[1] 中华全国总工会. 走向社会主义市场经济的中国工人阶级：1992年全国工人阶级队伍状况调查文献资料集[M]. 北京：中国工人出版社，1993.

[2] 中华全国总工会宣教部课题组. 当前企业职工思想现状和思想政治工作调查[J]. 政工研究动态，2007（3）.

[3] 中华全国总工会政策研究室课题组. 全面建设小康社会新征程中的中国职工队伍：第六次全国职工队伍状况调查总报告[J]. 工运研究，2008（16, 17）.

[4] 全总政策研究室"职工队伍思想道德观念"课题组. 我国职工队伍思想道德观念状况研究[J]. 工运研究，2008（16）.

[5] 全总全国职工队伍状况调查办公室. 第五次全国职工队伍状况调查统计数据分析报告[J]. 工运研究，2005（3）.

致职工地位自我认知下降的深层次原因是企业转制导致原有的合作关系变成新时期的雇佣关系、缺乏职工广泛参与的企业改制成为新的权力排序以及工人下岗、社会保障机制存在缺陷带来稳定感和安全感的缺乏。

（4）职工信仰缺乏、理想淡漠

与上述两个问题紧密相连的是，中国职工的价值观从注重集体转向强调个体，从注重履行义务转向重视实现权益，缺乏信仰和理想。对比全总历次全国职工队伍状况调查可看出，伴随经济的发展和改革的深入，职工思想从注重实现理想转向追求现实利益、从注重履行义务转向重视实现权益、从注重集体转向强调个体，同时职工对理想的回答越来越分化，职工思想越来越现实，理想淡漠，形成理想信仰的多元化（表5-1）。

表5-1 1982—2007年历次全国职工队伍状况调查中的职工理想

理想	1982年	1986年	1992年	1997年	2007年
第一理想	实现共产主义（30.9%）	为国家和社会做贡献（33.9%）	个人生活理想（47.4%）	幸福家庭（29.4%）	稳定的工作（30%）
第二理想	实现四个现代化（23.0%）	共产主义理想（24.1%）	为国家和社会作贡献（29.1%）	国家繁荣富强（26.6%）	能有较多的收入（20.9%）
第三理想	使祖国强大（26.5%）	个人生活理想（21.9%）	共产主义理想（13.2%）	实现共产主义（14%）	安定舒适的生活（13%）
第四理想	使本厂有名气（27.9%）	个人成就理想（19.6%）	个人成就理想（9.5%）	赚更多钱（4.9%）	为社会作贡献（10.7%）

注：括号内百分比为回答"您最大的理想是什么"的比例，其中2002年第五次全国职工队伍状况调查数据空缺。

（5）职工民主意识带来一定程度的理性丧失

1995—2010年劳资纠纷导致的群体性事件增多，劳资矛盾越来越突出，并威胁到社会的稳定。2007年广东省第六次职工队伍状况调查显示，2006年广东全省因拖欠工资引发的30人以上群体性突发事件875宗，涉及人数7.4万人，① 而1992年全国各地才发生了155起职工群体集体参加的罢工、

---

① 广东省职工队伍状况调查分析报告[EB/OL]．（2008-02-19）[2011-04-02]．http：//yxlw.acftu.org/template/6/file.jsp？cid=15&aid=197.

怠工、集会、游行等突发性事件。① 2007 年第六次全国职工队伍状况调查显示，当企业发生集体劳动争议导致的群体性事件时，17.1% 的职工表示参加，32.2% 的职工表示涉及自身利益就参加，11.2% 的表示多数人参加自己就参加，即表示参加和有参加倾向的职工占 61%。② 而 1992 年第三次全国职工队伍状况调查显示，在回答"当您个人利益受到侵害时怎么办"中，回答通过正常途径（舆论、组织、法律）提出批评意见或检举的占 57.7%，而回答集会或游行示威的仅占 0.4%。③ 这反映出当前中国工人阶级参与意识、维权意识、团结意识已经在快速增强，并且已经达到不可忽视的水平。人民网舆情监测室发布的《企业舆情报告》显示，2000 年至 2010 年 10 年间的企业舆情危机数量平均增长率为 31.5%，2010 年企业舆情危机总量达 154 件，成为企业舆情危机井喷年。④ 2010 年富士康员工自杀、南海本田工人罢工、新疆某化工厂虐待智障工人等事件更凸显了中国工人生存状况的严峻，由劳资纠纷、国企改制、就业与再就业等诸多矛盾所引发的群体性突发事件愈演愈烈。

这种情况下，若利益表达渠道不畅通，矛盾得不得及时有效解决，冲突就可能危害社会稳定。

2. 媒介对职工的影响

当前大众媒介的影响日益广泛，媒介已经使人们生活的世界成为"地球村"，接触媒介已经成为人们生活中的重要部分。以电视为例，2007 年第五次全国观众调查显示，工作日和双休日全国观众日均看电视时长分别为 199.97 分钟和 229.35 分钟⑤，看电视成为人们闲暇时间的第一活动，大众媒介对人们的日常生活、工作和思维方式都产生了重要的影响。

---

①③ 中华全国总工会. 走向社会主义市场经济的中国工人阶级：1992 年全国工人阶级队伍状况调查文献资料集[M]. 北京：中国工人出版社，1993.

② 中华全国总工会政策研究室"劳动关系状况"课题组. 我国企事业劳动关系状况及劳动关系调整机制建设状况研究[J]. 工运研究，2008（16.17）.

④ 阳淼. 人民网发布 2010《企业舆情报告》[N/OL]. 新京报，2011 – 01 – 10. http://media.people.com.cn/GB/40606/13688825.html.

⑤ 2007 年全国电视观众抽样调查分析报告[EB/OL].（2010 – 01 – 04）[2011 – 03 – 02]. http://cctvenchiridion.cctv.com/special/C20624/20100104/101721_1.shtml.

同时，2007年第六次全国职工队伍状况调查显示，2006年全国有职工2.70亿，成为大众媒介数量最多的受众群，大众媒介对职工群体思想状况具有重要影响。在2007年，93%的职工表示对社会问题的看法受广播电视的影响，75.3%的职工表示受报纸刊物的影响，38.3%的职工表示受互联网的影响。因此，研究大众媒介对工人思想的影响，把握职工受众心态、改进新闻宣传工作、提高媒介传播效果等具有重要的理论和实践意义。

（1）大众媒体对职工影响的现状

历次全国职工状况调查均显示，大众媒介（特别是电视）对职工思想产生重要的影响。早在1982年第一次全国职工状况调查就显示，看电影电视在职工业余活动中占第一位（占76%），读报纸、刊物占第二位（占65%）；① 1992年6月，上海在国内首次开展的工人媒介接触的较大规模调查显示，工人通过三大媒介了解国内外重要时事的主渠道的比例合计为91%，远高于人际传播和组织传播，② 表明大众传播已成为上海工人最重要的信息来源；1997年、2002年第四、第五次全国职工队伍状况调查均显示，职工了解时事新闻的最主要途径是电视（表5-2），广播电视、报刊和网络新媒体成为影响职工对社会看法的三大媒体。

表5-2　1997年、2002年职工了解时事新闻的主要途径

途径	1997年占比/%	2002年占比/%
电视	72.5	69.9
报纸杂志	22.0	24.9
广播	3.6	1.3
互联网		2.0
其他渠道	1.0	0.6
不关心	0.9	1.4

---

① 中共中央书记处研究室理论组，中华全国总工会办公厅．当前我国工人阶级状况调查资料汇编[M]．北京：中共中央党校出版社，1983．

② 复旦大学新闻学院"上海工人与新闻媒介"课题组．受众调查：上海工人与新闻媒介[J]．新闻大学，1994（3）．

同时，随着互联网的日益普及，互联网对职工的影响越发重要，职工利用网络进行舆论表达的欲望也越发增强。据中国互联网络信息中心《第27次互联网络发展状况统计报告》显示，截至2010年12月，我国网民规模已达4.57亿，互联网普及率达34.3%，网络已融为生活中不可缺的一部分，日益成为各阶层利益表达、情感宣泄、思想碰撞的舆论主渠道。随着包括80后农民工等加入职工队伍并成长为中坚力量，职工群体年轻化，思想也较为活跃。据2007年零点咨询公司调查，42.3%的职工经常使用互联网，平均上网时间为16小时/周，46.1%的职工表示对社会现象的看法会受到网络的影响。[1] 上海交通大学和舆情网发布的《2010中国企业舆情与危机公关年度报告》显示，2010年50个重大企业危机事件通过新媒体渠道首发的比例高达44%，网络论坛、博客、微博、网络新闻、手机等成为企业危机曝光的重要方式，微博等成为中国企业危机公关的重要渠道。

从新闻类别看，职工普遍对新闻类节目关注度最高。1986年第二次全国职工队伍状况调查显示，职工最爱看（听）的报纸、广播电视内容是时事新闻（37.1%）；1997年的第四次全国职工队伍状况调查也显示，新闻类节目以38.3%职工喜欢收看位列电视节目第一。这说明职工群体关心时事，具有较强的参政意识。

（2）大众媒体对职工报道存在的问题

虽然大众媒介对职工影响非常广泛，但当前大众媒介对职工的影响存在三大失衡，即职工对新闻媒介的满意度与媒介对职工的影响力不相称、职工新闻的数量与庞大的职工队伍不平衡、职工对新闻的需求与新闻媒介的现状还有距离。

首先，事业单位、企业管理的媒介定位使当今的传媒受制于政治规范和经济驱动的双重控制，特别是传媒过度意识形态化，媒体在报道塑造党和国形象和弱势群体利益表达的冲突性议题中更多倾向于前者，即便是更天然的

---

[1] 北京市职工队伍状况研究：北京市第六次职工队伍状况调查总报告[EB/OL]．(2008 - 02 - 20)[2011 - 03 - 02]．http：//yxlw.acftu.org/template/6/file.jsp？cid = 15&aid = 248.

为弱势群体提供利益表达渠道的强市场导向媒介，其报道的弱势群体也更多地偏向农民群体。这样，作为体制内宣传者和市场经济盈利者的大众媒介为工人阶级提供利益的表达渠道极为贫乏。

其次，职工报道数量远不能满足职工群体的需要。2006年全国有职工2.70亿，但出现在电视荧屏、报刊版面上的职工报道的比例与庞大的职工队伍远远不对称。特别是作为第一媒介的电视屏幕中，不但缺乏专门针对职工群体的频道，而且针对职工群体的电视栏目也很缺乏，像中央电视台1997年开办的《当代工人》那样的栏目还是凤毛麟角。

最后，系统内职工媒体影响力小，没有发挥其应有功能。系统内的职工媒体主要包括全总主管主办的《工人日报》，中工网及各省（自治区、直辖市）总工会等主办的各类报刊、网站，还包括中工手机报等新兴移动媒体。但职工媒体内容呆板僵化，逐渐被职工受众抛弃。前述1992年复旦大学的调查显示，在列举的包括《工人日报》在内的17种工人最喜爱的报纸中，上海工人最喜爱的前三种报纸均没有工会报刊。工会报刊由原150多种减为目前的58种（其中全总直属报刊16种，地方工会报刊42种），[1] 工会报刊中具有一定规模的较少，2009年上半年《工人日报》在基层工会组织中的覆盖率仅23.5%，[2] 职工媒体的现状远跟不上职工群体的发展需求。体制改革本来就落后的新闻出版单位进入转企改制的深水区，职工媒体更面临巨大压力。即使是职工媒体对工人群体的报道也明显不足，夏倩芳等通过对1979年至2008年《工人日报》有关工人议题报道的内容分析发现，工人群体的媒介表达状况不容乐观，工人议题报道的新闻框架受限于意识形态藩篱，工人议题的报道不仅未随政治经济体制改革的深入而得到改善，反而有所弱化。工人群体是工人议题新闻最次要的信息来源，排在企事业单位、党政机关、工会、媒体之后。消息来源是最原始的守门人，消息来源常借使用媒介

---

[1] 李双，高传智. 论媒介在工会维权中的作用及其实现[J]. 中国劳动关系学院学报，2010(4).

[2] 倪健民同志在全国工会新闻宣传工作会上的讲话[EB/OL]. (2009-07-28) [2011-03-02]. http：//ghxj.acftu.org/template/10001/file.jsp? cid=22&aid=1852.

的机会筛选、宣扬于己有利的资讯。大部分新闻报道（85.4%）无工人话语引述且呈减少趋势①，工人的媒介表达即使在全总机关报上也很少。可以推测，其他媒介对工人议题的报道就更少了。

3. 加强媒体对职工舆情的影响

鉴于大众媒介对职工群体的强大影响以及现实差距，需要加大大众媒介对职工群体的报道和引导。2010年2月24日，时任中共中央政治局委员、全总主席王兆国在全总十五届三次执委会议上的讲话指出："要畅通信息渠道，做好舆情、访情、民情的监测和分析，充分利用互联网等新兴媒体，积极引导职工正确对待利益关系调整，以理性合法方式表达利益诉求。"目前，可从下列各方面提高对职工舆情的引导。

（1）加大对职工群体的报道，保持职工舆情畅通

大众媒介应增加对广大职工群体的关注，特别是当前职工最关心的热点、难点、焦点问题，大力宣传新时期工人阶级在经济、社会、文化等各个领域发挥的重大作用、作出的突出贡献，增强职工群众的劳动神圣的荣誉感。各类媒体应多开办职工类节目，作为目前影响最大的电视媒介，中央电视台和地方电视台应考虑开设职工频道，增办职工类电视节目。

各级工会要加强与媒体的沟通机制，建立与主流媒体的新闻通气制度，向媒体提供素材，建立新闻发布制度，并适时组织记者采访团深入职工群体采访报道，从而保持职工舆情渠道的畅通。全总新闻发言人制度于2006年1月开始实施，各级地方工会也应加强新闻发言人制度建设，提高工会系统与媒体打交道的能力和工会信息透明度，借助媒体优势，提升工会的影响力，在职工报道中掌握主动权；相关部门应进一步配合全总等部门"五一新闻奖"年度评选工作，让更多的关于职工的新闻广泛传播；地方工会可以适时开展针对工人阶级的宣传教育，如从2008年起，湖南启动"工人阶级新闻宣传月"活动等，在一定程度上丰富了大众媒介对职工的报道。据统计，

---

① 夏倩芳，景义新. 社会转型与工人群体的媒介表达：《工人日报》1979—2008年工人议题报道之分析[G]//罗以澄. 新闻与传播评论：2008年卷. 武汉：武汉出版社，2008.

2009年全国基层工会184.5万个,为工会宣传工作提供了重要的保障。

(2) 大力发展以工人报刊为主体的工会媒体

目前工会在职工舆情中的作用还很有限,职工群众的思想状况凸显了职工思想政治工作的相对弱化。2007年第六次上海职工状况调查显示,在影响职工价值判断的认可度中,选择受单位或社区宣传影响的仍仅有10.4%。虽然单位或社区的影响有所增强,但还远远不够,这反映出职工单位、工会组织对职工思想状况的影响还很弱,针对职工的宣传教育、思想政治工作还不到位,各级工会应加大职工媒介在职工舆情中的引导作用。

毛泽东早在1940年《中国工人》的发刊词中就写道:"《中国工人》应该成为教育工人、训练工人干部的学校……切忌死板、老套,令人看不懂,没味道,不起劲。"这对于新时期职工媒体的发展仍具有极强的指导意义。2005年全总与中宣部联合下发的《关于进一步加强新时期工人阶级新闻宣传的意见》明确提出:"各地工人报刊要积极关注和充分反映普通职工群众工作、生活中的问题和困难,维护职工合法权益,畅通职工的诉求渠道,理顺职工的思想情绪,维护职工队伍的稳定。"职工媒介的记者、编辑要认真研究长期被忽略的职工受众群,加强对工人群体的心理变化、利益诉求、传播效果的调研;促进各级工会报刊之间加强互联协作,形成纵向联动、横向互动的新格局。充分发挥工会报刊在国家、企业和职工间的纽带作用,做到"解难不发难,补台不拆台,帮忙不添乱"的实际效果。[①] 在当前新闻出版业转企改制和新媒体对传统报纸冲击的大背景下,按照国家新闻出版主管机关的报刊业改革目标,积极稳妥地推进工人报刊改革。同时,要适应传媒生态的变化,加大以中工网为主体的职工新媒体建设,各省级总工会也应加大职工媒介的数字化投入。

(3) 新闻媒体要积极报道职工,保持职工舆情渠道畅通

当前职工对新闻媒介的满意度与媒介对职工的影响力不相称、职工新闻

---

① 屠小华.论工人报刊在协调劳动关系中的角色与作为[J].中国劳动关系学院学报,2010(6).

的数量与广大的职工队伍不平衡、职工对新闻的需求与新闻媒介的现状还有差距,这些需要引起各级工会、新闻宣传部门的高度重视。早在1992年对上海工人的调查就显示职工拥有电视机的比例为99.7%,居各类媒介之首。2007年第六次全国职工队伍状况调查显示,93%的受访者表示其对社会的看法受广播电视的影响,同样居所有影响源之首。但2007年上海市第六次职工状况调查显示,仅有32.4%的职工对目前新闻媒体关于职工群众的宣传报道表示满意;①虽然职工是我国人数最多的社会阶层,但出现在电视荧屏、报刊版面上职工报道的比例与庞大的职工队伍远远不对称;媒介对职工报道的现状还远不能满足职工的需求。各类媒体应多开办职工类节目,特别是职工类媒体中缺乏专门的电视机构,而电视是目前影响最大的第一媒介,电视机构应增办职工类节目。

工人媒介的主体是《工人日报》《中国工人》等工会报刊,工会报刊要突出"三工"特色,提升吸引力和感染力;工会报刊的记者、编辑要认真研究长期被忽略的职工受众群。按照国家新闻出版主管部门的报刊业改革目标,积极稳妥地推进工人报刊改革;加强中国工人报刊协会对各工会报刊的指导和服务,积极开展业务研讨和交流,加强与中国记者协会、中国报刊协会和中国期刊协会等相关社会团体的联系沟通,推动工人报刊业的改革和健康发展。

针对网络媒体的影响力日益提升的现状,要充分利用互联网,增强职工新闻的覆盖面、影响力和吸引力。上海交通大学发布的《2010中国企业舆情与危机公关年度报告》显示,2010年50个重大企业危机事件通过新媒体渠道首发的比例高达44%,网络论坛、博客、微博、网络新闻、手机等成为企业危机曝光的重要方式,其中微博异军突起,成为2010年中国企业舆情应对与危机公关的重要渠道和有效手段。② 2009年4月,杭州市总工会成立

---

① 上海职工队伍发展状况调查研究报告. [EB/OL]. (2010-02-20) [2011-04-02]. http://yxlw.acftu.org/template/6/file.jsp? cid=15&aid=233.
② 周凯. 2010中国企业舆情与危机公关年度报告:企业舆情应对能力普遍偏低[N]. 中国青年报,2011-02-14.

了首支职工舆情信息员队伍;① 2009年江西省总工会建立了一支网络舆情监测研判小组，建立舆情信息监测责任制度和反映机制,② 取得良好的效果并得到全总等多次表彰。

4. 媒介在工会维权中的作用及其实现

历经30年，我国的经济体制改革已经使国家垄断的经济基础发生了重大变化。变化的后果之一，就是多元的资方主体与复杂的工人成分构成，以及由此产生的频繁利益冲突，迫使中国工会重新思考如何代表工人的问题。2001年，经全国人大常委会修改后的《工会法》明确规定，"维护职工合法权益是工会的基本职责"。2006年12月，时任中共中央政治局委员、全总主席王兆国提出"中国特色社会主义维权观"，核心的内容是"以职工为本，主动维权、依法维权、科学维权",③ 在实践中取得一定成果。但与此同时，也暴露出我国工会维权的深层阻力并未消除，维权带来的利益博弈陷入胶着的状态。如何运用体制外的媒介力量，参与"改革动力不足"的转型期社会病治疗，就成为一个值得思考的问题。

（1）我国工会维权的深层困境

正如有学者指出，在权威主义政府治理的国家，包括工会在内的社会组织具有"双重属性"：一方面这些组织是最有力的集体行动载体之一，可能会挑战国家权威；另一方面，这些组织又是一种对现政权的辅助力量，因为它们可以为社会提供公共物品。因此，国家通过社会组织进行"分类治理"。④ 表现在工会的维权职能上，国家在制度上提供了一定的空间，以使工会在解决劳动争议、维护社会稳定方面发挥更多的作用。但更重要的是工会

---

① 杭州市总工会宣教部. 杭州市建立首支职工舆情信息员队伍[J]. 杭州工运, 2009 (3).
② 江西省总工会. 做好网络舆情工作 维护职工队伍稳定》[EB/OL]. (2011 - 01 - 20) [2011 - 03 - 02]. http: //acftu. workercn. cn/c/2011/01/20/110120153231834200522. html.
③ 王兆国. 坚持中国特色社会主义工会维权观，加强协调劳动关系，推动构建和谐社会：在全总十四届十一次主席团（扩大）会议上的讲话[M]//中华全国总工会. 中国工会年鉴 (2007年). 北京：中国工会年鉴编辑部, 2007: 13 - 17.
④ 康晓光，韩恒. 分类治理：当前中国大陆国家与社会关系研究[J]. 社会学研究, 2005 (6): 73 - 89.

仍然是国家机器的一部分，它的作用不能与政治考量相抵触。工会"双重属性"之间的冲突，也迫使它在处理劳动争议事件时，小心翼翼地在国家和工人之间进行摆动，以保持平衡。

行动逻辑的内在冲突，使得维权的长效机制无法真正建立起来。检视我国工会目前的维权手段，主要依靠法律维权和行政维权。前者依托《工会法》《劳动法》《劳动合同法》等相关法律法规，以及各级工会经常参与全国人大和地方人大的相关工作，从司法、立法层面进行利益维护。后者运用工会在国家机器中的行政地位，借助党政的行政权力来维护职工权益。自20世纪90年代以来，各级工会的待遇有很大提高，一个典型的表现是同级工会主席的行政待遇，基本提高到同级行政副职的水平。

这两种主要维权手段起到了一定的作用，但同时也遇到了一些困难。《劳动合同法》实施后，2008年成为我国劳动争议集中爆发的一年，仅广州地区的劳动争议案件数量就与前一年同期相比激增八成。[1] 法律维权的成本高涨，超出了工会和执法部门的承受能力。而一些工会干部的"行政化倾向"[2] 始终存在，工会主席听命于企业老总的现象并不罕见，成为许多基层工会"不代表、无作为"的体制根源。社会对工会维权的评价也持续走低。在2008年发生的东航飞行员返航，重庆、海南出租车司机罢工等多起事件中，工会的维权缺位备受质疑。[3]

（2）媒介在工会维权中的作用

大众传播学研究表明，大众媒介与政治、经济、文化、法律、教育等社会领域存在着正式与非正式的交换关系，并在与社会的互动中相互建构。[4]

---

[1] 梁伟权. 应对劳动争议爆发期[J]. 南风窗, 2009（6）.

[2] 所谓工会行政化，"是指工会在其组织、活动等方面，在相当程度上受到政府或企业行政的控制和制约，在相当意义上是作为政府和企业行政的附庸而存在的"。参见：中国工运学院工会学系. 向市场过渡中的工会工作[M]. 北京：中国大百科全书出版社, 1993：5.

[3] 郭光东. 集体返航事件：总工会为什么不派调查组. 南方周末, 2008-04-10；朱四倍. 中国工会世界规模最大有什么用. 燕赵都市报, 2008-10-29；白岩松："东方航空公司集体返航折射出什么", 2008年4月4日中央电视台《新闻1+1》等.

[4] MCQUAIL D. Mass Communication Theory [M]. London：SAGA, 1987：58.

与之相应，当代中国大众媒介系统正在深刻而复杂地变化。媒介是政治治理结构的一部分，但已在个体和局部上承担一定公共领域的功能。近年来的一个典型案例是 2003 年 4 月孙志刚事件被报道后，国务院宣布废除《城市流浪乞讨人员收容遣送办法》。这表明，在市场竞争加剧、新闻专业文化得到部分精英媒体认同等多种因素综合作用下，媒介通过报道社会进而形塑社会的能力正在加强。因此，在司法、立法、行政等传统维权权力外，充分借用媒介的舆论力量，推动工会转型—促进"协商民主"—提高工人理性能力，是工会打破维权困境的一种重要的现实选择。

a. 推动工会转型

对中国工会维权的乏力，研究者大致有两种看法：一种认为工会失位是体制原因，国家主义体制必然使工会难以发挥相对独立的作用；另一种认为工会作用不明显是技术原因，工会自身程序技术上的落后导致工会功能难以发挥。[①] 前者是学界分析的主流范式，"不论是判断工会与管理者的权力关系，还是理解工会在中国劳资冲突中的作用，国家与工会的关系，都是我们当前考察的焦点。"[②] 在这一认知模式下，主张工会由国家法团向社会法团转型的声音越来越强。[③]

国家法团主义主要发生在国家相对占主导地位的国家，其特征是国家的决策权主要由政府掌握，甚至法团主义组织都要由政府来创建并管理，政府还掌握了随意指定或罢免这些组织领导人的权力，这类"代表性组织"通常起着防止独立的群众组织兴起的作用。社会法团主义其特征是各个组织的高层领导人需要对本组织的成员而不是政府负责，同时政府也无权就各方协议的条件直接下达命令，它所体现的是制度化的协商。

法团主义视角对中国工会转型颇具解释力。改革开放后中国实行"发展

[①] 王向民. 工人成熟与社会法团主义：中国工会的转型研究[J]. 经济社会体制比较，2008 (4).
[②] 陈峰. 在国家与劳工之间：市场经济下中国工会的角色冲突[J]. 中国季刊，2003 (4).
[③] 安戈, 陈佩华. 中国、组合主义及东亚模式[J]. 战略与管理，2001 (1)；张静. "法团主义"模式下的工会角色[J]. 工会理论与实践，2001 (1).

主义",其特征就是利用政治权威实现经济的高速发展。一些地方政府为了追求经济利益,为资本创造有利的投资环境,不惜限制工人的权利,约束工人的行为。因此,出现了工会受制于政府"招商引资"政策的现象,地方政府默许企业侵犯工人权益。而随着市场经济的发展出现的剧增劳资冲突,正在严重影响政治社会生活的秩序,政府也默许工会的某些维权行为,工会有了转型的可能。①

但和当下许多领域的转型困境一样,问题的症结未能充分曝光于公众视野下,形成舆论压力,进而改变围绕转型博弈利益主体的力量对比。东南亚许多国家和地区的历史经验表明,大众媒介充分参与后形成的公共舆论压力,是迫使利益集团和个体理性选择利益妥协和让渡的社会成本最低手段。从国内的媒介生态看,大众媒体如《财经》《南方周末》《南风窗》等报刊,它们在精英阶层中具有相当影响力。近几年来国家环保总局能够掀起"环保风暴",直至升格为环保部,与其和这些民间媒体的"意见领袖"们形成相互借力的良性互动机制,有很大关系。因此,充分发挥大众媒体的"社会神经"作用,借助舆论的力量助解工会的体制性症结,对落实工会的维权职责具有战略意义。

b. 促进"协商民主"

社会法团主义的体制下,工会成为国家的伙伴,在国家、资方、工人三方的格局中,主张通过协商而非压服和暴力来解决相互间的利益冲突。这一运作原理与自20世纪90年代在政治理论领域兴起的"协商民主"理论高度契合。

协商民主作为一种治理形式,其可贵之处在于,与传统的代议制民主强调"聚合"——简单多数之后所达成的最终结果不同,协商民主理论认为民主的核心应是偏好的转变,而不仅仅是简单的偏好聚合,主张公共政策必须经由公共协商的过程,通过自由、平等的公民之间进行的讨论、对话和争辩

---

① 安戈,陈佩华. 中国、组合主义及东亚模式[J]. 战略与管理,2001(1).

而后作出决定。① 这一理论对民主训练不足的国家、地区的启示是，仓促引入西方竞争性选举制的聚合性民主，很可能会陷入动员性参与而导致的"多数暴政"中，"文化大革命"和台湾民主的"民粹化"教训，已经清楚地表明了这一点。②

显然，"协商理论"的基础是各方主体的信息对称与充分，这就要求工会在代表和引导工人的利益谈判时，各方要在平等自由、占有足够信息的前提下充分沟通、协商，最终达成符合公众利益的协议。在这一过程中，大众媒体提供的信息交换、讨论平台，会起到至关重要的作用。

自哈贝马斯提出大众媒体的"公共领域"概念后，人们对媒体在民主生活中的作用就给予厚望。发展到1990年前后，"公共新闻"开始在美国走上前台。在实践层面，"公共新闻"倡导新闻媒体"介入"报道客体，主张记者到社会公众中去发动和组织讨论、进行民意测验、建构公共论坛，力图通过与公众的互动来寻找解决问题的方法。近年来，由于普通公众可以借助现代网络技术主动地加入到传播活动中，"公共新闻"开始由媒体发动公众讨论、寻求公共问题的解决方案的模式进入到公众在网络论坛上自主发表观点、形成舆论甚至组织、进而影响媒体、影响公共事务决策的新的阶段。③

上述趋势反映在我国，就是近年来媒体借助网络平台展开的决策互动。如2006年《中华人民共和国劳动合同法（草案）》征求意见时，部分建议全文公布在中国人大新闻网上，在3月20日—3月27日和3月27日—4月6日两个阶段中，全国人大常委会法制工作委员会先后收到公民建议4769条和32791件，公民的广泛参与让人欣喜。同时有报道称，部分外企强硬拒绝该草案，认为该法实施后会影响经济发展。对此，《劳动合同法》草案课题组组长就表示这是外企为了争取利益而通过夸大其词来耸人听闻，后来果然

---

① DRYZEK J S. 不同领域的协商民主[J]. 王大林，译. 浙江大学学报（人文社会科学版），2005，35（3）.
② 陈剩勇. 协商民主理论与中国[J]. 浙江社会科学，2005（1）.
③ 吴麟. 新闻媒体、公共决策与"协商民主"[J]. 湖南大众传媒职业技术学院学报，2006（5）.

并没有外企拒绝签订该草案，使《劳动合同法》最终顺利颁布。类似的信息互动和充分沟通，是媒体作为信息传递者和论坛组织者的集中体现，工会在"协商民主"过程中应充分发挥对媒体这一功能。

c. 提高工人理性能力

要实现"协商民主"，提供信息的公共平台并不一定都能达成共识，还需要参与讨论主体的理性能力。理性能力，主要指理智算计能力或理性算计能力。从观念与实践的交互关系上看，也属于权利意识的范畴。具备理性能力的主体，能够清晰地判断出自己的得失成败、成本收益，并在此基础上决定自己的下一步行为内容及行为方式。

有研究者认为，就理性算计而言，国家与工会的成熟远远超过工人，甚至超过了企业。工会的理性算计能力表现在几个方面：首先，选择性地介入劳动争议案件，这种"选择性"甚至尝试着碰触官方设定的底线；其次，策略性地利用正式修辞的模糊性去强调维护工人利益的职能；再次，理性地选择一些"突破口"，并理性地寻求合作伙伴，甚至这种伙伴来自官方；最后，全面普遍建设工会，覆盖全部工人。①

传统中国人的算计能力是非常发达的，但是，这种算计大多关注自身物质利益和权势利益得失，没有形成现代社会所需要的那种理性能力。有研究者指出，中国能否形成社会法团主义，有赖于社会群体，尤其是工人群体的成熟。② 如果工人的权利意识成熟而完整，理性算计能力也富有积极成效，那么，即使体制内形成了特殊利益集团，也难以阻挡社会群体的压力。由此，作为工人利益的代表者或者代理者，工会的工人维权功能也就相当易行了。因此，工会最终能在多大程度上实践维权职责，有赖于工人的启蒙。工人成熟决定着工会的地位与成效，更决定着国家对工会转型的态度。

而当下工人启蒙状况并不乐观，一个突出表现是那些支持工人利益者没

---

① 张允美. 理顺与冲突：中国工会与党-国家的关系[J]. 二十一世纪（网络版），2003(18).

② 王向民. 工人成熟与社会法团主义：中国工会的转型研究[J]. 经济社会体制比较，2008(4).

有成功地获得指派他们为代表的人的信任。其中的重要原因是日常社会联系隔膜和教育水平差别鸿沟的存在。一般工人不会看到那些为自己权利鼓与呼的研究者的文章和调查报告，而这些文章又堆砌着那么多毫无意义的术语。"他们也看不出工会现在重新阐述解放初期李立三倒台案的微妙之处。这里亦牵连到中国的社会言说这个重要问题。这种言说妨碍工人辩护者创造一种容易被工人们接受的独立语言和表达自己的意识形态。"①

而大众媒体的启蒙功能，已多有肯定和讨论。如通过加强文化教育和提升媒介使用素养，提高民众本身的判别能力、沟通能力；引进外脑，通过关注社会的知识分子的介入，实现"公共事务的知识化"，引领民众参与公共事务。② 罗森（J. Rosen）1994 年在《大众传播批判研究》杂志上发表的《让事情更公众：论传媒知识分子的公共责任》一文就强调，作为公众生活中的两大力量，记者和教授可以、也应该汇合到一起，以使他们把专业知识转为有的放矢的"社会理解力"。因此，选择那些关注塑造现代公民、注重培养受众理性算计能力的媒体，与之结盟，才能启蒙和发动工人，实现社会法团主义自下而上的逐步演化。

（3）媒介在工会维权中作用的实现

那么，上述作用能否得到媒体的响应？考察新闻生产的传播学者奥斯卡·甘地发现，在新闻生产过程中，资源分布于各个环节，其中一个重要环节就是新闻采写过程中的费用。作为经营者，媒体管理者自然需要降低这部分费用。与此同时，各种政治力量动用他们的组织和经济资源，与新闻工作者互动，通过控制或提供信息，进而影响公众议程。因此，新闻生产过程中的消息源和新闻工作者的关系实际上是一个价值交换的关系，一方要以低成本制作出新闻，另一方要以低成本扩散自己的信息。具体做法包括运用各种公关措施，向新闻单位提供信息，或者提供新闻采写的方便，这就是新闻生

---

① 陈佩华. 革命乎？组合主义乎？：后毛泽东时期的工会和工人运动[J]. 当代中国研究，1994（4）.

② 朱羽君，高传智. 瞭望之路：中国广播电视新闻改革课题报告[M]. 北京：中国传媒大学出版社，2008.

产中的"信息补贴"现象。① 市场竞争的不断深化，使得中国媒体"事业单位企业化经营"中的企业特征越来越突出，对"信息补贴"的要求也越来越强烈，这就给了工会对媒介议程进行有利于维权职责设置的机会。

另外，有研究者注意到，随着互联网等新兴信息传播手段的普及，在我国国家对媒体空间无所不在的穿透和无所不能的控制已经不复存在，中国的媒体已经完成了从国家主义向国家法团主义的转型。而在转型国家中，国家法团主义通常起一种过渡性的作用。在市场和民主转型的初期，由于继承了极其丰厚的国家主义遗产，国家法团主义为自主性社团空间（包括专业社团组织）的形成提供了制度框架，国家法团主义有进一步向社会法团主义或多元主义方向演化的趋势。② 因此，在从国家法团向社会法团转型的过程中，工会与媒体有相通的价值诉求，容易形成较稳定的协作关系。

因此，无论是经济考量还是价值驱动，都有利于媒介在工会维权中作用的实现。但与此同时，工会系统也要注意到，当下中国的媒体正处于转型阶段，本身并非一个有意识的连贯过程，其中充满着"临场发挥"的短期行为，再加上多元力量之间的不均衡，因此媒体报道往往是不均匀的、偶然的和不稳定的。③ 因此，在利用媒体推动工会维权时，要注意根据不同新闻媒体的类型，制定有针对性的媒介策略。以归属权划分，媒体可以分为工会系统内媒体和系统外媒体两类。以下依此分别探讨。

a. 工会系统外媒体

显然，当下主导社会舆论的力量来自工会系统外的社会媒体。由于编辑理念不同，社会媒体可大致分为三类：执政党媒体系统，以政治指令为报道指针；都市类媒体系统，以商业逻辑为行为原则；专业主义媒体系统，以新闻为"天下公器"为圭臬，信守独立、客观、公正等操作手法。这三个系统

---

① 转引自：潘忠党. "补偿网络"：作为传播社会学研究的概念[J]. 国际新闻界，1997（3）.
② 展江. 审慎而积极地调整国家 – 媒体关系：胡锦涛在人民日报社考察工作时的讲话解读[J]. 国际新闻界，2008（7）.
③ PAN Z. Improvising reform activities: The changing reality of journalistic practice in China. [M] // Lee CC. Power, money, and media: Communication patterns and bureaucratic control in cultural China. Evanston, IL: Northwestern University Press.

的信息选择、处理角度都有较大不同。因此，工会在促发媒体发挥作用时，应设定相应的媒体策略，通过媒体建构起维权的社会议题，并将自己需要的解读框架呈现于公众视野。

具体而言，一个较完整的媒体策略包括①：设定目标受众群；设定目标媒体；设定议题的解读框架；考虑不同媒体的故事版本；设定故事链条，考虑分几个阶段来讲述整个故事，什么是故事的主体、铺垫与高潮，如何保持媒体对于事件的关注。

不同类型的媒体往往扮演不同的角色。例如，如果要做推动工会转型的报道，首选的目标受众群应该是有社会影响力的精英人群，那么应当选择知识分子受众较集中的专业主义媒体，如《南方周末》《南风窗》和《财经》等报刊，它们在中国是重要的议程设定者，它们的参与会影响到民众态度，并会设定其他媒体对于议题重要性的判断，最终可能会形成强大的民意力量。工会职能部门应主动加强与这类媒体的联系，以平等姿态尊重对方的职业理念，邀请对方参与活动策划，建立媒介专家顾问团队，通过价值观认同建立双方的互信机制，形成维护工人正当权益的合力。

在当下的制度环境里，传统党报仍然起到重要的政府监督与政策倡议的作用，它们对于官员的影响巨大。有时候党报的记者也可能会撰写内参，引起有关领导的重视。因此在民意形成后，也要注意这一类型媒体的联络。

都市报类的媒体虽然属于话题的跟随者，但一旦介入就会成为整个社会动员的有效载体，能在数量更为庞大的市民阶层中制造共识。鼓动它们参与到议题之中，甚至可能把一个议题导向为一场社会运动。因此，工会的媒介策略制定者要思考的是怎样合乎都市类媒体的消费指针，并在其中掺入自己希望的议题解读框架，也就是媒介策略的第三步。

议题解读框架是新闻报道的"中心思想，为新闻事件赋予意义"②。媒

---

① 曾繁旭. NGO 媒体策略与空间拓展：以绿色和平建构"金光集团云南毁林"议题为个案[J]. 开发时代，2006（6）.
② 陈阳. 框架分析：一个亟待澄清的理论概念[J]. 国际新闻界，2007（4）.

体框架通过对新闻事件作出选择、强调和排除,使得对事件的某些理解在文本里更加突出、并且成为受众感知到的社会真实。在工会转型的报道中,不同立场的媒体会有不同的解读:"为工人维权""关怀弱势群体""与政府对抗""制造社会不稳定"等都是可能的媒体解读,并可能通过自己的传播渠道到达受众那里。因此,为避免观点的误读,媒介策略制定者要学会信息发布时语词的选择和冲突中矛盾指向的调整,使得报道的框架不突破"意识形态正确"和"道义正当性"的范围。

解读框架设定好后,要做的第四步是依据不同的媒体提供不同的故事版本。这里并非是说要捏造不同的事实,而是在一起新闻事件中,对事件中蕴含的"故事"元素的选择与放大,会引发不同受众各自的阅读兴趣。同样的工会转型报道,对知识精英媒体而言,维护社会公正的故事更能引起他们的共鸣。对都市类媒体来说,其中小人物的悲情故事更能吸引它们的关注,而且在政治上更为安全。所以,作为工会的新闻发言人,要懂得向不同的媒体提供它们想要的内容,同时还要注意这些"故事"都属于设定的同一个框架内,不会彼此发生冲突。

在信息泛滥的媒介环境里,单凭一个简单的"故事"很难吸引媒体和受众的长期关注。对于受众而言,枯燥乏味的寻求真相和真理,多数时候并非是一件非做不可的事情,而这与工会转型所需的长周期舆论相矛盾。因此媒介策略的第五步是如何掌控"新闻连续剧"的节奏和进程。这里包括怎样把一个事件由表及里、层层递进地延续下去,同时还要注意"悬念"的延宕和爆破。实际上这也是媒体自己长期积累下来形成的"业务技巧"。工会要做的并非是要操控媒体,而是配合媒体的新闻生产经验,理解媒体的报道规律,做到不急于求成,张弛有度。

b. 工会系统内媒体

在中国,工会是一个有着庞大社会网络的团体组织,包括拥有自己的媒体网络。1949年前,工会把开展工人运动作为工作中心,创办了许多工人报刊,如上海《劳动周刊》、北京《工人周刊》、广州《工人周刊》等。"文革"中，工会报刊受到冲击，大量休刊；"文革"后，纷纷复刊。20世纪80年代初，工会报刊利用它和国企的当然盟友关系，一度发展迅猛，迎来它的黄金时期。但是，20世纪90年代中期后，职工的劳动关系发生了深刻变化，而工会报刊与劳动关系变化前几乎没有质的转换，对"两个维护"① 的认识，简单理解为"两个维护"各占50%，淡化维护职工利益的现象时有发生，舆论监督功能也几近失语。同时，在全国其他多元化报刊势力上升进逼下，影响力呈下降趋势。表现在报刊内容和形式上，呆板僵化，逐渐被职工受众抛弃；在报刊数上，由原150多种减为目前的52种；在发行上，很难进入非国企职工群体。工会报刊在职工读者心目中，远不能满足后者在新形势下对媒介的迫切需要。鉴于此，工会报刊需要至少在四个方面进作出努力。

首先，要调整编辑理念，使工会报刊成为一份为职工认可的媒体。行政思维长期浸润下的办刊惯性，使得工会刊物的读者定位偏重于"工会"而非"工人和公众"，刊物成为工会内部自娱自乐的"自留地"，利益视野狭隘，社会焦点反应迟缓，不是真正的大众媒体。而只有先完成媒体自身形象的塑造，才谈得上在工会维权进程中发挥作用。因此，理念调整后的工会报刊，应彻底改变这一落伍形象，传递工人阶层疾恶如仇的勇气、建设公正社会的理性、关爱弱势群体的立场、敢于面对自身不足的客观，把自己打造成一份关注时政、关心民生、守护工人利益和公共利益、形象鲜明的有影响力媒体。

其次，工会报刊要发挥维权先锋的作用，敢于介入并强化舆论监督。1993年11月19日，深圳致丽玩具厂发生特大火灾，87名打工妹罹难，53名打工妹被烧伤。《工人日报》连续刊载事件报道，对后来为死难者讨回公道，并预警全国其他类似企业关注劳动安全与保护，起到了良好的作用。因此，选择重大题材，以调查性报道为主，强化舆论监督色彩，对侵犯公共利

---

① 即"在维护全国人民总体利益的同时，代表和维护职工的合法权益"，见1992年《工会法》。

益和工人利益的事件进行不妥协的揭露,是工会报刊实现自身迅速崛起和践行工会维权职责的必需选择。

再次,工会报刊应发挥系统内媒体的特点,成为工人的启蒙园地和公共空间。哈贝马斯在谈到如何在公共空间实现理性沟通时,认为要满足四个基本条件:任何具有言说及行动能力的人都可自由参加此一对话;所有人都有平等的权利提出任何他想讨论的问题,对别人的论点加以质疑,并表达自己的欲望与需求;每一个人都必须真诚表达自己的主张,既不刻意欺骗别人,也不受外在的权力或意识形态所影响;对话的进行只在意谁能提出"较好的论证",而不是任何别的外在考虑。① 所以,工会报刊要重视来自工人的来信和反馈,给他们发言的机会。同时根据工人文化水平的状况,依托工会的行政资源和学术资源,邀请工会及其他领域领导、公共知识分子作事件评析、思想交流,邀请工人、资方、市民等阶层发表看法,鼓励观点交锋,建立一个理性交流的公共领域,使之成为高质量言论的集散地,工人群体理性能力的训练场。

最后,工人报刊要注意对工人群体的心理变化、利益诉求、传播效果的调查研究,建立工人群体的数据库,为工会更好地履行维权职责打下信息基础。工会报刊需要认真看待和用心研究长期以来被忽略的广大职工受众群体,体察在新型劳动关系下工人的心理、精神和文化需求,他们权益维护的表达方式和对未来生活的追求,系统记录深刻社会变革下工人群体的所思所想、所忧所惧,并通过这种记录,促使工会组织回归为职工群体服务的本来功能,为构建和谐社会作出根本性的呼应。

(二)重塑工人形象与工会公共形象

1. 以《劳动报》为例分析工会报刊中的工人形象

工会报刊是一种特殊类型报刊,它有着独特的风格。然而,在大多数地

---

① 转引自:江宜桦. 公共领域中理性沟通的可能性[G]//许纪霖. 知识分子论丛(第1辑):公共性与公共知识分子. 南京:江苏人民出版社,2003.

方，工会报刊从未跻身报刊中的主流媒体。在一般大中城市的一般的报摊上，望向密密麻麻的各种报头，我们往往很难看到工会报刊的身影。在这样一个充斥着娱乐与过多信息的时代，工会报道与普通读者在无形中很长一段时期里，拉开了很大的一段距离与隔阂。在读者群和发行量方面，工会报刊都依赖于政策性的订阅，而非市场化运营。一方面，由于工会报纸是工会的机关报，有很强的政治性和宣传性，对于信息的供应显然小于其他报纸，对社会、娱乐新闻的报道关注数量少；另一方面，工会报道的文件性过强，叙述风格比较严肃和死板，很难使读者产生亲切感。

要解决以上问题，最关键的是需要在指导思想上有所转变，不能只依赖工会，要摆脱片面依托工会链条的这个态度，在报刊经营的市场化、集团化方面下功夫。目前来看，上海《劳动报》市场化路子走得比较成功。上海《劳动报》不仅开辟了娱乐、体育、社会等市场化的版面，丰富报纸的内容，促进报纸的市场销量，更为重要的是它在工会报道方面也已经渐渐形成了一种特别的报道风格，由"权威性""指导性"向"服务型""信息型"的转变，即其扮演角色的转变与调整，是它最大的特点。角色扮演是社会学中的一个概念，无论是社会中的个体或集体，都要承担一定的角色和任务。而作为新闻媒介，不同于其他同类报纸，《劳动报》能够把自己的位置降下来，能够认清自己的新的任务和地位，能够平心静气地与读者对话，从新定位了自己在新时期、新趋势中的角色。

上海有着悠久的报业历史、工人运动历史和特殊的商业地位，是中国经济发展最快、国际化程度最高、商业气息最浓厚的城市之一，同样也是老工业区、纺织业密集区和第三产业密集地区，所以上海这个城市本身具有的繁杂的劳动关系形式为工会报纸的存在提供了非常好的基础。《劳动报》也正是抓住这个优良条件，开辟了自己的新天地。

我们采取一般抽样的方法，根据上海《劳动报》网站所提供电子版的工会报道专栏，及少量社会、专刊栏里，于2003年1月—2006年6月的时间段范围内，每月随机抽取10—12篇报道，共抽取报道348篇进行考察，对

《劳动报》的文本作了一些调查和研究。

（1）传统工会报道内容分析

在抽样的大多数文章里面，出现的频率最高的依然是围绕各个工会组织内部的活动进行的报道，即通常意义上的传统报道，而且呈现逐年递增的趋势（见表5-3）。从2003年的34%到2005年的61%，几乎占去了整个工会报道的一大半。可见《劳动报》并不是靠减少工会报道、增添不相关的吸引眼球的新内容来吸引读者的，而是在报道的侧重、选择和深加工上下了功夫。

表5-3　2003—2006年工会报道出现频次及占比率

	2003年	2004年	2005年	2006年（上半年）
频次	47	43	110	25
占比	34%	33%	61%	57%

图5-1显示了在传统工会报道中，各个方面的报道数量占比情况。我们可以明显地看到，日常活动和法律政策在其中显示为最多，而相对而言，工会内部的会议、组织建设和完善、劳动模范等内容就很少。《劳动报》把报道的重点放在了更为实际、更为切实的位置上。不是报道工会说了什么，而是关注落实到底做了什么；不是关心会议是何时何地何人召开的，而是关心会议是怎样开的。比如选择对于法律政策的报道最多，就正是因为它的实

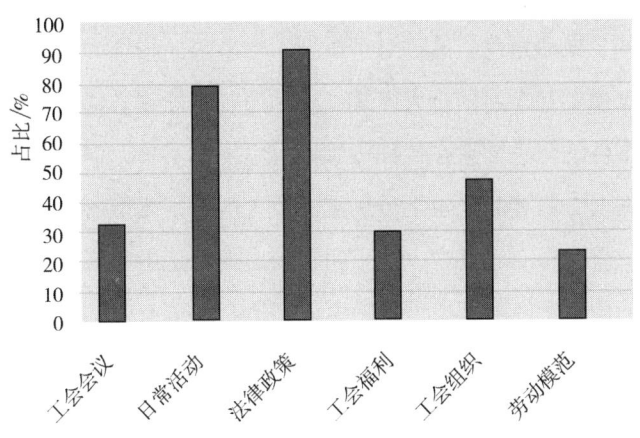

图5-1　传统工会报道中各类内容所占比例

用性和切实性，法律和政策内容与会议报道相比与人们更加息息相关。

(2) 报道内容角色与人物形象分析

首先，为了更加明晰地了解报道中对于社会中处于劳动关系的各种角色的关心程度，我们具体地对于各种角色或者团体为主体的报道所占比例进行了统计。如图 5-2 所示，现代企业方面的报道占了最大比重，其次是以员工为主体的报道，传统工厂所占比例非常小。可见，在现代企业制度和经济发展的新的形势之下，《劳动报》将更多的比重倾向于企业和员工此种劳动关系。而对于老工厂的报道处于次要地位。在现代企业和其他行业中，第三产业占很大比例，远远不仅仅限于第二产业。报道的主体也并不是局限于产业工人方面，而更倾向于多元化角色的描述和报道。

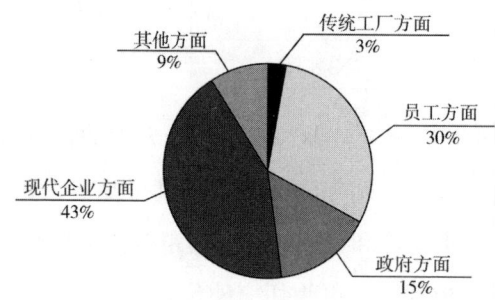

图 5-2 报道中劳动关系中的不同角色比例

其次，一般来说，党报或者机关报纸的一个特点是善于塑造典型人物，宣传典型事件、典型角色，通过对于典型人物事迹的描绘和介绍，为的是要达到一个供大家借鉴与学习的行为模式、精神面貌、思想方法或者行动理念。这种人物或者事件的角色塑造在各种传统报道里屡试不爽，但这种报道往往四平八稳，高高在上，叙述起来也十分平常，大大削弱了典型所应当起到的引导和榜样作用。如果究根寻底来说，这个问题的出现还是由于媒体把自己定位在了一个不恰当的位置上。模范典型人物事件塑造有无更有效的报道方式？这也是我们关心的问题之一，于是本研究对于《劳动报》的典范人物事件角色塑造也进行了分析（见表 5-4）。

表5-4 《劳动报》典范主体角色占样本总体比例

范例类别（侧重方面）	企业经理	普通工人	劳动模范	女工	组织单位
敬业	6%	20%	8%	6%	4%
劳动关系	20%	14%	6%	2%	11%
成功理念	26%	17%	6%	13%	20%
技术创新	4%	8%	2%	2%	2%
人文关怀	20%	11%	4%	6%	8%

由表5-4看来，《劳动报》的典型人物和典型业绩的来源最多的是企业经理（负责人）和普通的员工。另外，由于上海是纺织业大城市，故而对于女工形象的树立和描述也是一个重要的部分。在这些报道中所侧重的方面的比重都是不同的，其中，敬业精神、成功理念和人文关怀占了较大的比重。不同的角色在不同的方面比重也有很大的差异。比如，在企业经理负责人的报道中，对于他们创业及管理方面的成功经验介绍的较多，人文关怀也辅以较大部分，从而更丰满完整地塑造典型人物（群体）。《劳动报》的视角主要设定在了普通人的身上，而对于劳动模范的报道比较淡化。劳动模范的报道更侧重理性化，而普通人的报道则主打精神经验牌和情感牌。把一些硬性的宣传内容软化了，让普通读者更容易接受。

最后，值得注意的是，如图5-3分析所示，在2003—2005年3年中，出现了一些新的角色主体，关于他们的各类报道呈现明显增长的趋势。其中，网络表现最突出，"E时代"的来临同样渗入在工会报道的内容之中。在此类报道中，网络和电子技术被作为一种新型的工作、劳动和生活方式介绍出来，并且与一些很实际的问题比如创业、技术改革、就业、工会民主参与等结合起来，一定程度上拉近了与读者的距离；除了网络，外来务工者（农民工）和大学生的报道也分别占了越来越多的比例。这两个关键词的出现和发展，正与当下外来务工者安置问题和大学生就业形势严峻的问题相契合。这两方面的文章所提出、反映的问题如农民工工资问题，子女入学问题，大学生创业、就业、打工方面的问题，大多都选择了站在他们的立场上看问题，这样写出的报道自然不会高高在上。而关于白领的报道也是工会报纸的一个新的亮点,其内容主要包括动员白领加入工会、工会为白领服务、白领的工作方式介绍和公司中的人际关系技巧等。这些报道不仅使得整个报纸的内容更加具有时尚气息,更重要的是它渐渐扩大了工会的渗透力量和影响力,白领阶层也就自然而然地成为报纸的潜在受众群体。

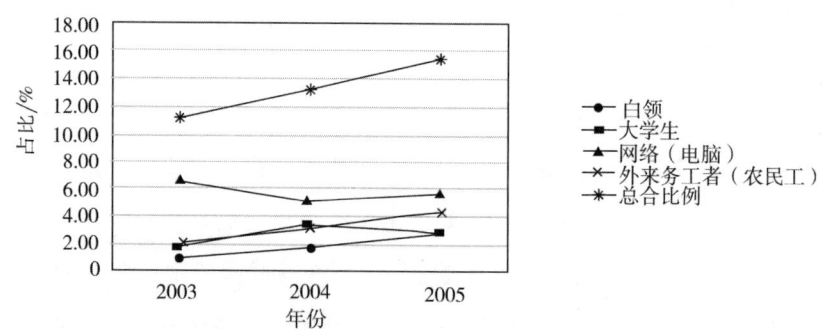

图 5-3　2003—2005 年《劳动报》中新出现的关键词（角色）发展趋势

（3）《劳动报》的新闻性和实用性的分析

《劳动报》的报道与其他工会报刊不同的一点是它能够提供比较充足的信息,即它的新闻性和时效性较强,报道的新闻价值也比较高。

在信息提供方面,《劳动报》采取"两条腿走路"的方法。其一是《劳权》专刊的设立,在这份专刊里,有来自各个方面的声音,而最多的是来自普通员工在日常生活和工作当中遇到的问题,专刊直接对问题进行解答,由下层反映问题,直接监督企业工会；其二是间接通过报道相关信息来说明问题,有助于读者作出选择和判断,从而解决他们的问题。

图 5-4 和图 5-5 分别显示了《劳动报》直接解答问题的种类。当今所有制形式复杂,行业分类越发齐全和多元化,这是经济繁荣发展的标志,也是各种转型时期的问题错综复杂交错发展的一个根源。工会报纸如果想要生存,就需要把目光调整到与利益主体相一致的地方。只有这样,才能看到迫切需要解决的问题。

图 5-5 显示的是该报纸提供信息种类,就业信息最多,政策和职业新趋向居其次。值得一提的是,在职业新趋向报道里,《劳动报》介绍了一系

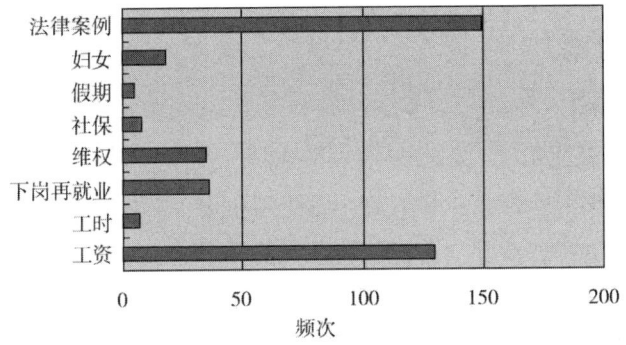

图 5-4　《劳动报》报道直接解答问题的种类

列新型就业方向和岗位，如企业形象师、企业文化师、网络设计师等，有实际的实用意义和引导作用，也为就业者提供了更开阔的眼界。

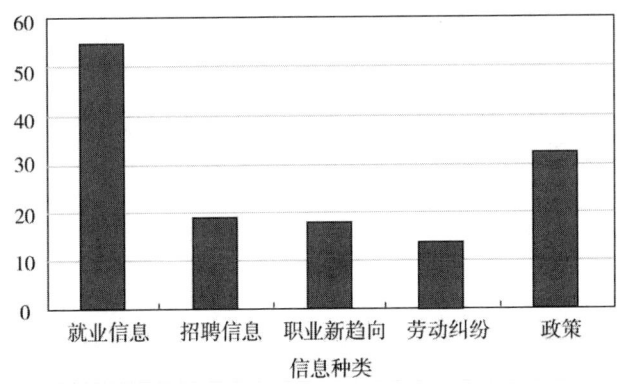

图 5-5　间接通过报道提供信息的种类

（4）总结与发现

上海《劳动报》的报道大部分都是围绕着工会展开的，但是它的报道中角色和定位不同，基本摒除了其他报纸的形式化、口号化的缺点，将自己调整为信息的提供者和服务者。

上海《劳动报》转型进入集团化和市场化道路以来，在工会新闻方面，《劳动报》对工会活动报道进行深加工，挖掘读者关心的内容进行深入解析，树立典型人物介绍典型经验，并对新型劳动关系和新生群体进行关注。依靠大量提供专业信息来立报，通过转变自己的角色和主要的任务，在一定的程度上拓宽了读者群，使得该报在市场化和专业化之间找到了一个平衡点，从而取得了成功。它的成功经验值得我们借鉴。

2. 借重工会报刊重塑工会公共形象

目前，我国劳动关系正在不断发生深刻而不可逆的变化。工会作为中国特色社会的一个特殊系统，在复杂的环境下做了大量卓有成效的工作，但同时也需要直面一个客观事实：工会的公众形象面临考验。改革开放后，全总进行了多次职工队伍状况调查，结果显示"职工不满意工会工作已经是带有普遍性的问题了"。① 同样，社会公众、学界等对工会的职能也有不满，"大多数的研究者（对中国工会的作用）持批评态度，认为工会是国家的一个工具，她首先要服从的是国家的目标，而不是工人的利益。"②

现代公共关系理论认为，公共关系是现代组织理性行为中不以人的意志为转移的一种客观存在，良好的公共关系很大程度上决定了一个组织社会价值和自我价值能否实现。③ 而衡量一个组织公共关系的最重要指标，就是在公众眼中的形象定位。上述对工会形象的解读，虽然不能完全代表真实状况，但也从一个侧面提醒我们的工会工作者，应当高度重视工会的公众形象塑造，并积极改进。

（1）现状和问题——工会"形象塑造"中大众传播渠道的作用

虽然出版了公共关系理论发展史上"第一个里程碑"专著的爱德华·伯尼斯教授，把公共关系学理论从大众传播领域中分离出来，但这一理论依然能够反映出大众传播在公共关系中的基础作用：大众传播超越个体传播是公共关系产生的物质技术条件。④ 公共关系的信息传播，旨在"要别人爱我"，为此它强调要在信息传播中以客观公正的态度向公众介绍组织的情况和面貌。以新闻传播为主体的大众传播，以其职业操守，较其他传播渠道更

---

① 刘元文. 工会组织变革与形象塑造[J]. 中国劳动关系学院学报，2005（3）.
② 陈峰. 在国家和劳工之间：市场经济下中国工会的角色冲突[J]. 中国季刊，2003（4）.
③ 参见：格鲁尼格，等. 卓越公共关系与传播管理[M]. 卫五名，等译. 北京：北京大学出版社，2008.
④ 参见：陆季春，田玉军. 公共关系实务教程[M]. 北京：经济科学出版社，2008.

加容易取得良性的传播效果。因此，塑造一个反应迅速、敢于担当、革除官僚作风流弊、服务于特定对象的维权机构的形象，应当充分发挥大众传播渠道的作用。

a. 塑造新公众形象的阻力

目前阻碍工会新形象塑造的阻力主要有两个：工会维权的本体职能存在欠缺；稳定、有效的舆论引导策略尚未建立。

在维权职能方面，一般认为，导致工会维权不力的原因，包括地方政府行政干预、现行劳动争议处理体制成本畸高、工会经费和人事存在体制之困、《工会法》等条文与规则的制裁力和表述精确性不够等制约因素。同时，一些工会干部的"行政化倾向"始终存在①，成为许多基层工会"不代表、无作为"的体制根源。

在舆论引导方面，传播学研究普遍认为，信息时代舆论是社会的皮肤，而大众媒体就是皮肤下的神经，后者在很大程度上决定了舆论的走向和立场。以归属权划分，大众媒体可以分为工会自办媒体和非自办媒体两类。在自办媒体中，2010年工会系统共有报刊52种（其中全总直属报刊14种，地方工会报刊38种）。由于在管理机制、人才使用、资本运营等方面，往往远落后于都市报、党报（刊）等竞争对手，阅读范围较窄，舆论监督的影响力不强。在非自办媒体中，尽管劳资冲突已经成为社会焦点，但由于与媒体间的互信合作机制尚未完全建立，与精英媒体进行"话题互动""议程设置"的技巧不足等原因，一些地方工会的公共关系模式仍停留在计划经济时代，工会的现实制度困境未能被社会了解，也就更谈不上被理解和支持了。

b. 破除阻力依靠大众传播渠道的作用

工会"形象塑造"的阻力，应当在灵活主动地运用大众传播渠道，实现切实维权和舆论引导两方面相互促进、良性循环中寻求突破。

---

① 所谓工会行政化，"是指工会在其组织、活动等方面，在相当程度上受到政府或企业行政的控制和制约，在相当意义上是作为政府和企业行政的附庸而存在的。"中国工运学院工会学系. 向市场过渡中的工会工作[M]. 北京：中国大百科全书出版社，1993：5.

在切实维权方面,和当下许多领域的改革困境一样,真问题往往未能曝光于公众视野下进行充分讨论而被遮蔽,"改革动力不足"的转型期社会病同样在工会自身改革的领域内呈现。一方面,工会外部的体制性束缚未能进入公众议程,无法借力;另一方面,工会内部的结构性病症无法自愈,需要外部推动。因此,在舆论引导方面,工会可以考虑从系统外媒体和自办媒体两个主渠道入手。

(2) 对策与建议——工会"形象塑造"中大众传播渠道的应用

在非自办媒体方面,可选择的办法有:完善新闻发言人制度、举行制度化的新闻通气会、常态化地策划主题活动、加强外宣及与国内外学术团体的交流、选择典型事件介入司法立法程序等公共关系手段,都可以进行设置媒介议程,嵌入社会舆论路标。在自办媒体方面,应加强的工作是:改造自办报刊,强化监督功能和社会责任意识,使之成为被公众认可的有影响力媒体;搭建新技术传播平台进行资源整合,为切实维权提供"点对点"的信息交互手段;设立职工舆情调查中心、职工文化传播中心等研究机构,了解职工社会心理和文化接收规律,为更好地服务工会工作提供理论支持。

a. 非自办媒体——有针对性的策略设计,培养互信合作机制

公共社会组织与非自办媒体之间必然存在着博弈:双方都希望从对方那里得到更多自己想要的东西。但这种博弈是零和博弈还是正和博弈,则取决于双方彼此间的了解和机制指向。

①互信机制的建立

新闻传播学界普遍认为,当下中国的媒休正处于转型阶段,本身并非一个有意识的连贯过程,其中充满着"临场发挥"的短期行为,再加上多元力量之间的不均衡,因此媒体报道往往是不均匀的、偶然的和不稳定的。① 因此,在利用媒体进行形象传播时,要注意了解当下新闻媒体的职业理念分野,作有针对性的媒介策略设计。目前国内新闻媒体以理念为据可简单分为

---

① 潘忠党. 新闻改革与新闻体制的改造:我国新闻改革实践的传播社会学之探讨[J]. 新闻与传播研究, 1997 (3).

三类：执政党媒体系统，以政治指令为报道指针；市场化媒体系统，以商业逻辑为行为原则；专业主义媒体系统，以新闻为"天下公器"为圭臬，信守独立、客观、公正等操作手法。① 这三个系统的信息选择、处理角度都有较大不同。其中，专业主义的媒体，在公众中心理认同最强，也最接近现代新闻理念，容易为驻中国的外国媒体列为信息来源和报道依据，对促进工会国际形象的塑造作用明显。

就专业主义的媒体而言，其新闻操作理念重视社会公正，对工人、农民等弱势群体有同情心理。工会职能部门应主动加强与这类媒体的联系，以平等姿态尊重对方的职业理念，邀请对方参与活动策划，建立媒介专家顾问团队，通过价值观认同建立双方的互信机制，形成维护工人正当权益的合力。

②媒介议程的设置

在具体的媒介议程策略设计中，应注意加强通过活动对媒体的议程设置。除了已经设定的全总新闻发布会进行制度化的信息发布外，例如《劳动法》的修订、"黑砖窑"等这类为社会关注的焦点事件，都是调度媒体的机会。除了这类显性的新闻事件外，还应主动寻找当下社会焦点问题中隐性的传播机会。例如，奥运、环保、社会转型中的正义、"希望工程"等慈善活动，工会都可以发动自有资源，如联合知名企业制作电视公益广告、鼓励工人建立公益组织、倡议社会研讨、组建慈善基金等行为，彰显工会不仅仅只是关心本集团利益的"小"团体，而是有社会承担意识、乐于奉献社会的"大"组织，这样和非自办媒体间的合作就有了传播载体，通过不断击中当下社会中"绷得最紧的那根弦"②，借势进行高效、正面的工会公众形象塑造行为。

需要提醒的是，应当高度重视国际媒体的传播作用。全球化时代，信息、资源日益呈现国际交换的常态、相关和必要等趋势，工会的国际形象就

---

① 陆晔，潘忠党. 成名的想象：中国社会转型过程中新闻从业者的专业主义[J]. 新闻学研究，2002（7）.
② 喻国明. 变革传媒：解析中国传媒转型问题[M]. 北京：华夏出版社，2005：8.

变得非常重要。由于历史和现实的原因,海外尤其是西方国家,对中国的工会存有偏见和负面的"刻板印象",并且不太相信中国媒体的报道,认为是"集权国家的宣传手法"。这样就需要加强与西方媒体的联络。目前,许多权威的西方媒体,如《纽约时报》、CNN 等在北京都驻有记者站,工会"新闻中心"应注意联络,在适宜的活动中注意通报,例如在每月 10 日召开的总工会新闻发布会上,邀请他们并配备专业的新闻发言人翻译,以示对他们的重视。从长期看,还可考虑设立专职的对外新闻发言人,建立相关制度,由国际联络部统一担负对外传播的职责。

b. 自办媒体——推进理念与内容改革,挖掘新老媒体潜力

①工会报刊的理念与内容调整

在改造工会公众形象的媒介策略中,从系统内部自办的报刊入手,是大众传播渠道应用中最便捷的选择。

目前,工会报刊的困窘,集中体现在制度、内容、效果三个层面。在制度创新层面,全国各地都市报、晚报、青年报,包括党报,都纷纷建立报业集团,工会系报刊明显落后于同业,迄今未出现一家工会报刊组建的报业集团;在内容生产层面,与劳动关系变化前几乎没有质的转换,对"两个维护"的认识,简单机械理解为"双重维护"各占 50%,淡化维护职工利益的现象时有发生;在传播效果层面,一些报刊内容陈旧,形式呆板,在行政干预下,订阅率虽然较高,但传阅率并不高,职工读者不爱看。

反观共青团、妇联系统的报刊,其发展近年来可谓风生水起。共青团的机关报——《中国青年报》是一份在全国很具影响力的媒体。从 20 世纪 80 年代起,无论是报道大兴安岭火灾"红""黑""绿"三色背后对官僚主义的诘问,还是设置对"人生的路为什么越走越窄"的青年人生观、价值观的全民大讨论,都树立了《中国青年报》痛陈社会弊病、直面社会制度与人生境遇双重困境的人文媒体形象。这一形象对中国青年团树立充满活力、锐意进取的公众形象增色不少。①

---

① 张建伟. 深呼吸:未曾公开的新闻内幕[M]. 北京:经济日报出版社,1998:273.

20 世纪 80 年代初,全国妇联机关杂志——《中国妇女》曾以 179 万份的月发行量,在期刊市场上名列前茅。但 20 世纪 90 年代末期,该杂志遭遇与工会报刊相似的问题,发行量失去大半。1999 年,《中国妇女》开始了被称为"洗心革面"的改造:"洗心"是内容更富有时代气息,贴近女性;"革面"是封面设计到表现形式更亲切可读。同时从月刊改为半月刊,突出了"法律帮助"。杂志改革后受到读者的热烈欢迎,当年自费订阅量就达到 5 万多份,扭转颓势。2001 年起,推出"《中国妇女》时代人物"年度评选活动,在海内外引起强烈反响。

新的信息环境下,只有高位地进入社会信息交换系统,工会报刊才能获得塑造形象的载体前提。要实现这一前提,工会报刊就必须在理念、定位、风格、经营等方面进行改革。而改革能否成功,则取决于决策者决心、专业人才和资源整合等关键因素。

②理念调整——面向"工人和公众",做工人利益与公共利益的守护者

行政思维长期浸润下的办刊惯性,使工会刊物的读者定位偏离"工人和公众",刊物成为工会内部"自娱自乐"的"自留地",利益视野狭隘,社会焦点反应迟缓,不是真正的大众媒体,而只有先完成媒体自身形象的塑造,才谈得上媒体背后团体的塑造。因此,改革后的《中国工人》应彻底改变这一路径依赖,传递工人阶级疾恶如仇的勇气、建设公正社会的理性、关爱弱势群体的立场、敢于面对自身不足的客观,把自己打造成一份关注时政、关心民生、守护工人利益和公共利益、形象鲜明的有影响力媒体。

③内容建设——以"封面报道"为重心,以观点述评和社会活动为两翼

作为月刊,《中国工人》不宜追求时效,较长的出版周期,便于其在三个主要方面进行经营:操作深度、力度兼具的"封面报道";获得了评述社会焦点、争议的事实沉淀和从容判断;进行社会资源动员,策划有影响力的媒介事件。

"封面报道"选择重大题材,以调查性报道为主,强化舆论监督色彩,对侵犯公共利益和工人利益的事件进行不妥协的揭露,对关乎国计民生的重

大决策和制度安排进行深度解析。每期由 2—3 人专门负责,加强策划和选题培养制度,使之成为刊物的兴奋点。

观点述评可依托北京深厚的行政资源和学术资源,邀请工会及其他领域领导、公共知识分子、专栏作家作事件评析、思想交流,邀请工人、资方、市民等阶层发表看法,鼓励观点交锋,建立一个理性交流的公共领域,使之成为高质量言论的集散地。

社会活动包括"《中国工人》年度人物评选"、社会调研、学术研讨等。活动倡导社会责任意识,培养现代公民素养,开辟社会问题前瞻视角,汇聚社会各方力量,使之成为刊物的社会交往品牌。

下 编

个案研究

六、《工人日报》个案研究

工会在我们这个工人阶级领导的、以工农联盟为基础的社会主义国家中的重要性不言而喻,工会报刊在国家新闻宣传体系中被定位为与青年、妇女报刊处于同一层次,但地位更为重要。如果有中国特色的新闻事业是一座大厦,工会报刊无疑是中国新闻传播以及中国共产党新闻事业的重要组成部分。其中《工人日报》作为全总的机关报,无疑是工会报刊序列的龙头。

(一)《工人日报》的历史沿革和现状

1.《工人日报》创办的背景、宗旨、地位和办报思路

《工人日报》的前身是《大众日报》。1949年1月31日北平和平解放,全总于同年3月从沈阳迁入北平。当时解放战争尚未结束,全总面临动员和组织广大职工继续支援前线的艰巨任务。战争结束后,总工会面临着动员和组织广大职工恢复经济和参与新中国建设的任务。在工人阶级翻身作主人的新形势下,迫切需要有一份机关报将工人组织起来。在这样的形势下,1949年6月,中央决定将当时北平的《大众日报》转交全总主办,是为全总机关报《工人日报》的前身。

1949年7月15日,《工人日报》正式出版。该报的出版,对中国工人阶级和全总来说意义十分重大。正如全总在1949年7月1日关于出版《工人日报》的决定中所指出的那样:"是中国工人阶级的历史上破天荒的一件大事!这是中国工人阶级多年来在工人阶级自己的政党——中国共产党、中国工人阶级的英明领袖——毛主席的领导之下英勇奋斗,流血牺牲所换得来的

重大革命成果之一。"①

创刊号第一版头条发刊词,创刊词如下:

《工人日报》出版了,它是中华全国总工会的机关报,也就是全中国工人的报纸,因此:

《工人日报》要成为中国工人阶级的指南针,把毛主席所指示的方针经常告诉大家,使我们工人在前进的道路上,不致迷失方向。

《工人日报》要成为中国工人阶级的组织者,使我们工人知道如何更好地团结起来,办好自己的工会,成为新民主主义政权的主要柱石。

《工人日报》要成为中国工人阶级的警钟,使我们工人在同帝国主义、封建主义、官僚资本主义在中国的残余势力进行斗争时,不致因为既得胜利,冲昏头脑,而丧失阶级警惕性!

《工人日报》要成为中国工人阶级的自我批评的武器,使我们工人在思想上、政治上、工作上、生活上、学习上和作风上的许多毛病,都因使用自我批评这个武器而得到医治。工人阶级要在改造社会的过程中,同时改造自己。

《工人日报》要成为中国工人阶级的鼓舞者,使我们工人在建设新中国的伟大事业中,不致因为遇到暂时困难而悲观消极!

《工人日报》要成为中国工人阶级的喉舌,使我们工人有发表意见与讨论问题的园地。

《工人日报》要成为中国工人阶级的顾问,使我们工人在日常工作、生活与学习中所遇到的许多疑问与难题都能够得到回答与解决。

《工人日报》要成为中国工人阶级的俱乐部,使我们工人在工作之余,可以从中找到文化娱乐的资料。

《工人日报》的出版对我们工人阶级的好处是多得很,所以每一个工会干部、每一个劳动英雄与模范工作者、以至每一个职工都要像关心自己的身体、爱护自己的眼睛那样关心《工人日报》、爱护《工人日

---

① 郭国涌.《工人日报》诞生记[J]. 报刊管理,1999 (4): 16.

报》。而关心与爱护它的办法,就是:大家都为它写稿,使它有充实的内容;大家都帮它发行,使它能够深入工人群众;大家经常的向它提意见,使它能够不断地改正缺点。①

全总作为上级主管部门,对于《工人日报》的基本方向作了规定,即:带指导性的工人群众的读物,同时是职工运动的指导性刊物。作为全总机关报,报纸的性质是:全总机关报和全总喉舌。②

《工人日报》编辑内容基本确定如下:

(1) 只刊登对全国有重大意义的新闻,不是所有的新闻都要登(主要指新华社稿件);

(2) 主要的部分要登与工人生活、工会工作有密切关系的;

(3) 要登对工人进行教育的内容,比如介绍通俗教科书、常识、工人运动历史、世界工人运动知识……③

编辑方法:

①打破大报的编辑方法,除重要政治文献不能修改外,其余消息,一律要改写。新华社的稿子不是照登,而是在文字上面通俗化。

②要多登关于工人生活的群众来稿。

③要解答工人的问题,有问必答。

④要用大力培养工人通讯员,帮助他们改稿、写稿,特别重要的是要在报纸上开展批评与自我批评。但不要轻易地批评,而是经过调查研究,发表之后能够立刻得到解决的。全总对批评加以配合,就可以建立报纸在群众中的威信。

⑤要经常写小文章解释我们的政策,一篇介绍一个问题,一周有两篇这样的文章,就有了指导性。

---

① 参见:工人日报社.《工人日报》五十年:1949—1999 [M].北京:中国工人出版社,1999:5-6.
② 郭国涌.《工人日报》诞生记[J].报刊管理,1999 (4):16.
③ 参见:工人日报社.《工人日报》五十年:1949—1999 [M].北京:中国工人出版社,1999:4-5.

稿件来源：主要依靠工人群众的来稿，再就是工会供稿。

发行问题：主要发行到职工当中去，发行到每一个工厂，号召工人订报；要求基层工会推销。①

由此可见，《工人日报》在创办之初，就鲜明地提出了自己的特色：要求与其他大报党报区分开，在党的领导下发挥工会报刊的作用，为工人阶级服务，为当前的局势服务；强调工会特色，深入了解和把握基层和职工群众最关心、最直接、最现实的利益需求；适应职工文化和心理接受能力，强调通俗化，按照"三贴近"的要求，用鲜活、丰富的事实来教育职工群众，发挥报刊的指导和教育作用；在办报过程中，坚持走群众路线，做到工人报刊工人看，工人办。这是《工人日报》的优秀传统，也是《工人日报》的特色。

创刊初期的这些举措，大致规定了《工人日报》的宗旨、性质、任务、服务对象和主要办报思路。以后的《工人日报》一直在这样的路线方针下办报，作为一份时政类大报，《工人日报》一直是党和工会的重要宣传舆论阵地，坚持为工人阶级服务，取得了良好的社会效果，为工会建设和工会工作作出了突出贡献。多年来，《工人日报》坚持改革创新，体现时代性，在实践中与时俱进、开拓进取，以改革精神推动工会新闻宣传思想工作，不断为当前工会的任务服务。

长期以来，《工人日报》作为工会的机关报，依托工会，在我国以党报为中心的报刊体系中，占据独特而重要的位置，主要承担向职工宣传社会主义思想、贯彻党的路线方针政策的任务。在当时历史条件下，激发了职工群体建设国家的热情，塑造了众多工人阶级英雄人物，鼓舞了全国人民。报刊通过工会组织指令发行，对社会产生很大的影响。"文革"中，《工人日报》受到冲击，一度休刊，"文革"后复刊。20世纪80年代初，《工人日报》迎来它的黄金时期，利用它和国企的天然盟友关系，一度发展迅猛，最高发行量达到240万份。

---

① 参见：工人日报社.《工人日报》五十年：1949—1999［M］.北京：中国工人出版社，1999：4－5.

2. 《工人日报》20 世纪 90 年代至 2010 年的几次改版

创刊以来,《工人日报》的版面一直随形势需要而改变。从创刊到 1950 年 3 月 2 日,是 4 开 4 版;1950 年 3 月 3 日到 12 月 31 日是对开 2 版;1951 年元旦到 1992 年年底,一直是对开 4 版。从 1993 年开始,为了更好地服务职工、服务工会、服务于当前的形势,《工人日报》启动了扩为对开 8 版的工作。几次改版扩版,内容也作了相应调整,薄报变厚报,内容更丰富,每个版的受众更细分。关于 1993 年这次改版的任务和目的,《工人日报》明确提出:"目的是在坚持正确导向的前提下,进一步拓宽报道面,扩大信息量,增强群众性、知识性和可读性,以适应进一步改革开放的需要。""我们深知,这次改版不仅仅是容量的增加,内容的出新,更重要的是新闻改革的一个重大步骤,是报纸适应社会主义市场经济的重要开端。"[①]

1993 年全年周一、周三、周五各为 8 版,周二、周四、周六、周日各为 4 版。1994 年增加周日为 8 版。1995 年元旦进一步改版扩版,1 月到 8 月,周一到周五为 8 版,周六、周日为 4 版。1995 年 1 月创办《新闻周末》,目标是"办一份新闻特色的周末版,办一份面向市场的周末版"。第一版为综合新闻版,报道重大新闻;第二版为新闻时空版,报道政治、经济、社会、文化等各类新闻热点;第三版为背景新闻版;第四版为服务新闻版。其后版面有所收缩。1996 又创办《北斗星》思想周刊。

1997 年开始,主要针对专刊和副刊的整合和定位,周一至周五前四版是要闻版、经济新闻版、综合新闻版、国际新闻版。各新闻版在保留原有栏目的基础上增设一些新栏目,国际新闻版开辟《看世界》新闻副刊。此外,每周依次推出 7 个新闻周刊,具体如下:

周一为工会周刊,以"维护职工权益、反映职工呼声、追踪工运热点、传递工会信息"为宗旨,报道工会新闻。后另外辟出一版为《职业女性》。

周二为经济周刊,财经新闻为主,兼及电脑、科普知识。

---

① 工人日报编辑部. 敬告读者[N]. 工人日报, 1993-01-01.

周三为思想周刊，以宣传社会主义精神文明建设为基本任务。

周四为读者周刊，大量发表读者来信，同时新辟公民权益版。

周五为文化周刊，除提供文化信息外，发表职工文艺、美术、摄影等新作。

周六为社会周刊（《新闻周末》），追踪社会热点新闻。

周日为生活周刊（《星期刊》），主要是生活服务类信息和休闲娱乐信息。

另外又创办了科技副刊、理论副刊、台港澳副刊等。此后，各版根据形势变化又有调整。如1997年针对下岗职工和再就业，开办《就业》专版（双周刊），并为纺织、煤炭、森工开办3次专版。1997年基本实现了周一到周五每天8版，周六、周日各4版的格局。8版中，专刊、副刊各占一半。

2000年初，《工人日报》编委会明确提出"立足三工，面向社会，强化特色，走进市场"的办报方针，两次改版，先后推出"社评""新闻视窗""就业新闻""质量视点""消费警示""体育新闻""国内新闻""企业周刊"等全新新闻版和专刊。

2002年再次改版，宗旨是让媒体更贴近实际、贴近群众、贴近生活、贴近市场，让主流媒体更可读、可亲、可敬、可信、可用。改版内容如下：

一是突出经济报道，在改版的同时进行了改制，《企业周刊》版由四版变为八版，突出面向企业改革的经济报道。这是因为城市经济体制改革的主体是企业，市场经济的主体也是企业，《工人日报》不仅要为工人、工会服务，还要为工厂（企业）服务。

二是加强了言论。新闻评论从新闻要闻版独立出来，在2001年开始每天一篇评论的基础上，推出新的言论版面《评论、综合》，针对热点和难点问题进行分析，用通俗的语言把中央的政策方针及时传递到群众之中。

三是取消周末版。《工人日报》是北京最早开办周末版的报纸，但都市报的崛起使主流媒体靠周末版、星期刊赢得读者的策略逐渐失效。主流媒体只有靠指导性、新闻性、权威性才能取胜，因此《工人日报》把着力点放在新闻指导性上，在权威性上下功夫。

2004年11月1日再次改版,除去每天都有的要闻、经济新闻、体育新闻3个新闻版和1个评论版外,加强平民报纸的特色,将专副刊进行整合,设立了《工会特刊》和《维权周刊》《社会周刊》《企业周刊》《科技周刊》《文化周刊》5个周刊。

《工会特刊》的定位是"服务职工,服务工会,服务工运",每周2期。周二、周五出版,每期4版。周二版4版分别是"工会新闻""工运时空""工运人物""劳动就业",周五4个版分别是"工会新闻""劳模视点""工运理论""劳动就业"。

《维权周刊》的定位是"职工最关心的就是我们最关注的",突出劳动关系方面的维权,同时关注社会上与职工权益相关的热点、焦点问题,依法维护职工群众的合法权益。

《维权周刊》版面设置包括"封面版""法制监督""法治瞭望""读者来信""文摘"几个版。

• 封面版:重点报道影响较大、具有代表性的案件,以案说法,揭露和批评腐败,对社会进行舆论监督。主要栏目有"特别关注""短评"等。

• 法制监督版:主要报道侵犯职工合法权益的典型案件,监督企业有无违背《劳动法》等与职工相关法律法规,为职工提供法律服务,解答法律问题。

• 法治瞭望版:结合热点,从理论和实践两方面进行集纳式报道,对近期新闻事件进行法理探讨,并请专家发表意见。

• 读者来信版:刊发读者来信,根据来信线索做新闻调查,栏目有"公众声音""百姓视点""以案说法""法律信箱"。

《科技周刊》每期4版,关注教育与科技类新闻和话题,并向深度、广度发展,致力于打造一个突出"三工"特色的教育科技新闻平台,设有"现代教育""科技时空""政工视界""职业道德"4个版面。其中,现代教育版面重点关注职业教育、成人教育和职工技术培训。政工视界版是当时全国主流媒体中唯一的政工专刊,面向企业的政工干部,为企业的政工工作提供交流平台，主要栏目有"思想平台""热点关注""多维视点""政工短讯""身边故事""书记访谈"等。

《社会周刊》：主要报道社会新闻，每期 4 版，包括"宏观""微观""观点""人文"4 个版面。

● 宏观版：主题口号是"以百姓情感关注社会新闻"，对成为社会热点和焦点的社会新闻事件和人物进行报道，对涉及职工利益的社会问题和社会现象进行深入剖析。

● 微观版：主题口号是"尊重每一种建设性的声音"。从微观入手，报道以当周发生在各地的新闻事件为主体，兼顾对各类新闻人物、社会现象、国际大师的追踪和关注。主要栏目有"事件""视觉""趋势""情感""快评"。

● 观点版：口号是"新闻因为具体而生动"，主要栏目有"交流""沙龙""群言"等。

● 人文版：主题口号是"时代因为人物而生动"，栏目有"深访""百味""谐趣""语吧"。

《文化周刊》：每期 4 版，定位为为职工文化需要服务，审视当代文化潮流，传播文化生产和消费信息和观点，并为文化产品搭建平台。4 个版面分别为"综艺""开卷""家园""工人的画"。

《企业周刊》：每期 4 版，定位为"见证市场成败，观察产业风云，分析公司兴衰，记录人物沉浮"，以平民视角观产业，以蓝领眼光看企业。分为"封面""汽车综合""家电 IT""班组天地"4 个版面。

2005 年，《工人日报》经济新闻版突出"以社会眼光看经济"，重点对传统名牌栏目"班组天地"进行改版，增加"蓝领精英"栏目，每期报道一位岗位成才工人，受到职工欢迎。

2006 年，《工人日报》强化全总机关报意识，加强了对工会工作的报道。举措主要有三项：一是设立《工会新闻》版，每天一版；二是加强了头版对工会的报道，通常工会新闻数量占到一半，报道的力度、深度都有所提高；三是成立工会新闻部和全总联络站，当年8月，在工会新闻版基础上抽调优秀记者成立工会新闻部专门负责工会新闻报道，同时成立了《工人日报》驻全总联络站，由总编辑兼任站长，加强了全总的指导。改版和改组机构后，《工人日报》编辑部形成了联络站、要闻部、工会新闻部、工会周刊、维权周刊组成的工会报道新体系，对工会报道主动参与，积极筹划，对工会新闻资源进行深度开发，使得工会新闻可看性、影响力都有所提高。

2010年11月16日，《工人日报》又创办《农民工专刊》，全国彩印，定每周出版4版版面。这是中央主流媒体首个针对农民工推出的专刊。该专刊的目标读者是农民工，内容主要是宣传报道农民工群体中涌现出的优秀代表和他们的成功实践，及时介绍各地、各界关心、关怀农民工的好做法和好经验，随时反映农民工的心声，引导农民工正确表达自身的主张和诉求等。《农民工专刊》的出版，显示《工人日报》与时俱进的报道理念，在洞察到职工群体的变化和农民工群体的壮大后及时加以关注。

3. 版式革新和图片运用

20世纪80年代晚报复兴，此后又有一批专业性报纸、生活服务类报纸问世，尤其是进入20世纪90年代中期，都市报的兴起对《工人日报》形成冲击。这些报纸生动活泼的版面编排对版面创新起到推进作用，也促使《工人日报》开启自己的革新之路。几次改版不仅限于内容，作为一份时政大报和机关报，《工人日报》在版式设计上也追求大气、清秀，让读者看着舒服。

第一个革新就是随着报刊从4版扩8版，报纸加厚以后，各版的分工开始细化，专栏、专版迅速增加，为此，强调版式要让读者易读，能够轻易找到所要的内容。报纸开始分单元设计，稿件编排也采用模块结构，将文字、图片等材料安排在规则的区域内，并尽量避免稿件的穿插，整版报道几乎都独立地存在，每条新闻与其他的都不交叉。这样的版式简洁、清晰，降低了编辑工作强度，也方便了读者阅读。

在文章标题的参差错落和稿件的长短搭配上也开始有意识地调整。标题多采用横题，甚至整版没有直题；字号普遍加大，在版面上更加突出、醒目。标题的重要程度通过其厚度来显示。跨栏标题、跨栏图表出现在版面上。另外，字体的选择范围扩大，图片崭露头角，色彩也在报纸上出现。这种版面使得长稿看起来显得短小；报纸可以对折起来看，阅读轻松；标题起到自然分隔作用，新闻和标题的一体性更为突出，新闻的重要性可以借助更多的编排手段加以体现。同时，为方便读者找到所要阅读的内容，加强了导读功能以及标题新闻，如在头版常出现标题新闻，用黑体标出，既保证了新闻的关注度，也节约了版面。

第二，重视报刊整体形象设计，强调标识和版式的稳定性，打造稳定的报刊版面风格。在版面设计上，《工人日报》具有明确和稳定的风格定位，版式追求"大气、清秀"；版面宽松，所有线条一律采用直线，没有花线。报纸各部分的版面风格协调。各版组、各周刊以及各个版进行统一的风格定位，版头、栏头统一设计包装，报纸各部分互相呼应，确立报纸富有个性又有亲和力的整体形象。每逢重大节假日以及迎接奥运、工会大会等一系列重大新闻报道活动，精心设计报纸版面，出新出彩。彩版也强调简约大气，用简单的色彩对比来区分版面的层次，增加版面的活力，并有意识地运用主色调来表现个性和风格。这些版面和报纸平时的版面共同形成一种统一、稳定的形象。

报头是报纸名称所在版位的通称，一般情况下下面还会标注出版日期、刊号、期号等。报头设计，是一张报纸最重要的标识，一经确定，极少变动。通常来说，报头的恒定性体现在两方面：一是报头所用的字体、字号等要素一般不会轻易调整，二是报头位置固定。相对于前者，报头位置的稳定性更强。《工人日报》在 21 世纪初改版时，借鉴了国外主流做法，报头移到了中间，横置居中。此后又改回传统样式。无论评价如何，报头的修正显示了《工人日报》勇于创新的精神。

对于专版，要求版式设计和全报风格一致，符合报刊活泼不失庄重、简洁不失典雅的整体风格。对于专题报道的版式设计，基本原则是突出主题，增加文章的可读性。一个专题报道在版面上要求有一个反映主题的主标题，主标题一般用视觉冲击力较大的大黑、粗圆等字体，且字号要大些；分块文章的标题的字号则要小一些。由于专题报道篇幅长，要多制作一些小标题，小标题要突出字体，减轻文章冗长之感，也可以与主标题形成呼应。针对专题报道长文居多的实际情况，一般设计一个简明的前言，加大字号，放在主标题周边。这样容易激发潜在读者关注和阅读全文兴趣，并能够让读者了解新闻大意，同时增加了版面的分割，使版式更活泼。

第三，加强了图片的分量。在读图时代，图片以其信息量大、直观受到读者欢迎。图片在版式设计中起到越来越重要的作用，在版面上的地位不断提高。《工人日报》迎合这一趋势，重视图片的运用，加强了图片报道，用图片激活版面，新闻照片数量增多、篇幅加大，照片的质量也不断提高，图示与新闻漫画在版面上大量出现。图示包括统计图表和各类示意图，具有图解内容和活跃版面双重功能。对于新闻照片的认识也上升到一个新的高度，选择和使用新闻照片时，首要标准不是"好不好看"，而是"有没有"新闻，新闻价值如何。《工人日报》早些年就对图片的运用很重视。但是照片在版面上，尤其是在要闻版上大量运用，是近年来才开始的。在使用照片上已经把过去更多地是"美化版面"的编辑思想，转变为更多地是为增强版面的新闻冲击力上来。如在1998年抗洪救灾中，超常规用整版篇幅的照片展示抗洪抢险斗争，相继出现了题为《洪魔在肆虐》（1998年8月11日）、《砥柱立中流——解放军武警官兵抗洪抢险写真》（1998年8月19日）、《深情系灾区——各地人民支援灾区写真》（1998年8月21日）等5次整版图片系列报道。在抗洪斗争中，《工人日报》对照片的运用，受到新闻界和读者的好评。由中国记协和中国新闻摄影学会联合主办的'98全国抗洪抢险新闻摄影评选中，《工人日报》1998年8月11日的版面《洪魔在肆虐》获综合一等奖和画刊奖，《生命筑长堤》（于文国摄）摄影作品获一等奖，《脊梁》等5幅摄影作品获二等奖、三等奖。摄影记者于文国写的《九江城哭了》获1998抗洪救灾优秀新闻作品通讯二等奖。于文国、许之丰分别被授予中国抗洪救灾优秀摄影记者奖。《工人日报》以5个整版的篇幅推出5组系列照片报道被称为"中国新闻摄影史上的里程碑"。2004年，报道劳模王顺友时，在摄影专刊上以《马班邮路上的硬汉——在大凉山感受乡邮员》为题，以10幅照片加文字说明的整版篇幅，推出报道，以极有冲击力的形象打动了读者。在图片和文字的配合上，《工人日报》也作了有益的探索。如2008年的奥运特刊首期，文字和数据处理短小精悍便于阅读，历史图片的选择恰到好处，象形字体和标题阴影的处理、长城图片背景的置换和反白等等，都恰到好处地为吸引受众的眼球和版面内容传播助力。

4. 机构改革

报纸的改版要求编辑部人员组成安排也必然作出调整。结合改版，《工人日报》编辑部也积极作了相应的人员和机构调整。

几十年来《工人日报》的运作模式和职能划分是：编辑部各部既负责编辑各自的专刊副刊，又负责采编有关新闻，统一向总编室供稿，由总编室安排版面。1995年1月，随着报纸扩为8版和7个新闻周刊格局的形成，《工人日报》成立了新闻中心和一版编辑室、二版编辑室、三版编辑室，由新闻中心统一筹划安排新闻的采访编辑。总编室不再负责稿件编发，而只管编务，由新闻中心对新闻稿件统一筹划；编辑部各部只负责编辑专刊副刊。

此外，充实了报社新闻研究所的力量，加强了新闻业务研讨活动的开展。《工人日报》新闻研究所成立于1984年，原来是报社的一个中层职能部门。多年来，成员多为报社离退休人员，在职人员仅1—2人。1994年年底，报社决定进一步加强新闻研究所，调入两名中层干部分任正、副所长，在职人员增加到5—6人，不再返聘离退休人员。研究所加强了对于新闻业务工作的探讨，并请专家来讲课。每年都按照宣传报道任务和提高编采人员业务素质的需要，拟定一批选题，组织编采人员开展理论研究和业务探讨，其成果作为评定专业职称业务水平的考核标准之一。创办新闻业务内部刊物《实践与思考》（月刊），为编采人员提供发表新闻理论文章、开展业务研究的园地。此外还承担"好新闻"的评选工作和参与报纸专刊副刊的评审工作。这些措施，为促进报社业务建设和编采人员素质的提高发挥了积极作用。

2002年，工人日报社结合报纸改版再次进行了改制。当时的副总编辑孙德宏认为：这次改革"从表面上看其表现形式是改版，而实质是改制，我们对整个机构进行了整合"。① 主要内容如下：

一是结合《企业周刊》扩8版，加强了企业部门的报道工作；

二是设立新闻评论专版，成立专门部门负责专版工作；

三是取消群工部和周末部；

四是成立法制社会部门，把采写有关社会法制等方面的记者进行整合，原来群众工作部、要闻部、国内部、周末部四个部门涉及采访报道社会法制方面的新闻，多头采写，不利于资源整合，改制后重新成立法制社会部，加强了法制社会新闻采写工作。

同年，进行了内部机制的改革，所有部主任实行竞争上岗，全体采编人员双向选择，末位淘汰。

5. 发行改革

《工人日报》的发行量和覆盖率直接影响到工会组织的社会形象和社会地位，工人日报社在内部机构调整的同时，也花大力气来扩大发行。报纸的发行与报纸的定位密切相关。20世纪90年代以来，《工人日报》的发行量一路下滑，从最高时的240多万份，跌到2006年最低时的38万份，之后有所回升。

《工人日报》在发行上遇到的主要问题是发行结构严重不合理。一方面是行政摊派遇到压力，企业市场萎缩；另一方面是基层工会订阅少。过去一直追求《工人日报》订到班组，改革开放后，市场经济体制下，企业作为一个独立的经济实体，对于经济成本的估算日益重视，要求企业用公款将《工人日报》订到班组不现实，尤其是困难企业。另外，很多企业行政权力收缩，不再分管订报，《工人日报》只能用工会经费订，导致订数大减。有的企业，如长虹电子集团公司规定报刊杂志不准进入生产线，以防工人上班看

---

① 赵彦华. 营造主流媒体的强势品牌[J]. 新闻实践, 2002 (4): 11.

报。另外,过去用公款为中层干部订的各种报刊通过物业公司送到干部家中,随着改革深化也成为历史。同时,许多基层工会不订《工人日报》。据全总政研室统计处统计,全国有基层工会超过100万个,一个基层工会订1份《工人日报》就是100多万份,可2010年前后算上企事业单位、职工个人,全部报纸实际订数才40万份左右。

为此,《工人日报》针对发行进行调查,从2006年开始,确定了发行改革的思路。

第一,在思想上,全社统一认识,取得全总重视,依靠全总和地方工会的力量发行报纸。如2006年,全总要求县级以上地方工会和产业工会领导机关要把《工人日报》订到部、室,各级地方工会要继续为同级党委、人大、政府、政协、纪委的负责同志各订一份《工人日报》,各产(行)业工会要充分发挥优势,做好本系统所属企业特别是大型企业的征订工作。各企业工会要为企业党政负责人各订一份《工人日报》,有条件的企业要把《工人日报》订到工会分会和工会小组。企业的职工之家、图书馆、阅览室、文化活动室都应订阅《工人日报》,方便职工群众阅读。要加大非公有制企业、改制企业和科教文卫单位的订阅力度,努力做到组建工会的同时至少订阅一份《工人日报》。

同时,《工人日报》是非营利性报纸,它作为一份大报,更多的作用体现在宣传工会、工人和工厂企业上。所以,《工人日报》要求有一定经济效益,减轻财政压力,但更多的是扩大影响力。为此,《工人日报》免费向劳动模范、农民工赠送《工人日报》,扩大报纸的社会影响力。

第二,在具体征订方法上,推广"集订分送"。所谓"集订分送",指由工会组织收订,邮局统一投递,地市工会或大企业工会先到邮局领取订单,然后组织征订,收上报款后集中交到有关邮局,并同时提供具体订户名单,邮局根据名单分别投递。邮局为鼓励和酬劳征订人员,付给组织征订人员报款2%—3%的"代收费"。这样既可以调动征订报纸的积极性,也使地市工会、大企业工会随时掌握订报进度,工作更加有的放矢。

第三，在订户工作上，有重点地展开工作，改变原有发行不均衡的情况。

重点之一，是争取基层工会。调查显示，基层工会不订《工人日报》和报纸的内容有关。多数工会工作者认为《工人日报》的报道（包括工会新闻报道）具有权威性、深刻性、宏观性，但是在贴近性上，尤其是贴近基层工会方面还有差距。结合改版，《工人日报》对于工会新闻加强了报道，基本占总条数一半左右。工会新闻除了关注"维权"外，还关注基层工会干部的喜怒哀乐，增加对国际工运包括国外的劳动关系、三方机制、工资谈判等的报道与介绍，给基层工会以借鉴。同时，加强对基层工会的调查，变"指导性"为"服务性"，贴近基层干部。发行策略上依靠市县工会、产业工会做基层工会的工作。

重点之二，是对中型企业重点展开发行工作。以前《工人日报》发行主要靠订报1000份以上的大型企业支撑，国有企业改制后，这样的大户越来越少，需要在中型企业中发展订户。这就需要报刊做好工厂企业的相关工作，满足它们的信息需求。

重点之三，注意寻找《工人日报》在基层的发行"代理人"。通过报社领导、发行工作人员，包括编辑、记者去与基层交友，促使他们心甘情愿地为发行做工作。

第四，在征订工作上，依托工会实行考核和奖罚制度。具体说，就是在征订工作中实行目标责任制和奖励监督机制。按照全总提出的《工人日报》在各省、自治区、直辖市工会组织中的覆盖目标，逐级分解任务指标，建立健全目标考核制度，定期通报各地订阅情况，把订阅《工人日报》作为衡量地方工会工作成效的重要内容之一，并纳入各项评比表彰的考核内容。要把《工人日报》的订阅数量作为考核工人日报社工作的重要内容。《工人日报》驻各地记者站要积极配合当地工会组织，承担责任，主动服务，做好相关工作。

同时，各级工会组织要确保一定比例的工会经费用于宣传文化教育工作,落实订阅《工人日报》的资金。对于经费确有困难的基层工会,上级工会有责任采取分级负担的办法,为其订阅《工人日报》。全总有关部门要通力合作、密切配合,对《工人日报》的征订工作进行部署指导和督促检查。全总对完成任务的省份予以表彰奖励,对未能完成任务的省份予以通报,并采取相应的措施督促完成任务。①

发行改革收到了良好的成效,2008年《工人日报》的订数突破了40万份,再次实现了增长。按照目前的发行量,《工人日报》在全国发行的同类中央综合类日报中名列前茅。

(二)《工人日报》的内容分析

1.《工人日报》新闻报道的总体特征

《工人日报》作为全总的机关报,是在党领导的工会的指导下展开工作的。作为一份时政类大报和日报,《工人日报》的宣传和报道工作受中宣部和工会的联合指导,和党政类机关报一样,《工人日报》要为当前的大局服务,及时报道国家大政方针,其新闻取舍标准和党政类大报有很多相同点。同时,《工人日报》又有自己独特的服务对象,在服从国家宣传大局的情况下,偏重"三工",也就是工人、工厂(企业)和工会的报道。从《工人日报》的版面安排来看,基本反映了这一点。

目前经几次改版后的《工人日报》,每期版面安排如表6-1所示。

表6-1 改版后《工人日报》版面安排

	第一版	第二版	第三版	第四版	第五版	第六版	第七版	第八版
周一	要闻	工会新闻	综合新闻	经济新闻(2010年11月16日后多为农民工专刊)	维权周刊	维权周刊	维权周刊	体育新闻
周二	要闻	工会新闻	评论、综合	经济新闻	工会周刊	工会周刊	工会周刊	国际、体育

---

① 中华全国总工会关于进一步发挥《工人日报》在工会工作全局中重要作用的通知[EB/OL]. [2011-07-18]. http://www.chinaacc.com/new/63/73/157/2006/8/wa2151431182860020-0.htm.

续表

	第一版	第二版	第三版	第四版	第五版	第六版	第七版	第八版
周三	要闻	工会新闻	评论、综合	经济新闻	企业周刊	企业周刊	企业周刊	国际、体育
周四	要闻	工会新闻	评论、综合	经济新闻	科教周刊	科教周刊	科教周刊	国际、体育
周五	要闻	工会新闻	评论、综合	经济新闻	文化周刊	文化周刊	文化周刊	国际、体育
周六	要闻	经济新闻	综合新闻	漫画、美术、摄影	职业道德	班组天地	来信、文摘	国际新闻
周日	社会周刊	社会周刊	社会周刊	社会周刊				

分析《工人日报》的整体内容格局可以发现，在《工人日报》中，时政要闻始终占据重要地位，这是它作为一份主流报纸和权威性大报的性质决定的。作为一份时政大报，该报不仅在要闻报道上非常重视，对于经济新闻、教育新闻、科技新闻、体育新闻、文化新闻、社会新闻都非常重视。

其次，工会新闻占据重要地位，工会新闻包括企业新闻、维权周刊等，都和工会工作有关，这是《工人日报》一贯的特征。从2006年改版以来，《工人日报》日益认清楚报纸的性质和发展方向，确立了依托工会办报的思路，对工会新闻报道加强了，占到新闻报道总条数的一半之多。

最后，专刊、周刊在报纸中占据一半的篇幅。

从具体的报道内容看，可以发现，《工人日报》的新闻和宣传工作基本围绕以下几个方面展开。

首先，围绕党和国家工作大局，报社牢牢把握正确的政治方向和舆论导向，把宣传、贯彻党的大政方针精神作为首要政治任务，围绕当前宣传重点，展开新闻报道和宣传工作。每年两会，《工人日报》都用大量篇幅进行报道。每当党和国家推出重大方针、政策，《工人日报》都要对其精心策划报道。对于重大新闻事件，《工人日报》更是坚持配合党的宣传方针进行报道。在报道过程中，《工人日报》发挥自己的能动性，重视从自己的工会机关报的特点出发，从"三工"视角报道，发挥特色，补充了党政大报的宣传报道的空白。如2000年《工人日报》有意识地加强了重大主题性筹划和以新闻事件为重点的典型报道策划，全年刊出重大主题报道42组，其中30组是《工人日报》自己策划的典型报道，策划实践性新闻连续报道12组，以求做出自己的内容特色。其中，两会报道获得了中宣部表扬。2003年，针对非典，充分发挥自身特点，从"领导亲民爱民的角度，机关转变作风的角度，市场整顿秩序的角度，企业做好两个保证的角度"，做"一手抓防治非典、一手抓生产"的宣传。"五一"期间，组织记者深入商业、环卫、公交、铁路和建筑行业，捕捉"节日守岗位，齐心抗非典"的感人故事，《环卫职工：奉献清洁》《商业网点：力保供应》《城市公交：一如往常》《铁路客运：热情不懈》和《建筑工地：繁忙依旧》等报道热情讴歌了不同行业职工倾力维护社会生活正常秩序的精神风貌，及时报道青藏铁路、三峡工程、西气东输建设者们的事迹。2008年，结合十七大的召开，加大对学习贯彻党的十七大和中央领导同志重要指示精神的宣传。特别是"5·12"四川汶川大地震发生后，全国亿万职工和各级工会组织积极投入抗震救灾斗争。在近两个月的时间里，《工人日报》刊载各类抗震救灾报道600多篇，全方位、多角度地宣传抗震救灾工作，及时报道广大职工和工会组织在抗震救灾中的重要作用，极大地鼓舞了各级工会和广大职工抗震救灾重建家园的信心和斗志。

其次，报纸坚持为工会服务，忠实履行全总机关报的职能，努力提升工会新闻宣传舆论引导能力，把握大局、打造亮点、周密策划、讲求实效。每年《工人日报》都接受工会对新闻宣传工作的领导安排，按照工会工作重点展开宣传工作。元旦、春节和"五一"前后，积极协助中央其他主流媒体加大对工人阶级的报道力度。每年4—5月，开展宣传工人阶级和工会工作宣传月活动，集中力量宣传劳模和职工群众。2006年改版后，保证了报刊新闻有一半左右是工会新闻。2007年一年，《工人日报》共刊发与工会工作相关的稿件6000多篇，中央电视台、中央电台等摘播《工人日报》稿件共513篇，比上年增加126篇，办报的质量有很大提高。中宣部新闻局的《新闻阅评》对《工人日报》的报道提出了14件表扬，其中有5件全总领导作了重要批示。在做好例行的工会新闻报道的基础上，《工人日报》加大对工会重点工作的宣传。如针对全总和各地工会重点推出了《劳动合同法》贯彻实施、和谐劳动关系建设、"工人先锋号"创建活动、送温暖活动、困难职工帮扶工作、维护农民工合法权益、抗击雨雪冰冻灾害、抗震救灾等一批有深度、有分量的宣传报道，扩大了社会影响。每次全总召开大会，《工人日报》都专门加以报道。每年"五一"前后，结合"全国五一劳动模范"表彰大会，展开对劳动者的报道，其中2000年的报道，出版4期劳模大会特刊，获得全总领导表扬。此外，随着工会工作重点的转变，《工人日报》不断调整自己的报道方向。例如，从2001年开始，《工人日报》逐步明确将维权作为自己的报道重点；而随着农民工群体的扩大，《工人日报》对农民工的报道日益增加，结合工会的维权任务，重点抓好维护农民工合法权益的报道，在重要版面相继开辟了农民工维权的栏目，多角度介绍各地工会和有关部门依法维护农民工合法权益。

由于为广大职工服务，《工人日报》比起其他党政大报，更为重视群众性。这是《工人日报》新闻报道的重要特点。群众性既是它的鲜明特色，也是它的优良传统，更是它的立命之本。在1949年筹办时就确定了《工人日报》是一份专门以职工群众为对象的群众性报纸。《工人日报》的群众性体现在以下几个方面：

第一，贴近职工群众，贴近他们的思想和生活。反映在内容上，就是贴近生活、贴近职工，抓住职工当前关心的热点，重视以工人及关乎工人的事件或问题为主题的报道。《工人日报》在为职工服务、报道职工新闻上，做了大量工作。近年，农民工在产业工人中比例越来越大，实际已经成为产业工人主体，农民工也成为一个重点报道对象。

第二，代表职工群众讲话，在报纸上开展批评。尤其是《工会法》制定之后，《工人日报》日益重视维权报道，依法监督侵犯职工权益的事件并加以报道。

第三，在专刊副刊的设置上，从贴近职工群众这一原则出发，反映职工的文化生活和心理动态。为此，设立《工人的画》《读者来信》《班组天地》等栏目，受到广大职工群众的喜爱。

第四，办报坚持走群众路线。《工人日报》在创办之初，就要求少用或者不用新华社通稿，要用职工群众能够接受的通俗方式改写稿件。在写作上，要求用群众视角报道新闻，讲求新闻的社会性，对通稿要求当成素材，经过精编、做题，新闻价值得到了提升。

2. 新时期的劳模报道

《工人日报》写劳动者，是报纸使命所决定的。劳动者尤其是普通劳动者一直是《工人日报》的头版人物，这是《工人日报》的传统：历史上推出过孟泰、王崇伦、王进喜、倪志福、时传祥、张秉贵等。《工人日报》推出的此类典型，比任何一种报纸都要多，这是《工人日报》的骄傲。1995年以来，《工人日报》在劳模报道上，较有影响和创新的几次如下。

（1）"优秀服务明星"徐虎

徐虎是上海市普陀区房管局中山北路房管所普通职工，从事房修水电工作。他以踏实肯干、服务周到赢得管区众多居民赞誉，连续11年夜间为民义务服务，用业余时间7500小时，为市民解决2161个生活难题，被群众自发投票评选为"上海市优秀社会服务工作者"一等奖。他有一句名言："辛苦我一个，方便千万家。"《工人日报》关于徐虎的宣传在宣传方式上有所突破，取得了较好效果。

关于徐虎的宣传有这样三个步骤：①刊登消息、评论和一组摄影速写。消息的标题是《徐虎：出色的职工，真正的好人》。评论的标题是《做有觉悟的老百姓》。以《第三只眼睛看徐虎》的摄影速写刊登了记者跟踪抓拍的徐虎挂箱服务以及他的家庭生活的8个镜头（见2006年4月17日《工人日报》）。②刊登徐虎的系列故事，共5篇，题目分别是：《"夜行天使"》《至诚至真》《群星璀璨》《认识 了解 学习——徐虎与职工对话谈心会实录》《好人徐虎引出的思考》（见1996年4月18日至4月20日《工人日报》）。③以《愿"徐虎"遍神州》为栏题，刊登群众学习徐虎的反应。标题分别是《建议多宣传徐虎式的先进典型》《我们为徐虎这个名字而骄傲》《特别的学习日》。并在所附的《编后》中说："徐虎，这个好人，这个普通劳动者的榜样,已成为我们时代的又一面旗帜。"(见 1996 年 4 月 24 日《工人日报》)。关于徐虎的报道受到了中宣部的肯定和高度评价。中宣部认为这些报道"精心策划,讲究引导艺术,收到良好的宣传效果"。并具体分析了该报的三条宣传手法:"用一个朴素而亲切的口号揭示先进人物的本质,是《工人日报》引导读者进入报道境界之中的做法之一;用新鲜的材料去补充、完善、深化'徐虎报道',永不满足自己的定式,给读者以强烈的进行式的动态感,是《工人日报》引导读者沿着报道思路前进的做法之二;采用新评语全面动员,报道形式灵活多样,给读者以完美的直观形象,是引导读者的做法之三。"①

(2) 全国"五一劳动奖章"获得者、北京市公交总公司汽车售票员李素丽

李素丽是北京市 21 路公共汽车售票员,以文明服务赢得了乘客的称赞。《工人日报》关于李素丽的宣传,宣传报道方式上有所创新,宣传效果也比较突出。最主要的特点或者说宣传手法,就是记者跟随李素丽随车采访,观察和记录其所见所闻,用客观事实说话,而没有记者的议论;其次是多角度、全方位地展示李素丽的方方面面。关于李素丽的宣传报道运用了如下一些手法。

第一,以"平凡岗位文明人"为栏题作了系列报道,共 4 篇,分别是:《北京有个李素丽——21 路公共汽车 1333 号跟车记》(之一,附反映李素丽在公共汽车上售票写真的一组照片,1996 年 10 月 4 日);《同事和亲朋眼里的李素丽》(之二,附反映李素丽公休日家中生活的一组照片,1996 年 10 月 7 日);《时代坐标上的李素丽》(之三,1996 年 10 月 9 日);《走进乘客心里,讲究语言艺术》(之四,李素丽的自述文章,附反映李素丽各种神态的一组照片,1996 年 10 月 17 日)。

第二,结合新闻报道配发相应评论,一共 3 篇,分别是:《世上还是好

---

① 工人日报社.《工人日报》五十年:1949—1999 [M]. 北京:中国工人出版社,1999:216.

人多——李素丽事迹的启示之一》（1996年10月4日）；《爱是一种能力——李素丽事迹的启示之二》（1996年10月7日）；《工作着是美丽的——李素丽事迹的启示之三》（1996年10月9日）。

第三，及时配发反映李素丽获得荣誉和各地学习李素丽的动态消息。①

对于李素丽的报道，在新闻报道上，从记者角度、同事和亲朋角度、时代角度、李素丽自己的角度进行报道，多方位，表现一个有血有肉的劳模形象。3篇评论配合新闻报道，对读者的态度非常亲切，主标题都是一句表现人生哲理的话，一旦读者认同这条哲理，就能够认同李素丽；而一旦认同李素丽，就能够认同这条人生哲理。配发的动态消息，更是加强了榜样的影响力。

（3）金牌工人许振超

许振超，1974年进青岛港工作，全国"五一劳动奖章"获得者和全国交通系统劳动模范，全国劳动模范，全国优秀共产党员，被誉为"新时期产业工人的杰出代表"。关于许振超的事迹，是《青岛日报》首先报道的，之后《工人日报》和其他媒体一起对其进行了报道。然而，《工人日报》的报道影响最大。报社推出了《金牌工人许振超》（《工人日报》，2004年4月12日）、《好工人？好队长？好男人》（《工人日报》，2004年4月13日）、《时代需要更多的金牌工人》（《工人日报》，2004年4月13日）、《总有一种精神让人感动》（《工人日报》，2004年4月12日）、《学习许振超精神 做新时期优秀产业工人》（《工人日报，2004年5月27日）等通讯和评论，多方位地介绍许振超其人其事，并对其精神加以颂扬。在这次报道中最突出的地方就是在全国提出了"金牌工人"这个说法，在采写的长篇人物通讯《金牌工人许振超》（《工人日报》，2004年4月12日）首次提出："在体育界，屡屡夺金牌破纪录的运动员被称为金牌运动员。在企业里，精通技术、不断创

---

① 工人日报社.《工人日报》五十年：1949 – 1999 [M]. 北京：中国工人出版社，1999：217 – 218.

造世界纪录的工人被称为金牌工人。"① 这个说法因其具有时代精神，对于许振超这样的工人作了准确定位，肯定了他们的社会贡献，通俗响亮，提出后得到了从青岛码头工人到国家相关部门的一致认同和赞扬。2006年，以许振超为原型拍摄的电影就以《金牌工人》为名。

此后，遵循这样的思路，《工人日报》又推出了系列劳模报道，如《知识工人李黄玺》《专家型工人李斌》等，在社会上取得了较好的宣传效果。

(4) 雪域高原的忠诚"信使"王顺友

王顺友，中国四川省凉山彝族自治州木里藏族自治县邮政局马班邮路乡邮员，20年来在雪域高原跋涉了26万公里，相当于走了21趟二万五千里长征、绕地球赤道6圈。每年投递报纸8000多份、杂志700多份、函件1500多份、包裹600多件，投递准确率达到100%。他是全国"五一劳动奖章"获得者、全国邮政劳动模范、全国劳动模范，并入选"感动中国"2005年度人物。

王顺友作为一个典型，是《工人日报》首先发现的。2004年8月，《工人日报》记者按照事先获取的新闻线索，在两名邮政干部的陪同下，深入大凉山，和王顺友一起跑"马班邮路"，拍摄了不为外人多见的数百幅新闻照片。同年9月11日，《工人日报》在摄影专刊上以《马班邮路上的硬汉——在大凉山感受乡邮员》为题，以10幅照片加文字说明的整版篇幅，对王顺友进行了报道。摄影专刊的报道引起轰动，中宣部阅评组对此给予高度评价："一个满身尘土、满脸风霜、满目倔强的大西南的汉子，牵着他那头驮满邮件的骡子，向人们走来，这个形象具有如此冲击力，以至人们一翻到这里，就不能不伫目凝视。"摄影专刊的报道引发了连锁反应，新华社、经济日报等媒体也纷纷跟进采访。

《工人日报》在2005年6月3日，按照中宣部统一部署，用大量文字和图片分别以《雪域高原的忠诚"信使"》(《工人日报》，2005年6月3日)和《用一双脚感动了大凉山》(《工人日报》，2005年6月6日)为题，报道

---

① 杨祝夫，杨明清. 金牌工人许振超[N]. 工人日报，2004-04-12.

了王顺友的先进事迹。王顺友在全国一炮打响,成为全国著名的先进典型。

对王顺友的报道,主要是两个方面做得比较好:一是记者的责任感和新闻敏感度较强,不辞艰难深入深山进行采访,率先发现了新闻线索,并进行了报道;第二是在报道中,摄影报道起到了巨大的作用,取得了较好的反响。这既和人物题材有关系,也和《工人日报》记者勇于创新有关。

(5)学习型工人窦铁成

窦铁成,中国中铁一局电务公司电力工高级技师,是铁路、公路领域电力变配电安装工程中最优秀的专家型技术工人。他两次荣获铁道部"火车头奖章",铁道部劳动模范,陕西省高技能人才,全国知识型职工标兵。工作30年来,窦铁成先后主持安装铁路变配电所38个,全部一次性验收通过,一次性送电成功,全部获得优质工程。工作中,窦铁成解决技术难题52个,解决送电运行故障310次,为企业节省成本、创造效益1380万元。

作为劳模,窦铁成有很多值得学习的地方,如爱岗、敬业、创新等,但是每个劳模既有模范的共同特点,也有个人的个性特点。窦铁成只有初中学历,通过招工考试成为一名工人,靠着坚韧意志和对企业、对工作的热爱,从一名实干型的工人跃升为这个时代国家最为需要的专家型技术人才。《工人日报》结合工会要建设学习型组织的目标,把握住这一点,将对窦铁成的报道主题多围绕学习型职工展开,推出了《铁魂:成为最优秀的人》(《工人日报》,2008年4月25日)、《铁魂:在最贫瘠的地方开掘更丰富的世界》(《工人日报》,2008年4月26日)、《窦铁成事迹在中铁系统引起强烈反响》(《工人日报》,2008年4月27日)、《窦铁成精神展现魅力感召社会》(《工人日报》,2008年4月28日)、《争做学习型、知识型、技能型、专家型职工》(《工人日报》,2008年4月29日)、《做新型技术工人 争创一流业绩》(《工人日报》,2008年5月1日)、《用智慧和双手赢得光荣》(《工人日报》,2008年5月1日)等报道和评论,把握住了人物身上的特质和时代精神。

(6) 大型主题报道《劳动者之歌》

2006年4月16日，配合中宣部，联合人民日报、新华社、光明日报、经济日报、中央人民广播电台、中央电视台等中央主要新闻单位，《工人日报》同步推出大型人物宣传专栏《劳动者之歌》，报道一大批生活、工作、战斗在基层一线普通劳动者的事迹，讴歌他们的奋斗精神和奉献精神。如《冰凉铁轨旁的26年行走——刘学臣》《人生最后的美容师——李桂红》等。《劳动者之歌》开栏以来，《工人日报》已在第一版推出了100多位普通劳动者的事迹报道。《工人日报》45周年时李瑞环同志题词：工人伟大，劳动光荣。这也正是《劳动者之歌》的主题。该系列报道生动地实践了"贴近实际、贴近生活、贴近群众"的原则。报道的对象都是普通劳动者，他们长期默默无闻地工作在基层和第一线，有的条件和环境还很恶劣。《工人日报》从千千万万的普通人群中发现这些有价值的劳动者，对其进行宣传报道，取得了良好的反响。

3. 工人议题报道

"工人议题"是指以工人及关乎工人的事件或问题为主题的报道。作为一份对工人议题报道最集中的报纸，《工人日报》在为职工服务、报道职工新闻上，做了大量工作。在夏倩芳、景义新的《社会转型与工人群体的媒介表达——〈工人日报〉1979—2008年工人议题报道之分析》[1] 中，将"工人群体"限定为：具有城市户口，以工资为主要生活来源，直接从事工业品生产活动，以国有企业工人为主的体力劳动者群体，基本上可以归于社会十大阶层中的"产业工人"，此外还包括城市失业和半失业人群。

根据该文统计，逢单年抽取《工人日报》1979年至2008年中总共15年中有关工人议题的报道，每年抽取1月、3月、5月、7月、9月、11月共6个月的所有消息和通讯，共得到有关工人群体的报道868篇。其中，报道工人的消息和通讯大致可以分为企业民主、企业改革、工作条件/劳动环境、

---

[1] 夏倩芳，景义新. 社会转型与工人群体的媒介表达：《工人日报》1979—2008年工人议题报道之分析[G] //罗以澄. 新闻与传播评论：2008年卷，武汉：武汉出版社，2008.

下岗再就业/扶贫济困、生活条件/福利待遇、其他主题六大类。其中，报道"下岗再就业/扶贫济困"主题的占26.5%，报道"生活条件/福利待遇"的有26.7%，这两个主题占报道总量的一半以上（53.2%）。报道"工作条件/劳动环境"的比重为17.1%，涉及"企业民主"的报道占15.6%，涉及"企业改革"的为9.1%。这说明，《工人日报》在报道时候更侧重工人基本生活保障和提高现实生活水平等切近利益问题，对"企业民主""企业改革"这些涉及工人群体深层次、长远利益的问题关注偏少。①

从消息来源看，分布呈现不均衡。最多的新闻来源是企事业单位，占33.4%；其次是党政机构，占30.1%；再次是工会组织，占21.8%；媒体、工人消息来源占了很小比例。企事业单位、党政机构和工会组织，占据了消息来源总量的绝大部分（85.3%）。工人群体作为消息来源的报道只有4.1%。②这反映了《工人日报》作为工会机关报的特征，也表明该报在办报的消息来源上比较依靠"三工"中的工会、工厂（企业），但对工人信源重视不足。这一方面是由于作为一份机关权威性较强的报纸，为确保新闻可靠性，在办报上，对个人信源不够信任；另一方面也反映该报在依靠工人办报方面做得不够，工人在利用该报反映情况、传达声音上受到一定限制。

在报道中，《工人日报》对社会问题的呈现方式，大致可以分为问题已解决、问题解决中、问题未解决、无问题呈现几种方式。纵观之，报道中呈现"问题已解决"一项特别突出，占了所有报道的大部分（76.7%）。③

这表明，《工人日报》较好地执行了正面宣传的功能，在舆论监督中，着力宣传"问题已解决"，以表现党政有所作为和社会状况良好。对于"问题未解决"的报道进行一定排斥，往往要等到问题解决后才会进行报道。这种报道方式，有时候不利于运用媒介监督的力量促进问题的解决。

此外，工人话语引述情况统计显示，绝大部分报道是"无话语引述"，说明工人缺乏近用媒介表达意见的机会。存在话语引述的报道中，"正面/满

---

①②③ 夏倩芳，景义新. 社会转型与工人群体的媒介表达：《工人日报》1979—2008年工人议题报道之分析[G]//罗以澄. 新闻与传播评论：2008年卷，武汉：武汉出版社，2008.

意"话语几乎是"负面/不满"话语的两倍,这使得工人利益表达的程度又打了折扣,因为"负面/不满"的话语才更能引起读者关注,从而实现利益表达的效果。① 这说明《工人日报》在报道时候是正面宣传为主,对于职工意见的表达不足。

  1992 年后,随着国企改革,国企工人的处境逐渐恶化,工人逐步沦为相对利益受损群体,职工大批下岗,工人群体的政治经济地位急剧下降。这对《工人日报》的内容也产生了影响。调查显示,这一时期,《工人日报》"下岗再就业/扶贫济困"主题报道量突增。在新闻来源方面发生了两个显著变化:党政机构和工会信源显著增加,而企事业单位和工人信源显著减少。另外,1992 年前以企事业单位为第一信源转变为 1992 年后以党政机构为第一信源。工人群体始终都是最次要的信源,尤其在 1992 年后其作为信源的机会大幅缩减。在工人话语引述方面,1992 年后"无工人话语引述"的报道显著增加。这一阶段本是各阶层利益冲突较严重的时期,"问题未解决"报道的数量却大大减少了。② 这说明在我国劳动关系变迁下,《工人日报》将维护社会稳定放在第一位,甚至不惜有意识地减少反映社会转型期矛盾的新闻报道。出于同样考虑,在信息来源上,也更重视党政机关的意见,对工人话语引述也大幅减少了。这反映了在经济体制改革深入的情况下,职工政治和社会地位有所削弱。同时,工厂和企业和工会媒介的联系也有所减弱,《工人日报》的机关色彩更强烈。实际上,这个时期,也是工会势力在工厂和企业中遭到排斥的时期。《工人日报》如实地反映了这一变化。《工人日报》也正是在这一时期,发行量大幅萎缩。新兴的都市报等媒体和改革中的党政大报,抢走了《工人日报》的不少订户。这一事实也说明,《工人日报》要走出自己的壮大之路,就必须依靠"三工",也就是工会、工厂企业和工人。工会发展了,《工人日报》就能够发展;工厂和企业的联系紧密了,《工人日报》就会有影响;工人地位高了,能够反映工人的想法,《工人日报》才

---

  ①② 夏倩芳,景义新. 社会转型与工人群体的媒介表达:《工人日报》1979—2008 年工人议题报道之分析[G] //罗以澄. 新闻与传播评论:2008 年卷,武汉:武汉出版社,2008.

会有影响。什么时候把握好这三者,《工人日报》就能够立于不败之地。

4.《工人日报》的农民工报道

据国家统计局公布的数据,2009年,全国农民工总量已经达到2.3亿人,外出务工人数为1.5亿,其中,16—30岁的占61.6%。[①] 农民工已经成为中国产业工人的主体。如何对农民工进行报道,是当下《工人日报》面临的一个重要课题。

所谓农民工是20世纪80年代初期,中国改革开放后兴起的一个群体。1986年,农业一号文件颁布,允许农民进城务工经商,由此开始出现了由西部向东部、农村向城市、内陆不发达向沿海发达地区的民工潮。从现代化的角度,农民工的出现既是城市化过程的一个缩影,其本身也为城市化作出了不小的贡献。他们见证了中国城市化的全过程,为中国的发展付出了汗水。他们的户籍身份是农民,但工作生活都在城市,成为城镇生活中的边缘群体。随着时间流逝,第一代农民工年龄增大,开始逐步返回农村,农民工群体已经发生了很大的变化,新生代农民工陆续进入城市并成为农民工的主体。所谓新生代农民工,专指出生于20世纪80年代以后,年龄在16岁以上,在异地以非农就业为主的农业户籍人口。他们多出生以后就上学,上完学以后就进城打工,对农业、农村、农民等并不熟悉。大部分时间生活在城市中,尽管大部分户籍身份还是农民,但他们和农村的联系已经很松弛,在生活方式和意识上和城市居民没有什么区别。2010年1月31日,国务院发布的2010年中央一号文件《关于加大统筹城乡发展力度 进一步夯实农业农村发展基础的若干意见》中,首次使用了"新生代农民工"的提法专指这一群体,并提出要"着力解决新生代农民工问题"。从目前统计看,新生代农民工占农民工总数60%左右,已经成为农民工群体中的主要力量。

从目前《工人日报》对农民工的报道来看,不尽如人意,具体存在以下几个问题。

---

① 全国总工会新生代农民工问题课题组. 关于新生代农民工问题的研究报告[N]. 工人日报, 2010 – 06 – 21 (1).

第一，对农民工报道还处于缺位状态，导致农民工缺乏相应的媒介资源。按照传播理论，如果媒介花费大量篇幅报道某社会群体，将有效提高该群体在大众心目中的重要性。然而，尽管出于社会稳定的考虑以及报道需要，《工人日报》用一定的版面来反映农民工群体的利益，但相对农民工的人数和比例来说，远远不够。尤其是对新生代农民工，虽然媒介给予了关注，但还是缺乏为他们代言的意识。这样的报道格局实际上加剧了城乡二元社会结构。选取2008年1月到2010年12月期间《工人日报》的头版进行分析，随机选取每月6号为样本，统计发现，其中新闻（含评论和标题新闻）共267条，其中涉及农民工的条数为23条，约为11.61%。对农民工的报道明显呈现增加态势，比例从2008年、2009年、2010年依次为1.17%、6.52%和17.78%。但在这20多条报道中，只有一条是涉及新生代农民工的。这说明，不管是农民工，还是新生代农民工，都远未得到和其社会影响相符的媒介关注，媒介对他们的生活和境况的报道远远不够。

第二，新闻报道没有如实反映农民工的处境。目前《工人日报》对农民工的报道基本沿袭了其他媒介的思路，所报道的农民工形象多半是奋斗成功的农民工形象，对普通的农民工采取无意识的忽略。另外一极则是主要报道农民工身上落后的一面，以及强化农民工作为弱者的形象。在视角上，是居高临下的，在有限的对于农民工的报道中，很少以平等视角报道农民工，让人无法对这个身份有任何向往或者接纳之情。如《工人日报》的头版头条新闻：《昆山故事：在这打工，不会差你钱》（《工人日报》，2010年1月6日），是一则正面报道，但透露出的隐含信息是农民工权益受侵犯的普遍事实，农民工是作为被救助的形象出现的。2010年2月6日的头版中，有4篇涉及农民工，占据头版新闻条数的36.4%，算是比较高比例的报道农民工的头版。然而，其中，《切实解决企业拖欠农民工工资问题》《河南欠薪企业将被"联合制裁"》《湖北工会：5年接送农民工回乡返岗》里面反映的农民工都是作为被扶助的对象出现的，唯一一篇农民工不作为弱者形象出现的是《农民工杨再勇返乡记》，但是主人公还是浙江务工的优秀农民工代表，坐免费包机飞回来的，仍然是被关怀的对象。对于新生代农民工的报道同样如此。例如，《工人日报》从 2008 年到 2010 年 12 月的抽样样本中，头版仅有的一篇涉及新生代农民工的报道《"矿工荒"缘何愈演愈烈？（新生代明天谁挖煤）》（《工人日报》，2010 年 6 月 6 日），主题是说由于矿难频发、福利待遇差以及职业病多，因此现在新生代农民工没有人愿意做矿工。新生代只有在拒绝较差工资待遇时候才会被视为是一个大局问题。整体而言，这样的农民工形象不利于城市居民接纳农民工，并固化了社会阶层鸿沟，更加导致了新生代农民工对自身农民工身份的不认可。如《中国青年报》的报道显示，多数新生代农民工排斥这个身份，并对该身份缺乏认同感。

第三，在促进融入城市方面工作不足。过去，我们将农民工视为一个城市过客，农民工多被视为农民和工人之间的过渡，然而在今天，他们将要完成这个过渡。当前，我们正面临着中国历史上最大规模的一次城市化运动，大量的农民工进城，由农民转为工人，由城市过客转向城市居民。在这个过程中，旧有的农民身份和新生的身份之间，必然会发生冲突，整合过程充满困难和障碍。其中，新生代农民工还面临着一个青春期的社会化问题。这些农民工的身份转变对自身、对社会、对媒体都提出了挑战。他们的崛起，实际上意味着中国产业工人的升级换代，即从传统农民工全面升级为现代工人。然而，目前的《工人日报》并没有明确意识到这个问题，在报道中，更多的还是将其视为城市的过客。

下面试以《工人日报》的《农民工专刊》为例，具体分析说明农民工报道情况。该专刊创办于 2010 年 11 月 16 日，发刊词如下：

  《农民工专刊》的读者定位是 2 亿多农民工，和关注农民工问题的社会各界人士。

  农民工是改革开放进程中成长起来的一支新型劳动大军，已经成为现代产业工人的主体，是中国现代化建设的重要力量。农民工队伍的产生和不断壮大，对改变农村面貌作出了特殊的重要贡献，广大农民工已经成为推动中国经济社会发展的巨大力量。

这样的一个群体，需要一个具有使命感的媒体与他们并行。真正成为农民工的好朋友，真诚关心农民工的现实命运，真实为农民工提供好服务——这是《工人日报》的《农民工专刊》诞生的原因。

我们希望通过努力，能让农民工爱看、想看、最后离不开这份专刊。①

《农民工专刊》原定周二出版，但其实自第二期，亦即当年的11月22日起，基本稳定在每周一第四版出版，逢有"两会"、建党周年纪念这样的大事件，则有所调整，延迟出版或者取消出版，但基本保证每月3版。最不稳定的是2011年2月，集中出现在一周中的周一至周三，从概率上维持住了每月3版的版式。该刊的创办，说明农民工群体已经引起主流媒体的重视，日益成为重要的新闻源和报道对象。

该专刊设有固定栏目《给您提个醒儿》，共出了11期。其他栏目多为临时性的，如栏目《农民工心声》只出现1期，《专家说了》《那件事儿怎么办》均只出版2期。人物通讯如发刊词所说一般为"农民工群体中涌现出的优秀代表和他们的成功实践"。其他内容相对固定的也有"各地、各界关心、关怀农民工的"的寄语，以及"好做法和好经验"。

从目前的内容来看，《农民工专刊》基本处于初级阶段，更多的内容和比例在于各级领导组织先进人物寄语农民工，鼓励农民工，然后就是各个已经发家致富的农民工典型——不单单是劳模，主要树立的典型都是物质经济条件得到较大改善的农民工。树立的这些典型，前提是一定要牢牢发掘这些人是否是农民出身，然后目前的工作条件必然在产业工厂，生活条件大大改善，不仅在农民工中，跟其他人群相比生存条件也相对中上。

其中，婚恋主题的报道有4条，分别是《"婚"：失地主因》《避免陷入两种"因婚失地"困境》《一个农民工的城市恋爱史》《工地上演"最给力"集体婚礼》，占全部报道的3.2%。

该专刊对于农民工子弟也给予相当关注，数量远超对于新生代农民工的

---

① 发刊词[N]. 工人日报，2010-11-16（1）.

报道，有13条，占全部报道的10.4%。报道不仅关注农民工子弟的受教育的总体状况、政策普及，还报道农民工子弟在学校的读书状态。例如《在农民工子弟学校支教的日子》，撰稿人为首师大的支教学生，以"小老师"的视角看待天真无邪的打工子弟，更加亲近、亲切；《清明前夕农民工子弟祭英烈》《农民工子弟学校千人诵读〈弟子规〉》，视角不再把打工子弟当作格外特殊独立的一个"另类群体"，而具有了表达同龄少年儿童的新思维。在这样的角度下，进一步探讨农民工子弟与打工父母的关系，比如《农民工子弟祝远方爸妈新年好》《为娃抢"学位"，农民工家长也疯狂》《矿工爸爸，父亲节快乐！》等，视角丰富，有孩子的角度，也有父母的角度。在问题的报道上，既有农民工这个群体的视角，也有普通父母子女的视角，报道层面从而更加丰富立体。以上三点体现出《工人日报》的《农民工专刊》在报道农民工问题上，更加注重从"人"的角度，人性化地采访报道农民工问题。不仅关注农民工的就业问题，也关系他们的生活、婚恋、子女。而这些也使得《工人日报》作为一份机关报，既有普及政策法规的职能，也表现出在报道角度的选择上，"俯下身来"走进农民工，关爱农民工的人性化趋势。

维权主题报道11条，占全部报道的8.8%。虽然在条目上少于农民工子弟报道，但是在篇幅以及覆盖率上是整个《农民工专刊》之首，曾经出现过专刊专期，体现了新型劳动关系下，机关报的重要职能的转变（即维权）。

就业报道8条，占全部报道的6.4%。但是在篇幅上曾经有一个月，三期的全部版面专刊专期介绍农民工的就业问题。体现出新型劳动关系下农民工报道的大头之一就是就业。当然，我们在这里的统计，关于就业的仅仅去从题目上显而易见的。其实关于农民工就业的报道渗透在整个专刊的方方面面，《优秀人物通讯》《给您提个醒儿》都跟就业有关。

《农民工专刊》对于农民工城市化问题也比较关注，如固定专栏《给您提个醒儿》从2011年4月19日起连续6期介绍《农民工如何尽快适应城市生活》。

"读图时代"的到来给所有报纸的排版带来了新要求和新思维，而对于

《农民工专刊》而言,受教育水平普遍不高的现实更加要求编辑在排版上注重图片的使用。该专刊在图片运用上也颇有特色,不仅从量上保证图片被更多使用,也从质上提高使用图片的艺术性。可以说,从创刊以来,照片的使用就有一个原则,但凡出现了具体的突出的农民工报道对象,就会配以他/她的照片。比如《[农民工心声]解决这些问题对我们太重要了》,每一位发声的农民工都配有照片;《劳模寄语农民工专刊》中每位寄语的劳模也配发图片。这些图片活跃了版面,增加了人物报道的亲切感。同时,该专刊非常注重图片的艺术效果,比如《农民工子弟祝远方爸妈新年好》《矿工爸爸,父亲节快乐!》等,就极具艺术感染力。

在这些报道中,尽管新生代农民工根据统计占农民工总数60%,但在报道上,却显示出明显的不平衡,有关新生代农民工的新闻一共只有5条,占报道总量4%,其中3条主要报道内容为新生代婚恋,剩下2条为人物素描,介绍新生代农民工的生存生活状态,当然在介绍中也着重突出年轻一代农民打工者与以往农民工的不同,比如休闲娱乐方式、更广泛地使用笔记本电脑、求职更依赖知识技能。

5. 新型劳动关系下的维权报道

作为全总的机关报和工会新闻宣传主渠道,工会新闻报道是《工人日报》的重要内容,立足"三工"(即工厂、工人、工会)是《工人日报》的办报宗旨。2001年,经全国人大常委会修改后的《工会法》明确规定,"维护职工合法权益是工会的基本职责"。2006年12月,时任中共中央政治局委员、全总工会主席王兆国提出"中国特色社会主义维权观",核心的内容是"以职工为本,主动维权、依法维权、科学维权"①,维护职工的合法权益,是各级工会的基本职责,是广大工会干部的神圣使命。维权自然也是《工人日报》的一项重点工作,是《工人日报》的一大特色。

---

① 王兆国. 坚持中国特色社会主义工会维权观,加强协调劳动关系,推动构建和谐社会:在全总十四届十一次主席团(扩大)会议上的讲话[M]//中华全国总工会. 中国工会年鉴(2007年). 北京:中国工会年鉴编辑部,2007:13-17.

作为工会机关报，《工人日报》围绕工会工作在新时期的特点，把报道的重心放到维护职工合法权益、构建和谐劳动关系的宣传中来，《工人日报》的两个任务——"及时传递工会工作最新的动态信息"和"为维护职工合法权益提供舆论引导和支持"都可以用维权报道统一起来。可以说，维权是工会报道之魂。《工人日报》一直以来都奉行一种大维权的观念，这种维权观不只限于有关权益案例或事件的报道，更是一种以履行工会维护职责、维护职工合法权益的宏观维护、大局维护、源头维护的视角取舍。以是观之，不仅具体的维权案例中，我们可以将其视为维权报道，诸如普法宣传、三方协商报道、就业报道等，如果以维权视角进行报道，均可以视为维权新闻。

由是观之，《工人日报》维权报道大约占据了报纸版面的1/3。以2006年《工人日报》为例，全年总共刊登各类体裁的维权报道3500篇以上，平均每个月300篇左右；头版头条刊登的维权新闻达120多篇，相当于全部头条的1/3；开辟的以维权为主题的专栏20多个。《工人日报》发表维权内容的评论（包括社评、本报评论员文章以及其他栏目的短评）110篇（如《工会要成为农民工的维权代表》），维权主题的文章228篇，维权人物典型报道90篇（如《刘万安：外来工的"当家人"》《王金满：协调能力是"敲门砖"》《邱华光：拖着伤腿维权》《"维权主席"陈有德》），维权主题的系列报道43组，还有典型侵权案例报道和剖析21篇（如《赤峰矽肺病农民工获赔始末》），与维权有关的法律法规解释性文章（包括专访、律师答疑等）145篇（如《农民工维权问答》《春节加班工资该怎么算怎么讨》）等。①

以大维权观来考察，《工人日报》的维权报道主要集中在对劳动者权益的维护，其中又大致可以分为以下几方面。

（1）对相关法律和法规的解读。如：2003年5月，配合《工伤保险条例》颁布，推出《闪亮登场，顺时应势之作》《亮点纷呈，提升法律效力》《以人为本，张扬人文关怀》《消弭区别，彰显社会公平》的"解读《工伤保险条例》"系列报道。2004年9月29日，结合最高人民法院颁布《关于

---

① 范瑞先.《工人日报》维权报道的特色[J]. 新闻三昧，2007（1）：8.

审理劳动争议案件适用法律若干问题的解释（续一）征求意见稿》后，推出《法理清晰，增强可操作性》《紧扣热点，减免"诉累"之苦》《以人为本，凸显公平与文明》《渐进完善，维护审判的严肃性》的"解读高法关于劳动争议案件司法解释征求意见稿"系列报道。此外，配合《劳动法》《劳动合同法》《公司法》《工会法》等法律的颁布，《工人日报》也都作了相关解读。平时也聘请法律专家就具体职工提问释疑解惑。

（2）对法律法规在制定之前的讨论。维权不仅是事后维权，还要实现事先维权。《工人日报》有相当一部分新闻报道专门在法律法规制定之前，引导职工展开讨论，积极参与国家和企业事务的管理，参与有关政策方针的制定，从源头进行维权。

（3）树维权典型。维权典型包括不好的典型，也包括好的典型；包括个体也包括组织。2006年，部分在华外资企业拒绝建立工会，《工人日报》率先对以沃尔玛为首的外资企业拒建工会进行了报道，引起社会关注和有关管理部门过问。在舆论和法律的压力下，这家在全球拒绝建工会的零售巨头终于同意建立工会。《工人日报》还花力气对那些坚决维护职工合法权益的企业进行报道，树立为典型来宣传。

（4）宣传维权典型案例。《工人日报》大量的维权报道是结合具体的维权案例进行报道的。在中国劳动关系变迁的背景下，劳动争议案件显著增加。数据显示，自1995年1月1日《劳动法》实施以来，10年间共立案受理劳动争议案件132万件，涉及劳动者443万人。2005年劳动争议案件立案受理量达30多万件，比上年的24万件增加了6万多件，受理案件量是2000年的2.3倍，是1995年《劳动法》实施之年的9.5倍。结合具体案例进行宣传报道，既方便读者理解和运用，也有故事性、可读性。

（5）从维权报道的内容来看，主要包括企业民主、企业改革、工作条件/劳动环境、就业/扶贫济困、生活条件/福利待遇等，包括职工政治权益、经济权益、文化权益等方面。从维权的主体看，不仅有职工个人，也包括工厂企业，甚至工会。工会被企业侵犯合法权益，工会就可以实行维权。

在维权的报道中，尤其重视以下六方面的内容：一是关注特困职工，把维权的重点扩展到困难职工群体上来，特别要关注下岗、失业职工的基本生活问题，关注促进下岗、失业职工再就业等问题。二是关注安全生产问题，也就是职工的生产安全权益。三是关注改制企业职工权益和集体所有制企业职代会权益问题。四是关注农民工的欠薪问题。五是关注工会自身权益。六是基层建立维权机制问题如平等协商、集体合同制度和职工代表大会制度、三方机制及其监督保证机制等。①

以上是共时性的考察。肖雨璇、谢玉华对《工人日报》进行考察，发现《工人日报》的话语变迁，和劳动关系的变迁有着密切的关系。② 受其启发，并借鉴吸收其研究成果，本研究对《工人日报》1995年以来的维权报道作了一个历时15年的考察，发现其维权报道内容大致可以分为以下几个阶段：1995—2000年、2001—2005年、2006—2010年。

第一阶段：以1995年《劳动法》的颁布实施为起点，《工人日报》一方面结合《劳动法》大量宣传和解读，推出《劳动法制建设的里程碑——论劳动法的贯彻实施》(《工人日报》，1995年1月4日头版)、《签订集体合同产生积极效果》(《工人日报》，1995年6月5日头版)等解读文章；另一方面，报纸开始结合具体案例对维护职工的权益进行宣传。这一时期，劳动关系转型还刚刚开始，社会矛盾、劳资矛盾还不是十分尖锐，《工人日报》开始正视企业的劳资双方合作与冲突，但态度相对平和中立。例如，《工人日报》报道开始用《买断工龄不合理不合法不合情》《请不要往下岗职工伤口上撒盐》《企业改制必须尊重职工民主权利》《克扣矿工工资，国法不容》等一类有指向性的新闻标题来唤醒社会的关注。同时，报纸对工会制度建设和民主建设非常关注，对工会的报道持续而细致。③

---

① 杨祝夫. 当前工会报道存在的主要问题和我们的对策[J]. 工人报刊研究，2006 (3): 15.
② 肖雨璇，谢玉华. 媒介报道对劳动关系观察重点的演变：以《工人日报》为例[J]. 社会科学家，2010 (4): 150-152.
③ 参见肖雨璇，谢玉华. 媒介报道对劳动关系观察重点的演变：以《工人日报》为例[J]. 社会科学家，2010 (4): 150-152.

第二阶段：2001年，《工会法》颁布，明确规定"维护职工合法权益是工会的基本职责"。《工人日报》对于维权报道更为积极，维权报道数量急剧增加，报纸坚持为弱势群体说话，维权报道内容涵盖农民工权益、下岗职工再就业、劳动安全、企业改制中的职工权益维护等，并就工资指导、就业性别歧视、职业安全与生产安全等明确表达利益诉求。2004年年底，《工人日报》在正常版面维权之外，又创办了《维权周刊》，突出劳动关系方面的维权，同时关注社会上与职工权益相关的热点、焦点问题。这反映出《工人日报》对维权报道日益重视。

第三阶段：2006年，《工人日报》再次改版，加强了对工会工作的报道。设立《工会新闻》版，同时在头版加强对工会的报道。工会新闻数量达到一半，其中维权报道作为工会新闻的主要内容，地位更为突出。《工人日报》编辑部形成了联络站、要闻部、工会新闻部、工会周刊、维权周刊组成的工会报道新体制，维权报道的可看性、影响力都有所提高。维权报道是工会报刊吸引职工的特色和优势，已经成为这一时期的工会报刊的共识。此后，《工人日报》围绕《劳动合同法》贯彻实施、和谐劳动关系建设、"工人先锋号"创建活动、送温暖活动、困难职工帮扶工作、大学生就业难、农民工维权、新生代农民工城市化等推出了一批有分量的维权报道。维权主体更为丰富，维权内容更为广泛，体现劳动关系改革的进一步深化。这一时期，消费维权也得到了一定关注，三鹿奶粉、食品安全等问题在报纸上都有所反映。

从维权报道的变化可以看出，维权报道忠实地反映了中国劳动关系的变迁，并为这种变迁中合法权益受到侵犯的主体（主要是职工群众）提供了舆论监督和维权途径。

（三）塑造《工人日报》品牌

《工人日报》作为全总的机关报，在工会新闻宣传系统中无疑起着龙头的作用。它的一举一动对于其他工会报刊都具有示范意义。塑造《工人日报》品牌，对于加强工会工会新闻宣传工作，巩固党的阶级基础和执政地位具有重要意义，对于其他工会报刊也有示范作用。这不仅是工会的利益之所在，也是我国2亿多职工群众的需要。

1. 新时期《工人日报》所处的媒介环境

《工人日报》近年来的萎缩原因很多，首先是媒介生存环境的变化，具体体现在以下几方面。

一是近几年报纸种类增加。都市报的兴起对《工人日报》有一定冲击；党政类报刊积极进行改版改组，作为党政机关报，影响力、权威性都超过《工人日报》。《工人日报》在办报刊的方针调整、内容与形式的相应变化、管理机制改进、人才使用、资本运营等方面，远落后于都市报、党报（刊）等，面临生存危机。尤其在内容创新、人事、分配、财务等制度方面滞后明显，报刊运营情况不佳。

二是劳动关系变迁。计划经济时代，《工人日报》发行主要靠工会摊派，由企业出钱订阅。转折点大致始于1997年。随着我国改革开放和经济体制改革的不断深化，企业改组、改制全面进行，新的民营企业和外资企业不断涌现。国企改制，直接改变了劳动关系，也直接从形式上冲击了工人阶级主人翁观念。企业工会组织大面积萎缩，《工人日报》依附在工会工作的链条中，依靠上级工会的红头文件要求订阅的心态比较重，广告额低，绝大部分靠发行收入维持。办报者在征订发行过程中主动性不够，再加上其他行业报刊的无序竞争及乱摊派、强行征订，使工会报刊的发行量和影响力遭遇到了前所未有的严峻挑战。

三是国家对于新闻事业的改革。2004年3月起，新闻出版总署要求实行管办分离，对以发行收入为主的工会报刊造成强烈冲击。

同时，1978年开始的改革历程历经30余年，中国的政治、社会和经济环境发生了巨大的变化。《工人日报》面对的工作环境和工作对象也发生了巨大的变化，《工人日报》服务和依托的"三工"，也就是工会、工厂（企业）、职工发生了巨大的变化。

首先是职工的变化。1949年至改革开放前，工人阶级是国家的统治基础和领导阶级，处于政治上的强势地位。改革开放后，整个社会发生了结构性变革，工人群体的社会地位也发生了显著变化。前期，工人地位并未受到影响，但到20世纪90年代中期后，经济体制改革已经使国家垄断的经济基础发生了重大变化。职工的劳动关系也发生了深刻变化，由以前单纯的国家－工人二元体制，变为现在更多是工人－企业主二元体制；特别是民营企业和外资企业的出现，改变了工人在企业中的地位，工人成为民营企业家和外国资本家的雇佣劳动者。在国有企业，随着企业改制，工人与企业管理者的关系也变得日趋复杂，出现大批下岗职工。工人群体的政治经济地位急剧下降，工人逐步沦为相对利益受损群体。就职工总量说，新中国成立初期只有800多万人，而2006年已拥有2.7亿多人。改革开放带来了经济结构的调整、经济成分的多元化、分配关系的多样化、劳动关系的契约化、劳动就业的市场化、价值取向的多样化、社会生活的法制化，随之而来的是职工受众群体在内部结构、劳动方式、分配方式、思想观念上前所未有的深刻变化。

其次是工厂（企业）的变化。企业改组、改制全面进行，一批经营不善的企业倒闭，民营企业和外资企业不断涌现，企业自负盈亏，部分企业为了眼前利益，排斥工会，企业工会组织大面积萎缩，《工人日报》原来的发行渠道受到很大阻碍。

最后，劳动关系的变化和工会服务的对象——企业和职工的变化，促使工会功能也随之产生巨大变化。计划经济时期，企业基本上是国有企业，国有企业与工人的关系不再是对立关系，因此，工会更多地担当了丰富职工工余生活、为他们解决生活困难的任务。在这样一种机制之下，工会成为政府联系工人群众的重要纽带。改革开放以后，随着多种经济成分的出现，企业已经不再是清一色的国企，工人作为雇佣劳动者与资方及管理者的矛盾逐渐显现，这就需要工会重新思考如何代表工人的问题，转变职能，更好地为工人服务。同时，工会面对新形势，提出了创建学习型工会组织的要求。

上述三个方面发生了深刻的变化，然而，《工人日报》一时之间并没有敏锐感受到这种变化,依旧延续原有的办报思路,在办报刊的方针调整、内容与形式的相应变化、管理机制改进、人才使用、资本运营等上,没有相应调整,报纸内容上注重工作指导性和宣传性,忽略了新闻性、可读性、亲近感。如何在新型劳动关系形势下生存和发展,如何坚守并搞活工会组织的宣传舆论阵地,如何真正成为职工受众群体的代言人,这些都对《工人日报》提出了严峻的挑战。

2. 定位工会权威品牌

作为一份工会机关报,《工人日报》同时扮演四种不同的社会角色:第一,肩负着宣传主流意识形态的职责,扮演着宣传者的角色;第二,作为一个具有独立法人资格的经济实体,参与传媒业的市场竞争,扮演着一个市场经营者的角色;第三,采编和传播新闻的过程遵循新闻出版传播的客观规律,是地地道道的新闻出版机构;第四,它天生是工会组织的话语平台。作为宣传者,它在宣传主流意识形态的时候,声音常被强势的党报党刊所淹没;作为市场经营者,它在营销发行上常常依赖工会系统庞大的组织网络和丰沛的工会经费,成为一个发育不全的市场经济实体。作为新闻出版机构,又受制于工会的利益牵制,导致新闻价值得不到体现。故此,要重塑《工人日报》,对《工人日报》重新定位,明确《工人日报》在现今的形势下如何打造自己的品牌特色优势。

首先,《工人日报》是全总机关报,这个地位,决定了它在全国新闻事业中的独特地位,决定了它在工会报刊中的独特地位。它代表工会发言,是全国工人的精神园地,这在任何时候都不能够动摇。这也是它的特色之所在。办报之初的《工人日报》,就已经确定了自己的办报思路和编辑方针,确定要为工人服务,服从服务于中国工人阶级的每一阶段的任务。

其次,《工人日报》是和党政机关报一样的权威性大报。《工人日报》的权威性,是它的核心价值所在。《工人日报》要发挥作用,只有坚持党的领导,坚持正确的舆论导向,方能拥有广泛社会影响和公信度。我国是工人阶级领导的国家,《工人日报》在宣传党的路线、方针、政策,宣传工会工作和反映职工呼声意愿方面作用重大，不可替代。同时《工人日报》有自己的特点，不同于党报那样严肃，也不同于专业报、行业报的专业，也不同于都市类报纸追求轻松消遣。《工人日报》应该是一份在文字上通俗化、为职工服务的大报。

最后，工人报是一份综合性大报，《工人日报》的服务对象决定了《工人日报》在内容和形式上都要为工人服务，要讲求通俗化和群众性。不仅要做好新闻报道，还要传播文化和思想，满足工人群体在思想上、政治上、工作上、生活上、学习上乃至于文化娱乐上的要求，因此，《工人日报》要做到内容丰富，可读性强，以通俗的语言诠释道理给工人群众听，报道工人群体生活、工作的实际，并对职工进行文化、政治教育和职业教育。

3. 打造特色内容

《工人日报》作为工会报刊中的龙头，它的优势在于工会、在于企业、在于职工。历史的经验证明，什么时候工会报纸和职工、企业、工会贴得近，什么时候报纸的政治影响力就大，发行量就大；什么时候报纸游离了企业、工会和职工，什么时候报纸的影响力和覆盖面就下降。《工人日报》要发展，就要抓住这个优势，打造核心内容。

媒体作为内容产业，最后决定它的竞争力的是它的内容。运营、发行都是建立在内容做好了的基础上。当下，新闻同质化愈演愈烈，如何做出自己的特色，是摆在每家媒体面前的问题。《工人日报》要做出自己的特色，要走出一条既不同于党报、又不同于市场报的道路，就要有自己的特色。

一份报纸，它的内容特色实质由两部分组成：一是与其他报纸不同的内容，或者说是独家新闻；二是报纸秉持的思想立场和评价事物的内在价值观念。正是这二者决定了报纸的风格和受众的向心力和认同感。作为全总的机关报，《工人日报》在内容上要为"三工"服务，在思想立场上，同样要为"三工"服务，这是工会媒介传播的核心价值观和媒介责任，是《工人日报》的传统，也是其核心价值观。无论《工人日报》进行何种形式的结构调整、体制改革、机制创新，这些都是形式上的变化，其核心价值观是不会改变的。《工人日报》的目标就是传播社会核心价值，为工人、企业、工会服务，是工会的宣传教育舆论阵地。这个核心价值观可以因时代的发展注入新的内容，与时俱进，但本质不会改变。在这样的核心价值下，打造自己的核心内容，是《工人日报》在新闻同质化时代的特色之路。

首先，要尽量开发出自己独有的信息资源，包括建设好通讯员队伍，采写独家新闻。坚守"三工"阵地，用足用好"三工"资源，找准"三工"和市场的最佳结合点，做深、做大、做强"三工"新闻，使"三工"新闻成为社会关注的新闻。作为全总机关报，《工人日报》在围绕党和国家的宣传大局的时候，要注意内容有工会特色，这样才能够和党政机关报形成互相补充的作用，也才能充分发挥《工人日报》的功能。

其次，对重大新闻进行精心策划，在报道角度、报道形式上，注意"三贴近"原则，要做到职工爱看。重大典型、重大新闻主题报道对于扩大媒体品牌的知名度和影响力有着巨大的作用，要重视在这些方面下足功夫。

再次，在平时的新闻报道中，有意识地做到"三贴近"原则，多报、报好职工、工会、企业的新闻。在报道角度、立场等上有《工人日报》的特点，反映工人、工会和企业的声音，关注他们关注的热点。

最后，《工人日报》不仅承担传播信息的任务，还承担向工人释疑解惑的任务。要有独家新闻，还要有独家的见解。故此，《工人日报》加强了评论工作，近年每天都保证有一篇新闻评论，这样和《工人日报》大报的地位相适应，加强了指导性和权威性，也加强了舆论的导向性。

4. 争取受众，实现可持续性发展

报纸的受众实际上分为四个层级：固定受众（即订阅该报的读者）、不稳定受众（指偶尔阅读或购买某家报纸者）、潜在受众（指具备对报纸的某种程度的消费能力和一定的潜在需求，但由于其消费投向或报纸自身内容服务或营销方面的不足而未能转化成报纸现实消费者的那部分目标人群）、边

缘受众（基本没有读报习惯和对报纸的消费需求与能力的受众）。①

当前，我国报业竞争已渐趋白热化，《工人日报》要在激烈的报业竞争格局中，扩大发行量，需要抓住自己的固定受众，同时稳定住不稳定的受众，并将潜在的受众转化为实在的市场。《工人日报》的性质决定了《工人日报》不可能像都市类等走纯市场的报纸，它必须针对具体人群，也就是工会干部、企业工作者和广大职工。从目前《工人日报》的受众情况来看，订阅《工人日报》的主要是基层工会组织和大中型企业，职工群体个人自费订阅的较少。《工人日报》要获得可持续性发展，就必须稳定固定受众，争取潜在受众也就是广大的职工群众，在这个过程中，吸引不稳定受众和边缘受众。

要让潜在受众成为固定受众，首先需要进入潜在受众的视野，包括心理视野。这就需要通过各种形式激发潜在受众对报纸的兴趣，如做广告、捕捉重大独家新闻、开展社会公益活动、就社会公共事务发起大型讨论等。对于《工人日报》来说，它的权威性和它在工会媒介系统举足轻重的地位，决定了它对于职工群众来说，多半都有所了解，关键是能否让目标受众产生心理认同。长期以来，《工人日报》的形象偏于高高在上，要让受众接受，就必须通过长期的宣传和报道工作，改变他们的观念。

其次，要让潜在受众成为现实的受众，就需要报纸满足消费者的信息需求。对于工会干部和企业中高层管理者来说，订阅《工人日报》，主要是由于该报的权威性和指导性，可以让他们了解工会动向，利于他们开展工作。对于企业管理人员，三方协商制度的实行，使得他们展开工作绕不开工会。然而强调权威性和指导性有时候也阻碍了职工对该报的接受，导致职工不愿看、不爱看这份报纸。要抓住原有的固定受众，就需要坚持《工人日报》为工会服务，坚持它的权威性和指导性。同时，要发展潜在受众，就需要创造性地工作，为职工群众提供他们需要的信息和服务，打造精品内容。

根据2004年国家统计局在全国31个省（区、市）对6.8万农户和7100

---

① 参见：王中云．江西省会报纸受众市场培育问题与对策［J］．江西财经大学学报，2004（3）．

个行政村的调查，2004年全国农民工总数大约为2亿人，他们平均年龄28岁左右，绝大多数为初中教育水平，主要从事制造业、建筑业和服务业工作。①据国家统计局公布的数据，2009年，全国农民工总量已经达到2.3亿人，外出务工人数为1.5亿，其中，16—30岁的占61.6%。②农民工已经成为中国产业工人的主体，也是《工人日报》的未来受众。《工人日报》如何对农民工进行报道，争取农民工受众，是《工人日报》面临的一个重要课题。

此外，在目前网络媒体影响日益增大，报纸由单一纸媒体向多种媒体介质并存转变的形势下，《工人日报》要充分认识到新媒体对于报业发展的重要性，在报网联动、报网融合上要有所突破，主动去占领市场。早在2001年3月1日，《工人日报》就在国际互联网上创建媒体平台，开通《工人日报》天讯在线，开设了特稿、财经、工会、观点、体育、国际、娱乐等新闻频道，重点推出《〈工人日报〉社评》《钟鼓管》《权益》《维权在线》等较有社会影响的品牌栏目，邀请一批资深编辑主持漫画、文学、法治、足球等特设频道。同时与国内知名企业网站、各级工会和工人报刊建立友情链接，进一步扩大《工人日报》的社会影响。网站和报纸媒体互相补充、扩大覆盖、相得益彰，为中国工会提供一个更加便捷、覆盖更广的网络通道。此后，网站几次改版，建立中工网，在编采内部整合资源，通过策划活动，实现报网互动。目前，中工网在业内和读者中影响力和知名度稳步提高，对报纸的发展起到了很好的推动作用。《工人日报》已经实现全部版面上网，网站的信息也更为丰富。将来，《工人日报》还可以探讨更多的媒介融合的形式，如微博、视频等形式，为报社的可持续发展服务。

---

① 国务院研究室课题组．中国农民工调研报告[M]．北京：中国言实出版社，2006.
② 全国总工会新生代农民工问题课题组．关于新生代农民工问题的研究报告[N]．工人日报，2010－06－21（1）．

七、《四川工人日报》个案研究

在进入21世纪以前,在包含西藏、云南、贵州、四川、重庆三省一区一市在内的中国西南行政区域内,作为省区市总工会属"机关报"的工会报刊的存在不像中、东部省份一样普遍,即并非每一个省份都曾经创办过为总工会所制辖的工会报刊,已有的工会报刊大多创刊于20世纪50年代,而进入21世纪以来或逐步衰落,或发展更新。比如,创刊于1950年的《重庆工人报》,在1984年更名为《现代工人报》,又在2004年停刊,被华商报业集团接手且改名重新面世;《贵州工人报》报刊名称最早出现在新中国成立前,1985年复刊,成为贵州省总工会属机关报,但是,2004年该报停刊,2005年在其基础之上创刊了面向更广大职工面的《劳动时报》。如此,《四川工人日报》就成为目前西南地区硕果仅存的近30年来未改刊改名的工会报刊。无论是历史与现实地位、发行面与发行量等,《四川工人日报》都在目前全国同类省办工会报刊或是省办机关报刊中显得较为典型,也是相对成功的案例。

落脚在经济改革与开放步伐稍显迟缓的西南地区,《四川工人日报》的发展似乎也显得较为平稳,其在报业史上较大的变动主要出现在20世纪90年代以后。虽然它作为省总工会机关报的身份未变,也依然固守着为全省工会工作做宣传,为广大的工人群体服务、满足工人群体文化精神的需要等工会报刊的历史使命,但是在全国工会报刊面向报业市场竞争、面向产业结构调整的大环境下谋求生存之地时,它也在机遇与危机并存的时代悄悄地发生了一系列的变革。

（一）历史沿革及在危机中求取生存之地

《四川工人日报》是四川省总工会所属的机关报，创刊于1950年2月7日，最早是全总西南办事处在重庆创办的，报名为《工人报》，1951年更名为《西南工人日报》，是面向整个西南地区的工人阶级服务的工会报刊。1954年10月1日，该报改为四川省总工会机关报，同时更名为《四川工人日报》。1959年12月31日，《四川工人日报》停刊，并入《四川日报》。1978年，党的十一届三中全会以后，四川省总工会根据形势发展和职工群众的需要，经中共四川省委宣传部批准，以《四川工人报》为报名于1982年7月1日正式复刊。1985年8月，中共四川省委宣传部同意《四川工人报》从1986年1月起改为《四川工人日报》，并由四开周四刊改为四开周六刊。截至1997年，复刊15年后，报纸由复刊初期的四开四版周三增刊增扩为对开四版周六刊，最高发行量一度达到25万份；职工人数从复刊时的30多名发展为2011年的243名；同时，办报及办公的硬性条件相对于过去大大提高，还拥有了自己的办公大楼、职工宿舍楼等。

作为体制内机关报，《四川工人日报》受到了体制内各方的关怀，1986年胡耀邦同志为报纸题写了报名，报社也受到来自全总以及中共四川省委和四川省政府的关怀，数届四川省委省政府的领导、全总的领导都曾亲临报社视察、指导。2011年6月，《四川工人日报》庆祝创刊60周年，新闻出版总署、全总、四川省总工会等单位的相关负责人出席庆祝大会，此时的《四川工人日报》已经成为四川省内重要的平面媒体和全国各省区市工会报刊中的佼佼者。

事实上，进入20世纪90年代以后，由于国内大媒体环境的多元化、现代化以及市场化的影响，尤其是新兴的各类都市报更具有可读性、娱乐性，更能招徕读者的冲击，全国上下的机关报都出现了市场急剧萎缩的现象。作为四川省总工会机关报的《四川工人日报》也同样面临着发行量萎缩的困境，这表现发行份数的降低上。该报自复刊后，发行量稳步上升，后盛极而衰，不过，一直到1991年，发行量尚有150000份，但稍后发行量急跌，具体为：1995年93867份，1996年83500份，1997年72500份，1998年66278份，1999年61287份，2000年64247份，2001年65903份，2002年66198份，2003年66928份，2004年63852份，2005年64403份。① 从以上数字我们可以看到《四川工人日报》的订阅份数自20世纪90年代初以来迅速下滑，又从1999年起逐步回升，并趋于稳定。尽管《四川工人报》在1995年至2005年间发行量大大降低了，但是，这个发行量在西南地区的工人报中乃是首屈一指的，多年来该报发行量的稳定性及其增长情况在四川全省的报刊中也是数一数二的。以往该省同一发行位置的其他报纸到2005年前后大多只能维持2万份左右的发行量，而且《四川工人日报》发行数量上的相对优势是在2003年四川省总工会宣教部不再为报纸发行发文件、以行政命令干预报纸发行的情况下产生的。② 截至2011年，该报的发行量维持在7万多份，发行主要面向全省，及省外上海、深圳、重庆等地区，成为四川省境内在城镇工矿企事业单位中发行量最大、影响力较广泛的一份综合性报纸。在一个传媒市场越来越丰富和立体化的时代里，当电视、网络等现代媒体占据了人们的主要生活空间的时候，作为平面媒体的报纸的发行锐减是不可避免的。相比较一些晚报、商报、都市报动辄几十万、上百万的发行量，《四川工人日报》的发行量并不很高，但是，相比较西南地区同类报纸停刊、改刊的命运，相比较整个四川省内早前与《四川工人日报》发行量相当的诸多机关报的命运，相比较近20年来一些步履艰难的省办工会报刊，《四川工人日报》的办报是颇具成绩的。那么，它的发展之路也就值得探讨了。

---

① 1982年，《四川工人报》复刊后第1期的邮发总数为63421份，加上赠送、交换、内部用报，总印数为70000份。1982年间该报发行数字一直徘徊在60000—70000份，1983年一度上升到15万多份。

② 1982年4月下旬，四川省经济委员会、省基本建设委员会、省国防工办、省政府财贸办公室、省政府文教办公室、省邮电管理局、省总工会等7个单位联合发出关于在全省发行《四川工人报》的通知，即川工发（82）第72号文。《通知》要求各基层单位和工会小组至少订阅一份《四川工人报》，订报费可在工会经费中开支，并要求经常组织职工读报，邮局要做好发行，千方百计方便读者。2003年以后，四川省总工会宣教部不再为报纸的发行发通知。

（二）随历史语境的转换，办报思路与管理体制渐渐变动

1. 办报思路的新意

1980年10月四川省总工会川工发（80）210号文向四川省委宣传部提出了恢复《四川工人日报》的请示，指出其办报宗旨是："为宣传动员我省广大职工同心同德，为实现社会主义建设而努力奋斗；引导职工学政治、学经济、学管理、学文化、学科学、学技术，成为教育工人、训练工人干部的学校；维护职工民主权利和物质利益，成为职工群众喉舌以及宣传工会工作方针、任务和经验，推动工会工作的开展。"《四川工人日报》于1982年7月1日复刊后，要求报纸遵循新闻工作的党性原则，提出要以"弘扬工人阶级，报道时代信息，表达职工心声，服务社会读者"为办报宗旨。1983年4月四川省委办公会议上省委主要领导提出："工会在向工人进行政治教育中，要充分发挥《四川工人报》的作用。"在20世纪80年代，报社延续的是新中国成立以后我国新闻工作共同遵循的"宣传教育"策略，视媒体为舆论阵地，面向"工人"这一特定群体，重点起宣传与引导的作用，使"工人群众"汇聚到现有的政府机构的管理需要上来。这是它作为一份体制内的机关报的性质决定的。

及至今日，初期的办报宗旨始终未有改变，但是，随着时代与社会生活内容的演变，办报的思路却不能不发生变动。1997年初《四川工人日报》在头版刊出了订阅广告，指出该报将"集思想性、指导性、新闻性、趣味性和服务性为一体"，"形成了'坚持机关报性质，突出维权特色，兼有晚报风格'的办报思路"。时隔十余年后，该报一方面依然坚持机关报的党性原则，坚持成为宣传党的全心全意依靠工人阶级方针、落实党的群众工作路线的有效载体和舆论阵地，强调"面向职工，面向企业，面向工会"。在此之外，则更加重视媒体干预现实的功能，重视作为媒体的社会责任，强调维护弱势群体的权益，将维护职工权益视为自身的重要特色，将自己定位为维护社会道义的一方。不仅如此，为增加报纸的可读性，该报不排除晚报风格，

力求服务于全省职工，以媒体的影响力为职工排忧解困，全方位服务于职工生活，满足职工的精神生活需要。这使《四川工人日报》拥有了至少三个维度的职能：宣传、维权、服务。

2009年，《四川工人日报》在给四川省新闻出版局的年度核验自检工作报告中，指出报社是以全省企业和广大职工群众为主要读者对象的综合报纸，办报宗旨是："坚持正确的舆论导向，做先进文化的传播工具；面向企业和职工，宣传先进企业的典型经验和当代职工的精神风貌，引导职工在社会主义现代化建设中发挥主力军作用；服务企业和职工，依法科学维护职工合法权益。"① 这一呈送上级的对自身定位的较为官方辞令的表述旨在强调其"机关报"的毋庸置疑的主流媒体的严肃性质和其应承担的"喉舌"宣传功能。

2. 领导体制与人事制度的变化

从20世纪90年代以后，《四川工人日报》也因循全国企事业单位管理体制发生的变革不断改革领导体制与人事制度。这些改革的流程大多反映的是全国企事业管理体制演变的方向。

四川工人日报社是四川省总工会的直属事业单位，实行企业化管理。早在1991年10月，鉴于出版对开大报的需要，经研究决定，报社领导体制改为社务委员会领导下的社长负责制，社委会由社长、副社长、总编辑、副总编辑、党总支书记、工会主席等人组成。四川工人日报社的领导体制由四川省总工会党组决定，1996年至2005年实行省总领导下的社长负责制，领导职位设置为社长、副社长、总编辑、常务副总编、副总编辑、总经理、常务副总经理、副总经理、党总支书记、党总支副书记。

在运行方式上，报社是四川省总工会的直属事业单位，实行企业化管理，经费自筹、自收自支、自负盈亏。在财务上实行"独立核算，自负盈亏"；职工收入分配坚持"按劳分配，效率优先，兼顾公平"的原则。1994

---

① 参见：蔡虹. 坚持中国特色是中国工人报纸的核心价值观[C]//"工人报刊论坛"论文集. 中国工人报刊协会，2010.

年 1 月，为了转换报社的运行机制，四川省总工会党组对报社的体制改革有关问题的请示作了批复：报社实行社委会领导下的社长负责制。社长由四川省总工会党组聘任。报社有权在主管部门规定的中层机构编制数额内确定社内机构设置和人员配备，并有权聘任干部。

1994 年以后，报社还适时地推出了人事、用工制度改革。1996 年，报社深化人事、用工制度改革，实行动态管理，对中层干部实行公开竞争、择优上岗。对职工实行双向选择，选聘上岗。实行落聘、待岗、试岗管理。1998 年，报社领导实行任期目标责任制，领导干部由四川省总工会党组确定；中层干部实行聘任制，公开竞争、择优选聘；职工实行聘用制，双向选择，竞争上岗。2003 年，报社继续深化人事制度改革，建立配套措施，建立富有生机和活力的用人机制，建立全员竞聘上岗，职工能上能下的人事制度，建立公开选拔、职工双向选择、岗位公开透明、缺位竞聘机制。通过实行全员聘用制，转换了单位用人机制，实现了人事管理由身份管理向岗位管理的转变、由行政任用关系向平等协商的聘用关系的转变。2005 年，报社与职工签订了全员聘用合同。为了保证劳动合同顺利实施，报社成立了人事争议调解委员会。由于劳动合同管理规范，未发生劳动人事争议诉讼或仲裁。

（三）多元化经营与多方面拓宽报社的资金来源

"经营报纸"成为近年来指导报业发展的重要理念，无论是报业实践者还是理论探讨者都认可这一办报理念。报纸的经营意识并非今天才有，报纸也是一种商品，商品的质量一定要好，而且也需要好的运作来获得市场份额，获得立足之地。而对一份没有投资方稳定的资金支援的报纸来说，新闻意识更要与经济效益意识紧密结合，才能为新闻事业的发展提供物质基础。当一家报纸面临生存困境时，有智慧的报纸管理者将不可避免地按市场规律办事，注重社会效益，注重经济效益，通过有效的经营手段保证报纸的长期存在，在发行、广告等方面下功夫，多方面盘活办报的资金渠道。尽管工会报业从诞生起就不以营利为目的，但是，维持报社的运作需要充足的资金来源。工会下属的工会报刊往往因为受困于资金而运转困难。

《四川工人日报》所以能够在西南地区其他工人报、机关报举步维艰中稳定发展，与其经营报纸的意识和经营模式有很大关系。《四川工人日报》不只有总编辑，还有总经理。自20世纪90年代中起，四川工人日报社开始改革运行体制，实行社长领导下的总编负责制和总经理负责制，自负盈亏。当时，四川省总工会基建局长兼任社长、总编。2002年进一步改革为社长负责制，社长对省总工会负总责，主持全面工作，下设总编和总经理，由社长办公会决定一切事情，包括采编、后勤、经营等各个方面。总编负责采编工作，总经理负责两个实体（报社的图片社、印刷厂）及发展部的工作。经济实体及总经理的设置都是为了拓宽资金渠道。由于报纸自身处于亏损状态（投递、销售、工资、稿费、管理人员），报社的经济实体提供了大量的所需经费，并处于盈余状态。

1. 发行经营

工会报刊同其他种类的报刊一样，发行与广告是维系报社运作的经营创收基础。早在1991年，为策划1992年的报纸发行，四川工人日报社就提出来"全社搞发行，人人当报童"。1995年前后，伴随着企业改制、产业结构调整、报业竞争的浪潮，各省的工会报刊发行量迅速下滑。2003年四川省总工会宣教部不再为报纸的发行发文件，《四川工人日报》失去了行政权力干预发行的利好。这使报社面临着市场优胜劣汰的挑战。一些机关报刊、工会报刊往往是因为行政权力不再干预发行而出现发行量锐减，最终被淘汰出局。面对危机，四川工人日报社采取了一些权宜之计以保证发行量。比如，采取了给各级工会以奖励经费的形式鼓励各级工会订报，这个奖励数额为报纸价格的4%—5%。以奖励保发行、保报社的正常运作毕竟不是长久之计，他们努力探索拓宽经济来源渠道，保证报社的财力。1996年，报社积极筹建报纸发行公司，1998年正式成立"川工发行传播有限公司"（2003年该公司被撤销，该报发行仍以邮发为主），逐步与市场接轨，改变传统的依靠邮局发行的报纸发行方式，试图采取自发与邮发相结合，同时探索以产业办发行，①减轻报社在报纸发行上的直接压力。在摸索、尝试了种种发行办法之后，目前，《四川工人日报》的发行紧紧依靠全省各级工会、企业工会，密切与邮局配合，发行量相对稳定，小有增长。

2. 广告经营

20世纪90年代，国有企业亏损面增大，改制企业，被兼并、拍卖企业增多，使工会报刊的广告备受冲击。鉴于此，四川工人日报社较早地采用经济实体来承担广告经营。早在1992年，四川工人日报社就成立了"天府广告公司"，其体制为该报社直属单位，经济政策为自负盈亏，独立核算，广告公司的人员工资全部计入成本。1994年报社改为由两个部门经营广告，一是经济信息部承担设计、制作、组织、发布本报报纸广告业务和经济信息；二是天府广告公司承担制作、代理报刊、户外、印刷品、电视广告业务。1995年经济信息部更名为经济部，报社对经济部、广告公司实行一套人马两块牌子，实行统一经营、立体开拓的经营方针。1996年撤销天府广告公司，1997年成立四川蓝白广告公司。1998年报社将经济部一分为二，设立广告部、经济部。广告部主要承担设计、制作、发布广告，经济部主要承担组织广告、策划大型经济活动。撤销四川蓝白广告公司后，成立川工发行传播有限公司，独立核算，自负盈亏。2003年，撤销川工发行传播有限公司；撤销经济部，此后逐步成立了经济新闻中心一部、二部、三部、四部。

《四川工人日报》的广告经营对内实行全报社版面广告统一管理，对外在经济宣传上发挥整体优势，全社抓经营，以大策划、大活动吸引广告刊登。充分利用该报与省内各市、州工会畅通的信息渠道和经营平台，充分利用全省企业对经济信息传递的需求和企业展示形象的愿望，形成优势互补、共谋发展的合作局面。经济宣传活动亦从过去单一、单调的宣传形式转变为

---

① 参见：许扬. 工会报纸发行面临的挑战与对策[J]. 中国报业，2001（5）. 该文提出来"以产业办发行"，认为工人报可以和其他专业报、行业报共同以股份制形式成立发行公司，以现代企业制度运作，合理配置资源，相对独立，面向社会，利用发行网、物流网，开展多种经营，推动发行。该文的作者来自四川工人日报社通联发行部。

多种形式的经济宣传，拓展了广告经营领域。比如，1994年经济信息部请广告界著名人士到报社就广告、信息、商标等有关方面的知识进行讲解和传授。也是在1994年以后，他们开展了版面内创收活动，设法扩大广告额度，有意识地充分利用一些新闻关注热点，策划能够带动经济增长的新闻活动，或是策划大型宣传项目，让企业参与，让企业家参与，一方面为企业、企业家作了宣传，拉动企业的经济发展，另一方面也提高了报纸的经营业绩。2000年元旦，《四川工人日报》开展了迎接新世纪系列活动，这一天报纸发行了12版，当天广告营业额达30万元。该社自1992年开始，广告经营12年来，从最低年创收200万元，到最高年创收500万元，承担了报社主要经济创收任务，是报社经济创收的主体之一。

《四川工人日报》的广告以工会、企业形象宣传为主，为拓宽广告经营渠道，报社还有意识地规划设置一些对商家、厂家服务的版面专栏，如汽车、房地产、旅游、医疗等，有针对性地对这些行业或产业提供政策、信息服务。报社如此服务的目的，是让这些厂家、商家对报纸感兴趣，进而影响它们在这些版面专栏上做广告。

1994年至2002年，广告经营实行承包经营方式，2003年以后实行目标管理。尽管报业竞争日趋激烈，但该社基本保持了广告经营收入的相对稳定。

当然，努力经营广告不能损害报纸的主业。报社严格规范广告管理，实行广告与编采两分开，按照《广告法》和工商局广告经营管理有关内容的要求进行广告经营，杜绝发布不良广告。广告从业人员按照工商局要求按时参加相关业务学习、培训，不断提高业务素质。1994—1998年广告财务实行自立账号，自行核算，每月上缴利润。1999年撤销广告经营账号，由报社财务统一管理，实行统收统支。

3. 其他经营渠道

报社还拓展经济创收渠道，全方位向市场谋发展。四川工人日报印刷厂自1986年7月创建以来，不断地进行技术改造，谋求发展，不仅迅速实现了自排自印，实现了自负盈亏，收回了报社的前期投入，还产生了一定的经济效益，为报社的稳定发展作出了贡献。印刷厂还通过强化员工技能培训、加大业务和增值服务力度。截至2005年，印刷厂共代印43种报纸、杂志，其中代印的《四川工人日报》等7种报纸历年被省报协评为优质产品。1995年印刷厂与报社实行财务分开，独立核算。2002年7月印刷厂撤销税号，与报社进行纳税合并，报社对印刷厂实行目标经营责任制管理。多年来印刷厂每年均按上交报社200万元纯利润的目标完成任务，是报社经济创收的主体之一。

此外，1985年，报社成立了图片社，主要经营广告摄影、画册、灯箱广告、图片制作。1996年，报社成立了综合发展部，业务范围涉及经济信息传播，部分经济新闻采访，为企业提供咨询、印务服务、承办台历（周历）等。1994年至2005年，报社有少量房屋出租。2007年起，报社办公大楼整体出租。这些都成为报社经济收入的渠道。

（四）提升采编队伍素质及稳步建设记者站、通联站网络

广告和发行毕竟是报纸产品的附加值，报纸产品质量的好坏直接关系到广告和发行的销量，为此必须提高报纸质量。而采编队伍作为报纸内容的生产者，是办报质量的重要保证，是一份报纸核心竞争力的创造者，高素质的采编队伍是20世纪90年代以后报业激烈竞争环境下报社最大的财富。作为工会报刊的新闻从业人员，不仅要有准确把握宏观的社会发展趋势、深刻理解具体新闻事件的能力，还要拥有适应多层次读者，尤其是职工群体读者需求的能力。

《四川工人日报》自复刊以来，不断加强采编队伍的建设。1981年底报社拟定复刊时，四川省总工会党组拟定报社采编人员为40人，行政人员12人。报社成立后，重视采编队伍的建设，1982年4月报社尚未复刊就将5名刚从西南民族学院学习结业的学员送到《成都晚报》等报社实习。1987年6月，全国恢复新闻职称评定，报社成立了中级职称评委会。多年来，采编人

员的素质不断提高，阵容更加整齐。到 2011 年，四川工人日报社在编职工共 185 人，其中高级职称 12 人，中级职称 39 人，初级职称 25 人。2011 年，报社总编辑蔡虹受聘四川省社科院研究生院新闻专业硕士研究生导师。近年来，在人才流动、"跳槽"成为时尚与趋势的情况下，从 2010 年开始，报社建立了"星级记者"制度。这一职位塑造，目的是为留下最优秀的人才，为招聘记者搭建了成长平台，在已有的分配激励机制之外，通过精神荣誉、物质待遇全方位的激励设计，健全了报社的激励机制，为青年记者的成长设定了目标，也尽可能地避免优秀记者的人才流失。

在加强内部的采编队伍建设的同时，报社积极建设特约记者、通讯员队伍。报社始终坚持依靠职工办报，除建立起一支由各地、市、州，各大中型企业宣传骨干组成的特约记者队伍而外，报社还把建立与壮大通讯员队伍作为报纸联系基层职工读者的一条重要途径。早在复刊前夕，1982 年 3 月报社就出台了特约记者选聘试行办法，对特约记者的组织领导、特约记者的任务、待遇、选聘办法均有明确规定。1982 年 4 月，报社致函省内各市、州总工会、省产业工会，请求各市、地、州、县工会、产业工会及公交部门、重点厂矿企业与事业单位，推荐 1—2 名热爱新闻事业，能为报纸写稿的人做报社的通讯员。当年即有 56 名通讯员。此后，报社聘任信息不断。复刊筹备时期，报社与成都市总工会联合举办了为期 3 个月的新闻骨干培训班，此后坚持开办新闻写作、美术摄影等短期培训班，每年 1—3 期，每期 20 天左右。复刊至今，报社共培训厂矿及各行各业工会干部、一线职工 2500 余人。这些经培训的骨干，积极投稿，提供信息，辅助广告和发行，成为报社联系企业、工会，服务职工的纽带。他们自身也在投身于工会新闻事业中获得了精神收益，进一步激发了人生期待。川煤广旺集团公司报社总编辑杜华赋就曾深情地回忆了自己第一次向《四川工人日报》投稿的经历。《四川工人日报》复刊之初，他因为采访报道了一起安全事故的避免与该报结缘，稿件发表后，在工友间广为传播，极大地激发了他的新闻写作热情。此后 28 年间，杜华赋坚持向《四川工人日报》写稿投稿，并不断向报社提出建议与意见，有的得到了报社领导的高度重视，刊登在报社内部的业务资料上。28年间，几任报社编辑都热情指导、帮助杜华赋的采访和写作，与他结下了深厚的感情。2009年国庆节前夕，《四川工人日报》策划了一期"喜庆新中国建立60周年"的特刊，报社编辑向杜华赋特约一篇反映一个家庭变迁的稿子，并要求要有过去和现在的"全家福"照片。这次约稿难度大，时间紧，杜华赋有针对性地联系了30多个家庭，经过千辛万苦终于找到一家合适的，完成了任务。杜华赋在乎的就是对《四川工人日报》的特殊感情，因而要对约稿编辑负责任。在写作中杜华赋提升了自己，2009年他获得了"全国煤矿群众文化工作先进个人"的荣誉称号。① 四川地域广大，人口众多，工矿及企事业单位众多且分散，正是特约记者、通讯员这些非专职的基层新闻工作者为《四川工人日报》及时反映基层情况，提供新闻线索，撰写通讯报道，发挥了重要的传播作用。

《四川工人日报》自复刊之日起就积极建设记者站、通联站。1984年8月23日，报社在重庆市建立记者站，后来相继在遂宁、万县（现重庆市万州区）、德阳建立记者站。1991年7月，德阳市通联社成立，随后，报社在达州地区、广元市、攀枝花市、雅安地区、甘孜州等地成立了通联站。又在中国农业银行四川分行、铁道部四川第二工程部、成都铁路分局、四川省邮电局、地矿部西南石油地质局设立通联站。到20世纪90年代中期，《四川工人日报》已在四川全境各地、市、州及其一些重要的大中型企事业单位建立了通联站，并形成通联网络，使自己的触角广泛地延伸到基层，密切与基层的关系，更快地掌握新闻信息资源，更贴近职工，更好地服务于职工群体。

（五）在新型劳动关系下定位"维权"为舆论监督的首要内容

新中国成立以来，政治意识形态话语将"工人阶级"界定为国家的领导阶级，具有"主人翁"的地位，资方与劳方、雇主与雇员等非统一关系即被

---

① 参见2010年3月20日《四川工人日报》。

模糊，劳资关系各方的权利与义务往往得不到应有的保障，劳动立法步履缓慢，而代之以出台各种规定、办法、条例、通知等法规性文件或行政文件。1992年起，中国政府全面扩大股份制试点，企业所有权的变更使劳资关系突出出来，劳动关系契约化的步伐加快。为适应形势，1994年7月5日第八届全国人大常委会第八次会议上通过了《劳动法》，并确定于1995年起实施该法。此后，相关的劳动法规纷纷出台，2008年又推出了被称之为"新劳动法"的《劳动合同法》。1995年出台的《劳动法》第七条规定："劳动者有权依法参加和组织工会，工会代表和维护劳动者的合法权益，依法独立自主地开展活动。"而1992年2月由全国人大新通过的《工会法》也指出："工会在维护全国人民总体利益的同时，维护职工的合法权益。"在劳动关系的非相对平等的关系里，劳动力往往处于"弱者"的位置，劳动法律的价值取向就是保护劳动者的合法权益，这与工会是基于维护雇工的利益而形成的社会团体的目标是一致的。因而，维护劳动者的合法权益就成为工会在新历史时期最重要的课题，也是工会的立身之本，而这也成为工会报刊的首要内容。

可以说，正是《劳动法》的通过与实施，使得"维权"成为20世纪90年代中期以后全国众多工会报刊的主流话语。《四川工人日报》在"维权"报道方面取得的经验更是具有示范性的意义，该报将其在20世纪80年代已开始的"维权"努力更广泛、更深入、更坚定地贯彻开来，在贯彻《劳动法》中扮演了重要的普法与维护法律的舆论角色，成为推动工会"维权"工作的重要力量。

每一份报纸都要找准自己恰当的定位才能办好。在办报的过程里，四川工人日报社的同人们深刻认识到舆论监督既是报刊的重要职能，是报刊应该担当的社会责任，也是一部分报纸新闻重要的竞争手段。但是不同的报纸在履行舆论监督功能时，监督的内容、方式、方法大有差别。在20世纪90年代新的社会语境下，四川工人日报社认识到：在以宪法为根本原则的前提下，"工人报舆论监督有别于其他报纸的特点：即是着眼于在劳动权益和劳动关系的舆论监督,维护一个职工或一批职工的合法权益"。① 此外,他们还认识到1992年经人大常委会通过的新《工会法》将1950年版本的《工会法》所定义的工会是"工人阶级的群众组织"改为工会是"职工的群众组织",因而,"工人报的舆论监督也由过去主要维护国企职工权益发展成为既维护国企职工权益,也维护法人、机关干部、教师、医生、科技人员、职工家属、打工仔、消费者等的合法权益。"②

早在20世纪80年代,《四川工人日报》在舆论监督的框架下已涉及了"维权"报道。比如:1982年8月11日,该报第一版刊登《伸张正义 保护先进 扶正祛邪 打击歪风》一文,对南桐煤矿发生的一起殴打劳动模范舒长雨的严重事件予以披露,促进了对该事件的积极解决;1987年6月16日,该报披露了女会计张怀霞向上级反映问题而受到不公正待遇的事实,并配发评论员文章,助她讨回了公道;1989年4月19日,该报第一版报道了南充地区水泥制品厂厂长侵犯职工利益,无视工会地位的消息。不过,这些都是彼时彼境下记者和编辑的偶然为之,主观意图不强,多为零散、片段的报道,规模很小,主要涉及的是企业劳动群体的权益。20世纪90年代中期以后,在《劳动法》颁布之际,由于经济体制改革的深化及利益格局的迅速调整,也随着劳动就业的市场化,劳动关系日趋复杂与紧张,各种各样的劳动纠纷、权益纠纷的数量迅速膨胀,《四川工人日报》敏锐地把握时代动向,及时反映现实。1995年12月,《四川工人日报》在当月的千余条新闻报道中,只有3条舆论监督报道,1997年12月发展到11条,而1999年12月则达到了30条,这些舆论监督主要侧重于维护劳动者权益及劳动关系方面的监督。也是在这个时间点上,"维权"报道渐次成为《四川工人日报》最重要的特色,一个版面上经常性地会出现多条"维权"报道。1997年,报社推出了《社会周刊》,明确以"维权"为宗旨,深受职工欢迎。2002年全年,第二版的"社会服务"栏目全版聚焦"维权"。2003年设立了专门的以"维权"

---

①② 蔡虹. 工人报舆论监督的定位[J]. 新闻界,2000(5). 该文作者系四川工人日报社社长、总编辑。

命名的专刊，加大维权力度。2003年至2010年，在《四川工人日报》的栏目设计上，"维权在线""维权调查""工会维权行动""维权论坛""企业维权"等以"维权"命名的栏目不断出现。

就具体的报道特色而言，《四川工人日报》的"维权"报道主要有以下几个特点。

其一，在报道策略上，用规模化、系列化、专业化、立体化的报道大打"维权"牌，激发报道的影响力、辐射力。肤浅、片面、零星的报道难以引起人们的关注，只有严肃的事实、深度的思考、连续的追踪、全方位的展示才能对人们的视觉、意识形成强势冲击，从而使这份工会报刊获得广泛的社会影响力。

1996年1月，四川开县民工在广东阳江先被当地流氓毒打追杀，后被当地公安人员涉嫌故意枪击致死致伤。《四川工人日报》推出了跨省追踪"广东阳江11.9"事件系列报道。此报道历时8个月之久，在成都、万县、广东阳江三地同时交叉展开，报道立体化推进，声势浩大地为受害的四川农民工呼吁，最终法律还农民工以清白。报道震动全省，职工们纷纷来电来稿，展开讨论。此举对全社会正确认识农民工问题产生深远的影响。特别是在1996年，农民工尚被称为"打工仔"，该系列报道中提出，农民工是社会发展的生力军，应当获得全社会的尊重、善待，提出了为农民工立法等具有创新性的观点。在敏锐地把握新闻事件、推进新闻深度、维护农民工权益上无疑是成功之作。1997年7月，记者对阳江维权案的系列报道《澄清阳江的大案》，先后获得四川好新闻一等奖，四川省第三届新闻奖。2003年7月21日，该报刊发《四载维权 今朝落幕》报道，从《社会周刊》到"维权专版"，历时4年，数名记者接力，全程追踪报道一名女职工维权终告胜利的全过程。2010年春节后，《四川工人日报》为春节加班族策划了"加班工资，你领到了吗？"活动，推出了一组多篇稿件，其中既有记者的采访报道，又有权威的春节加班工资的详尽算法，还有相关的劳动关系专家的解读、律师的维权提示等，为春节加班族提供全面的政策、法律服务。

其二，将报刊的"维权"舆论报道与工会的"维权"工作相结合，重视"维权"报道的现实效果，开创了工会媒体与工会联合工作的先例，更有效地推进了现实工作中的"维权"成效。这一做法将工会报刊置于"维权"工作的前沿，以最实际的成果向广大职工群体展示了勇于承担社会责任的工会报刊形象。

1999年3月2日，阆中环卫工人谭素军被殴打的消息在《四川工人日报》第一时间刊出后，受到四川省总工会的高度重视。在该报的连续报道和各方部门的关注下，事情最终得以顺利解决。时任四川省委常委、省总工会主席甘道明在接受阆中环卫处专程送来的锦旗时指出：这次维权行动是"省总工会、川工报、南充、阆中各级工会合理维权的一个成功案例"。这次报道开创了工会媒体与工会合力维护职工权益的新途径。2003年7月上旬，该报第一版刊发了《荷花池市场花市改造引发争议 经营户抱怨方案不周》报道，披露在市场改造中，荷花池市场综合楼花市152户业主合法经营权被损害的事件。其后，这种行为得到有效制止，来自省内外的152户业主懂得要维护自己的合法权益，必须依托一个组织，于是他们在该报记者的帮助下，找到省工商联和省商会反映了自己的诉求。2003年8月22日，四川省工商联成都市荷花池文体、工艺品行业商会正式宣告成立。

正因其卓有成效的"维权"工作成果，四川工人日报社平均每天接可以到20多个"维权"热线电话，接待5人次来访职工群众，凸显了"维权"的现实效应。目前，报社已构架起了以报社为中心的，通向省属各个与群众权益相关的部门的"维权"网络，随时都可以为职工群众服务。

其三，在更开阔的视野上报道和推动四川省内外农民工的维权（跨区域维权报道）及省内各个阶层职工群体的"维权"。扩大"维权"报道面，就是扩大工会报纸的受众群体，这也显示出《四川工人日报》办大报的气魄与潜力。其中的一些做法极富有创新性，被全国各地所效仿。

随着改革开放的深入和社会经济的发展，出现了农民工这一流动性很大的新兴群体，他们的分散性给维权报道提出了新课题。作为人口大省，到

2005年，四川省出省务工的农民工多达817万人，为维护出省农民工的权益，《四川工人日报》打破地域限制，率先开辟跨区域维权报道，拓展并丰富了维权报道的方式。2003年，四川工人日报社首家推出"工会维权联盟——成都模式"的报道，将维护农民工合法权益的工作推向了全国，引起了强烈的社会反响，全国23个城市的工会负责人，工运学者齐聚蓉城研讨，催生了全国城际间农民工维权联动机制，工会与工会报刊以"强势"的姿态为"弱势"的农民工撑腰。2006年3月9日，由四川省总工会主办，四川工人日报社具体承办的"维权联动万里行系列报道"拉开序幕，四川工人日报社派出得力记者，行程数万里，深入到北京、上海、广东、浙江、福建等省、市、自治区的十数个城市进行系列采访、调查、报道，维权监督。该系列报道在数十个城市间搭建联动维权平台，充分落实四川省总工会"把农民工团结在工会周围"的要求，有力地维护了外出务工人员的合法权益，为全面实施四川省"农民工维权年"营造了良好的舆论环境。"工会城际间维权成都模式"系列报道所涉及的维权模式相关经验，得到了时任中共中央政治局委员、全国人大常委会副委员长王兆国的高度评价。

在新型的劳动关系下，各个阶层的职工都被纳入工会维权保护的范围，这也体现在《四川工人日报》的报道中。20世纪90年代初期，《四川工人日报》与四川省教育工会一起在全国率先报道了教师工资被拖欠情况以及四川省人民政府进行督办兑现教师工资的新闻。1992年，该报连续刊登《全部兑现教师工资是维护教师合法权益的大事》《解决拖欠工资问题 促进教师队伍稳定》等系列报道，在社会上引起强烈反响，为从根本上切实解决拖欠教师工资问题发挥了积极作用。2001年1月至2月，报社根据农民工春节前讨工资难、春节后找工作难的社会问题，策划了一场为农民工维权的大型报道行动，并在第一版特辟专栏"打工仔维权行动"。历时近40天，刊登了《200多名求职者、30多万元保证金、服装费不翼而飞 狠心老板骗你没商量》《干了40天，工钱仅16元 打工仔易华贞欲哭无泪》等40余篇稿件。2006年7月，一个因酷暑导致建筑业农民工中暑死亡的事件成为社会热议的话题,该报推出"高温作业下的劳动保护",进行连续报道,指出劳动监管方面存在的问题,提出了工人的意见、建议。

其四,依靠法律,以"维权热线"的形式提供法律援助,以"知识竞赛"的形式普及法律常识,在维权行动中贯彻工会报刊的服务精神,使"维权"观念更加普及,更加深入人心。此举既为报社征集到了大量的新闻线索,又以贴近、帮助职工的形式得到了职工受众群体的关心与热爱。

1998年10月,四川工人日报社开通了全国首条维权热线,承诺"有疑问必有接答,有投诉必有回音"。这在读者中引起强烈反响,一时间劳动争议、权益纠纷、政策咨询、困难求助、举报等纷纷通过维权热线传达到报社,这成为报社联系读者的重要桥梁和纽带。多年来,通过"维权热线",报社采取"情况反映""调查采访""追踪报道"等形式,刊发了千余条维权报道,有效维护了广大职工和企业的合法权益,收到读者赠送的锦旗100余面。维权热线后期发展成"政策咨询室",每天接答读者的政策咨询和疑问,并收集整理出新中国成立以来国家及省劳动劳动政策和法规,成为广大读者和企业查询的重要渠道。2005年,《四川工人日报》举办了有百万职工参加的四川省《工会法》实施办法知识竞赛。2006年,《四川工人日报》联合四川省安全生产委员会,四川省安监局举办了有130余万职工参加的"安全生产"知识竞赛,提高一线工人的安全生产意识,有力地推动了四川全省的安全生产保护工作。各种与维权保护相关的知识竞赛以服务的形式增强了广大基层职工的权益意识。

此外,《四川工人日报》的"维权"报道重视新闻报道的客观原则,维护和尊重法律。他们总是以各类劳动法律为依据,将法律作为"维权"的基本尺度,不煽情,不夸张。为此,2005年,报社还专门在一版开辟了《老蒋跑热线》专栏,有针对性地宣传有关法律法规政策,为职工在维权方面答疑解惑,提供政策咨询。2009年6月2日,该报《因乙肝表面抗原携带丢了工作》报道了原成都鑫川电电缆有限责任公司职工王万金等职工因查出乙肝表面抗原阳性被公司开除一事。报社以媒体身份介入此事,推动工会关注此事，2009年7月6日该报再次跟进，在"热点栏目"以《要双倍工资 还是要工作》为题，就鑫川电电缆有限责任公司给出的解决方案予以质疑，并依据2008年1月1日实施的《劳动合同法》的明确规定，提出了有利于劳动者一方的问题解决方案。报道以"问题"形成标题，报道内容则依法作答。

《四川工人日报》注重维护职工民主权益和切身利益的报道，并将其做成了这份报纸知名的品牌特色，成为报社的立足根本。他们对此的诠释是："工人报刊的维权报道有着得天独厚的优势，这一点是其他各类报刊不屑或不愿浓墨重彩的，充分发挥这一自身长处，突出工人报刊特殊，把维权宣传报道工作发挥到极致，是可以让工人报刊在激烈的报业竞争中脱颖而出的。"①

（六）重组版面适应报业发展潮流，配置、撰写稿件彰显工会报刊特点

1. 不断地重组、修正版面，强化效果

《四川工人日报》的版面改革从来也没有停止过，并且日渐深化，总的节奏是跟进市场发展的方向，强化纸质媒体的现代感，改变工会报刊，尤其是地方工会报刊长期以来版面设计简单、设计风格落伍的面貌，向着具有现代意识的大报的方向努力。

在印张和版面数量上，《四川工人日报》作为综合性报纸，在发展的过程中，不断扩大版面篇幅，以容纳更多的报道容量。1982年，《四川工人日报》复刊时为每周3期，4开4版，大开张形式。1985年1月，增为每周4期（每周增出1期〈星期日〉）。1985年8月从4开每周4期发展到4开每周6期。自1992年元旦起则由4开4版改版为对开4版，仍为每周6期。目前仍然维持这一状况。《四川工人日报》版面的增长并非很快，其扩容主要是因为随着报纸影响的扩大，报道量不断增加。

在版面的设计上，《四川工人日报》不断地向国内主流媒体的版面设计

---

① 唐宁. 维权报道：工人报刊生存发展的利器[C]// "工人报刊论坛"论文集. 中国工人报刊协会，2010. 作者系四川工人日报社专刊部主任。

学习,同时塑造吸引读者的版面形象,将"庄重"与"生动"恰当结合。为了打造强势的报纸版面,形成视觉冲击力,2000年以后,各个版面都大幅度调整新闻报道的标题字号,标题字体醒目,字号放大,对重点报道内容尤其如此,走了某些流行的都市报的路线。不过,2005年以后报道标题在调大的基础上适当缩小,显得更为雅正。此外,稿件区间通过加框的方式划分明显、突出,大小矩形结合,错落有致,近年来越加注重版面稿件间组合的视觉的整齐。2002年下半年起,该报将报名字号放大,且使用了中英文对照的形式,以示醒目、庄重。各版面选择使用的图片注重动感性,有人物有场景,重视现场感,重视自然的生活气息。版面设计也在探索中尝试、纠偏,目前的版头采用的是白底红字,2005年,报社还曾经采用过红色网底衬白色字头,考虑到机关报的身份,也为了更醒目,又恢复了白底红字。2010年以来,《四川工人日报》的版面更加别致,先是在第一版增加标题新闻、短新闻,2011年为吸引读者,又在第一版增设新闻导读,走了报业的流行路线。

四川工人日报社还通过提高印刷技术,印制彩版增强版面效果。1986年,新投产的四川工人日报印刷厂开始试印《四川工人日报》。20世纪90年代初,报社全面改造铅排系统,以实现电脑照排和胶印。1992年4月,各项技改设备全部投入运行,印刷厂彻底告别铅与火,报纸印刷全部采用胶印,进入现代化生产,跟上了报业发展的步伐。1993年至1995年,报社又自筹资金改造了电脑设备,增添了晒版显影、平版印刷、电子扫描等设备,既增加印刷产品的多样性,又大大提高了报纸印刷的技术含量,印刷质量不断提高。在资金许可的情况下,报社开始印刷彩色版面,2003年起,周三的第一版和第四版开始采用彩色版面。到2005年,全周6天的报纸第一版和第四版都采用了彩色版面。适当有度的色彩调度作为一种较强势的版面元素,易于吸引读者眼光,为报纸增色不少。

2. 稿件的配置在"大报"和"晚报"之间寻找平衡

《四川工人日报》始终强调服务于工会,服务于企业,服务于职工,强调"服务"精神,并在报道实践中落实这样的精神,这也体现在《四川工人日报》的稿件配置和撰写上。由于现实中我国工会既要遵守和维护宪法，坚持四项基本原则，维护职工权益，又在建设和谐劳动关系的过程中关心职工生活，在职工工休、业余生活中扮演着重要的角色。那么，作为工会报刊，在稿件配置上就常常需要将严肃的意识形态话语、中性的客观报道与承载较多消闲、娱乐的生活话题组织到一起。还由于劳工阶层依然占据着我国工人阶级的大多数，他们也是工会报刊最广大、最主要的读者群体，直接影响到报纸的发行，因而稿件在语言风格上需要适当强调朴实实在、通俗易懂、生动活泼，满足以劳工为主体的职工群体的文化需求。调和、组织因工会角色多样而生成的内容、风格多样的稿件，形成了《四川工人日报》的编辑特色。

应该看到，《四川工人日报》借"维权"报道形成了鲜明的特色，相比较其他众多的省区地方性工会报刊，其成功的迹象越来越显明，与此相应的，做大做强成为整个报社对未来的期许。因此，在报道上，价值取向严肃而严谨，热衷组织重大新闻的报道，追求深入而全面的系列报道，重视报道的实质性影响效果。另一方面，为保证拥有足够多的受众群体，报社自打"晚报风格"牌，走平民化、生活化路线，贴近职工生活（旅游、理财、体育、娱乐、饮食等无所不涉），为职工的生活、休息、娱乐提供服务；在报道角度上，多有小角度及人物报道，采集报道发生在职工身边的新闻，报道形式、报道语言活泼、自由、轻松，重视副刊。这就形成了《四川工人日报》既追求"大报""机关报"的严肃性，又有"晚报"的富有人情味和可读性，重视基层的职工受众群体的共同兴趣的特色。在这两个截然不同的向度上，《四川工人日报》在实际的运作中一直努力平衡，并且在它们的平衡中逐步地形成自己特有的风格。

近年来，《四川工人日报》的"大报"诉求体现在配置稿件上，较多表现为立意以"稿群"的形式突出宣传重大宣传主题。2008年5月12日汶川大地震发生后作为中国唯一一家身处灾区的工人报纸，《四川工人日报》在重大灾难面前，做大新闻的意识很强。5月13日，该报以"抗震救灾、我们众志成城"的通栏大标题,第一时间报道了四川省总工会的抗震救灾工作进展情况,报道了全国总工会驰援四川灾区的新闻,四川省总工会赴德阳、绵竹、绵阳、北川、广元、青川重灾区抗震救灾的新闻;又以宏大的气势,整版整版地推出了四川省总工会、成都市总工会、德阳市总工会、绵阳市总工会、广元市总工会、雅安市总工会等工会组织奋战在抗震救灾第一线的大型报道。又以巨大的容量,集中连版刊载了四川的企业集团军守望相助,奋斗在抗震救灾第一线的壮举,其中有《中国二重在行动》《山摇地动之后,铁军挺进》《东电驰援东汽》《砥柱中流,四川电力员工冲锋在前》《川渝石油人在行动》《华西集团沧海横流真英雄》《震中玫瑰,铿锵绽放》等大型的企业和职工的抗震救灾报道。报道还侧重宣传抗震救灾中的英雄人物和英雄精神,宣传了彭州市公安局民警蒋敏、牺牲自己救出学生的教师谭千秋、60小时搜救了300多人的绵竹市消防战士荆利杰、把51位灾民带出震中地区的地质工程师李林等。《四川工人日报》有关"5·12"抗震救灾的报道形成了工会形象、企业群体、职工形象三组大型报道,从不同的层面,以不同的重点宣传了中国工人阶级,并因此获得了全总及四川省的多项荣誉。

在"维权"报道方面,《四川工人日报》先后推出了城际维权联盟、维权成都模式、24城市维权等重点报道,在版面上做强势处理,产生较好社会影响。多年来对劳模的专题宣传报道,对送温暖、关心困难职工的专题报道,各地、各行业群众性技术大赛专题报道,反映一线职工最新动态和精神风貌的专题报道,新经济组织建会系列报道,关注农民工生存状态的专题报道等,常以集中编排的方式,做稿件组,强势推出。《四川工人日报》在复刊之初,就确定了"以少胜多,以短胜长,以精胜滥,以典(型)胜泛(空),杂而不乱"的采编方针,这些报道又做到了大型、集中、突出,做出了报社新的优势。

为吸引更多的读者,《四川工人日报》不排斥健康、开明的晚报风格,在服务于工会、企业、工人的同时还明确提出了"服务社会读者"的口号。从1995年到1997年年初,对开四版的版面栏目主要有综合新闻、经济万象、工会天地、班组生活、科技潮、市场潮、企业与市场、企业界、商界、文化娱乐、体育大看台、评论、教育苑、影海、法制广角、读者来信、巴蜀风、婚恋家庭、女性世界、医疗保健、文萃、求实、麻辣烫等专版。还设有《社会周刊》《今日女性》《广角》《职工周末》等周刊,《职工周末》栏目有娱乐大世界、妙境、社会经纬、影剧圈等。近年来,主要开辟有维权、工友、综合新闻、新闻视野、民生、企业、行业、职工文体、职工理财、一周体坛、文化、影音在线、职工旅游、生活百事通、职场、健康等专版,同时设有《安全生产周刊》《新周末》两个周刊。这些版面以"职工读者""工薪女性"等为阅读对象,在较理性的国内、省内、工会、维权等新闻报道之外,贴近职工生活,多层面服务于职工的休息时光,关注社会热点,广纳时代信息,辐射职场、家庭、人生各个层面的社会生活,注重服务性、信息量、知识性、可读性,稿件的感性色彩浓郁,平民意识很强。比如,2003年2月28日,该报的头版头条刊载了一组稿件:一则图片、一则小消息,另附《打工者权益"三字歌"》和一篇短评,组成了《打工者唱响维权"三字歌"》这一组直观生动又有深度的报道。其中的维权"三字歌",是模仿《三字经》创作的一首为打工者维权的歌谣,手法生动,为国内首创。栏目的调整也注意突出基层职工的需求,比如,1993年4月该报开设《企业文化》专刊(到2005年时已停刊),主要为企业家、企业管理者提供研究企业文化、宣传企业文化的园地。1991年7月设4开4版《星期六》,后改版为4开8版《四川工人日报·周末》,1993年1月起又改为《周末》,近年来再次改为《新周末》,"周末"常设不衰。当然,即使注重生活性,《四川工人日报》也是力倡"把更精美的精神食粮奉献给读者"。[①]

(七)总结:坚持和发扬已有特色,办出工会报刊的精品

多年来,除极少数国家级大报和极个别的沿海著名大城市的工会报刊,大多数工会报刊办得缺少质量意识,缺乏个性特色,做大做强的发展理念不

[①] 参见1997年1月27日《四川工人日报》的改版启事。

强,定位模糊。同样作为一份工会报刊,偏安于经济发展相对迟缓的西南地区,《四川工人日报》也走过了相似的道路。虽然自创刊的那天起就旨在面向职工,面向企业,面向工会,但是,由于具体定位及资金缺乏等问题,该报也曾长期存在着定位不清、缺乏特色、质量不高等问题。近10余年来,在我国社会转型、经济转型、劳动关系转型、报业迅猛发展的背景下,在工会报刊危机之中,《四川工人日报》逐步找准定位,提高办报质量,摆脱困境,并在各省区市的工会报刊中脱颖而出,也成为四川省的主流报纸。在其办报的过程中有三点经验值得发扬。

其一是巩固和发扬业已形成的"维权"品牌特色。自20世纪90年代起,《四川工人日报》正是以在"维权"报道中的卓越成绩引人注目的。目前中国社会的转型仍然没有完成,法制尚不健全,法制观念不够强,而社会对工会"维权"职能的吁求越加强烈,维护职工权益也将长时期成为工会工作首要目标。进一步做强自身的品牌特色是《四川工人日报》作为工会主办的报纸的首要经验。其二是坚持已有的"专、精、特、新"的精品新闻报道追求。《四川工人日报》在近年来成功的报道中,越加意识到高质量、超前性的重要性,只有高质量、超前性的新闻报道才可能使自己成为中国一流的工会报纸。如果再将高质量延伸到报纸的编辑、印刷,《四川工人日报》无疑会更加强大。其三是坚持资金经营的意识。工会报刊既然不能变更"机关报"的身份,且即使作为综合性报纸,也无法与面向全社会任意读者群的都市报、晚报、商报去竞争发行量,维系自身生存的资金来源需要通过其他经营获得,那么依靠与报社的文化品格相当的经营途径拓宽资金来源,使办报资金更加充裕,这也是《四川工人日报》的经验之谈。

总之,《四川工人日报》作为四川省总工会的机关报刊,在今后的发展中,如能发扬已有的成绩、经验,在继续奉行作为党的工会政策宣传的舆论武器、作为反映四川省工会工作发展状况窗口的前提下,以维护职工群众合法权益为鲜明特色,反映四川省近千万职工的呼声、意见、要求,关心职工的疾苦，满足职工的精神文化需要，同时，遵循报业发展的规律，跟进报业发展的前沿，使报纸的特色更加鲜明，报道水平和质量更高，就必然能够巩固自身作为省内主流媒体和同类报纸中竞胜者的地位。

八、《工人时报》个案研究

《工人时报》是新疆维吾尔自治区总工会的机关报。在 20 世纪 90 年代开始的工会报刊改革中,《工人时报》的实践具有鲜明的特色。它以独特的方式处理了机关报的工具性职能和媒介职能之间的矛盾,并且在工会报刊市场化的过程中推出了颇具代表性的举措。对该报的办报之路的梳理和总结具有相当的价值。

(一)研究说明

1. 个案选取的理由

(1)特色地区的特色工会报刊

《工人时报》地处新疆维吾尔自治区,传播环境尤其是政治、社会文化语境有其特性;新疆作为工农业资源强区,在一些产业领域拥有大批有影响力的生产部门和单位;包括石油企业、新疆生产建设兵团在内的职工队伍庞大而特殊。该区与国内其他的工农业强省、多民族省区相比,既有共性又有鲜明的个性。《工人时报》因此是工会报刊体系中一个不可忽视的个案,其诸多特性是不能被约除的。

(2)工人报刊改革历程中的代表性报刊之一

20 世纪 90 年代初开始,国内工会报刊因种种原因进入大变革时期。这一时期,《工人时报》也进行了执着而实在的努力。从增强报纸的工会工作职能,到对市场化运作的探索,该报在传播和经营两方面的主体能动性都有相当积极的发挥,在同类报刊中也具有一定的影响力。报纸的实践尝试、其所遭遇的主观和客观的局限、其具体效果及原因等，都是值得总结分析的。

2. 研究时间段的确定

本研究截取的时间段是 1995 年 1 月至 2004 年 12 月。这个时间段是《工人时报》调整媒介传播和媒介经营的定位和策略，并作出种种实质性努力的阶段。1995 年，是《工人时报》在强化工会报刊的传播职能上效果充分呈现的一年，也是报纸不断加大力度进行市场化传播和经营运作的开始。在进行诸多尝试之后的 2004 年，报纸已经发生了涉及实质的巨大变化，呈现出较为稳定的状貌。

3. 研究资料说明

本研究所依据的资料主要以下几种。

（1）实地调研

2005 年 10 月，本研究小组成员赴新疆乌鲁木齐工人时报社，进行了为期 4 天的实地调研。调研期间，工人时报社相关人员与调研人进行了座谈。此次调研座谈会的相关内容，下文引注时标记为"2005 年《工人时报》调研座谈会"。

（2）《工人时报》（汉文版）1995—2005 年合订本共 34 册

该资料含《工人时报》（汉文版）自 1995 年 1 月 3 日起至 2004 年 12 月 31 日的报纸共 1549 期（总第 1040 期—总第 2588 期）。

《工人时报》另有维文版，本研究未涉及。

（3）工人时报社作品合集共 3 册

本部分资料含：

A.《与时代共成长——〈工人时报〉复刊 20 年新闻作品选》，工人时报社内部资料，2003 年。

B.《穿越天山南北——〈工人时报〉记者"县（市）万里行"采访作品集》，工人时报社内部资料，2004 年。

C.《与绿洲通行（上）——〈工人时报〉"兵团百团大采访"作品集》，工人时报社内部资料，2005 年。

(4)《工人时报》的网络资源

《工人时报》网站网址为 http://www.xjgrsb.com。

该网站基本为报纸的电子版,以时间顺序、分栏目收录《工人时报》自2003年底起的部分内容。

(二)《工人时报》的发展历程

1.《工人时报》的由来[①]

《工人时报》是新疆维吾尔自治区工会的机关报。其办报历史可追溯至新疆解放初期。

1950年,在新疆解放一年后,《迪化工人报》在迪化(今乌鲁木齐市)创刊。报纸8开4版,每周1期。

1952年11月,《迪化工人报》更名为《新疆工人报》,并以维、汉两种文字分别出版,为4开4版每周1期。报纸于"文革"期间停刊。

1981年6月1日,《新疆工人报》复刊,以维、汉两种文字分别出版,内部发行。1984年1月,该报公开发行,为4开4版每周1期,以维、汉两种文字分别出版。1988年1月,其汉文版改为对开4版每周2期。

1989年1月1日,《新疆工人报》改名为《工人时报》。

2. 20世纪90年代以来《工人时报》的历次扩版

1994年1月,报纸的汉文版增设周末版,由原来的对开4版每周2期扩展为对开4版每周3期,维文版则改为每周2期。

在本书选取的研究时间段内(1995—2004年),《工人时报》的版面数量又经历了如下变化。

(1)每周3期之"周末版"阶段(1995年1月—1999年8月)

此阶段为对开4版每周3期,一般逢周二、周四、周六出版。其中,周

[①] 参见《与时代共成长——〈工人时报〉复刊20年新闻作品选·前言》,工人时报社内部资料,2003年。

六刊为周末版,第一、第四版套红印刷,报头标示"工人时报周末版",后改为"工人时报周末特刊"。

(2)每周3期之"太阳周刊"阶段(1999年9月—2003年12月)

此阶段为每周3期,逢周二、周四、周五出版,周二、周四刊对开4版,周末版对开8版。

1999年9月3日起,《工人时报》将周末版改名为《工人时报太阳周刊》,对开8版,第一、第四版彩印。《太阳周刊》并独立标示出刊期数。

(3)每周4期之《太阳周刊》阶段(2004年1月—2010年)

此阶段为每周4期,逢周一、周二、周四、周五出版;其中周一刊、周四刊为对开4版,周二刊、周五《太阳周刊》对开8版,彩印。

2001年10月19日至2002年5月3日期间,《太阳周刊》曾短期扩版到12版。

多次的扩版包含着《工人时报》对办报之路的积极探索。这条探索之路对报纸来说充满了艰辛。

3. 曲折的办报历程

回顾发展历程,工人时报社认为,报纸的发展经历了多次起伏。①

1993—1995年,报纸不断加大工会维权宣传的力度,利用报纸的舆论监督功能进行维权报道,报纸在工会体统的影响力得到彰显。

1995年1月1日,《劳动法》开始实施。这一年,报纸以《劳动法》为依据的维权报道和言论,取得了较大的社会影响力,但是报纸的受众却开始萎缩。到1997年底,报纸的经营陷入了谷底。

在困顿之中,《工人时报》开始了市场化的尝试。

1999年,《工人时报》推出周末版《太阳周刊》,以小报化经营理念试图全力出击媒介市场,一时成为工会系列报纸中较为突出的一个市场化案例。

---

① 2005年《工人时报》调研座谈会。

但是《太阳周刊》的努力最终没有获得经营的成功,报社认为其原因在于受报纸性质影响,无法突入商业操作领域,更不具备市场竞争力。①

考察《工人时报》10年的报纸文本,我们认为:《工人时报》探索中的得失,并不应仅仅从经营角度加以评判。

(三)《工人时报》的意识形态话语之困

和所有工会报刊一样,《工人时报》作为工会机关报,首要的职能是"喉舌"。

2003年,一份署名"新疆维吾尔自治区总工会"的文件指出:"《工人时报》作为自治区总工会的机关报,是自治区总工会指导全疆各级工会开展工作的重要思想舆论工具。"②

"思想舆论工具"是对《工人时报》的根本职能定位。这个定位要求报纸:宣传党的理论、路线、方针、政策,坚持正确舆论导向,全面贯彻全心全意依靠工人阶级的指导方针,引导各级工会和广大各族群众,高举邓小平理论的伟大旗帜,全面贯彻"三个代表"的重要思想,深入学习、宣传、贯彻、落实"十六大"精神;贯彻落实中国工会"十四大"和自治区"九大"精神,开创自治区经济建设和工运事业的新局面。③

从上述文字字面上可以推断出《工人时报》要宣传的精神的重要性依次为:党的精神、工会的精神、自治区人大的精神。

作为工会机关报,《工人时报》必须采取主流意识形态的话语。这种意识形态话语主要是两个方面:一是党和国家的意识形态话语,二是工会的话语形态。

1. 党和国家高度的意识形态话语

《工人时报》各年的议程,是遵循着主流意识形态的宏大叙事框架的:

---

① 2005年《工人时报》调研座谈会。
②③ 新疆维吾尔自治区总工会. 关于做好2004年度《工人时报》征订工作的通知[N]. 工人时报, 2003-11-27 (2).

- 元旦、春节：全总、区总送温暖活动；自治区、全国两会的报道；
- "三八"妇女节前后：妇女职工、妇女职工群体典型报道；
- "五一"劳动节前后：劳模表彰、劳模个体和群体的报道；
- "七一"前后：爱党敬业报道、党员劳动者典型报道；
- "八一"前后：军队建设的报道、拥军爱民的报道；
- "九月"份："乌洽会"（乌鲁木齐商品贸易洽谈会报道）、经济报道；
- 十月：国庆气氛、国家和自治区发展成就报道。

上述议程，事实上已经基本确定了《工人时报》每年的报道节奏，以及报道的内容定位和话语风格。

此外，还有更大周期的议程，如：党的"十五大""十六大"会议及其各执委会；全总"十一大""十二大"及各次执委会；自治区"九大""十大"等会议。

在党中央、自治区党代会、全国总工会、自治区总工会等重大会议时，报纸基本上采用官方的报道，全文刊登会议重要文件。

在这些大会之前，报纸要报道自治区职工代表准备赴会的消息；大会之后，报纸要用相当的版面来体现职工群众、工会组织对大会精神的领会、大会文件的学习。

这样的议程设置，将报纸的报道和版面置于一个宏大的主题之下。报纸上包括新闻报道、通讯、言论等体裁的文本，使用的都是一种符合主流意识形态的话语形式。

在历次党中央和自治区党代会期间及之后一段时间，《工人时报》的确成为党的喉舌，一方面传达来自党的声音，另一方面，其文本主体也采用最宏大的话语形式进行叙事和其他言说。

2. 工会话语形态

在党和国家意识形态的话语形式之下，是工会的话语形式。

工会的话语形式，其主体是全国总工会、区总工会、各地工会组织。这种话语形式，是与党和国家的话语保持一致的带有工会特色的话语形式，带着浓厚的集体主义色彩，将受话客体命名为职工群众，指称为生产单位的"主人翁"，弘扬一种小我与大我统一的精神。

工会话语是《工人时报》的主要话语形式，它体现在绝大部分的报纸文本中：优秀人物总是被冠以"大地的儿子""人民的公仆""沙漠守护人""巾帼英雄""排头兵"等，对个人和企业的描绘是"踏遍公路情未了""烈火丹心""跨越天山的彩虹""六分之一国土上的奇迹""火焰山下绽放文明之花""光辉的足迹"等。

工会话语弥漫在《工人时报》的大部分文本中，最基本的体现即把受话者或报道对象称为"职工"，放置于企业、单位、工会等生产性的关系之中。

在《工人时报》10年的文本中，我们看到，与党和国家的话语保持一致的工会话语一直占据主导位置。如果报道的对象是个体，大多数情况下，他/她的名字会被放在小标题中，甚至不会出现在标题中；出现个人名字的时候，则往往冠以"职工"的称谓。这其实已不仅仅是报文修辞的问题，它反映出意识形态话语在《工人时报》中的统治地位。

工会话语的一个重要主体是各级地方工会组织。地方工会的报纸文本占据了《工人时报》的许多版面，仅专版就有《工会生活》《基层工会》《班组生活》等，此外还有来自地方工会的通讯员的报道、通讯、消息散见报纸各版面。《工人时报》对不少地方工会组织而言，是向上级部门进行工作汇报的渠道。这些稿件充满了公文腔，大多数文本看上去完全是用于汇报和交流的工作总结。这些稿件，使得《工人时报》显示出浓重的机关报特性，其新闻性和可读性因此受到了很大影响。

工具性的喉舌功能，并非只是阻碍工会报刊的发展；甚至可以说，正是这种喉舌职能，促成了工会报刊在20世纪90年代的发展，《工人时报》也是其中之一。

（四）1995 年前后：社会影响力的第一次释放

1. 工具性职能的另一面

进入 20 世纪 90 年代，《工人时报》的社会影响力逐渐增强。[①] 这与劳动关系变革的大背景下《工人时报》机关报职能的发挥是分不开的。

改革开放和市场经济的发展，推动了社会结构和劳动关系的变化；国有企业的改革，尤其是企业职工下岗分流政策的实施，给职工带来了巨大的冲击。这一时期，工会的职能发生了重大的转变，担负起教育和引导职工服务国家发展大局、调节各种新型劳动关系、维护职工权益等新的任务，这是计划经济时代工会所没有遭遇的情况。

"思想舆论工具"的作用，因而自然成为工会报刊在 20 世纪 90 年代初的最重要职能。工会对党的方针政策的解读，为职工和各级工会组织所期待。基层工会组织尤其需要一个传播渠道，来获取上级工会组织对工会的职能、任务、精神的传达，了解各地各级工会组织的具体做法。

社会环境的变化，激发起了受众对信息的需求。职工和地方工会组织需要工会这个桥梁去领会党的方针政策，需要工会为职工提供政策解读以消除困惑。

2. 意识形态话语的裂缝

1995 年至 1997 年之间，《工人时报》多次出现疑问句形式的报文标题，如《企业，能像球一样踢吗？》《新疆皮革工业怎么了？》《执法者可以不依法吗？》《天使还救人吗？》《谁该为这栋楼负责？》等。[②]

这些带着疑问的报文，显示出《工人时报》的话语体系开始出现了一丝松动。公文腔仍是这个时期《工人时报》的主要语气。但是，曾经文从字顺、融贯圆整的话语模式却出现了裂缝。

---

① 2005 年《工人时报》调研座谈会。
② 见《工人时报》，1995—1997 年。

主流意识形态话语的裂缝最终会被修复。而对于《工人时报》而言，裂缝出现的时候就是报纸为受众所需要的时候；裂缝被修复的时候，则是报纸公文腔重新占据主体位置的时候。

作为工会报的《工人时报》的可读性，是与我国工会的各次重大行动相关联的。以依法维权、劳动法实施、关心下岗再就业、农民工工资等为主题的工会工作热点，都使得《工人时报》的报章内容提升了新闻性。

新闻性最通俗的解释是新鲜的事件。工会要做事，要做与以往不同的事。对工会的新工作的报道，自然具有新闻性。

新闻性首先在于事件的重大。工会在我国社会生活和经济生活中的作用凸显的时候，就是工会行为具有重大意义的时刻。因此，在工会推进依法维权、依法签订劳动合同法、下岗职工再就业、企业建立民主管理制度、农民工讨薪等行动的时候，《工人时报》的新闻性就显得尤为突出。

新闻性又在于接近性，即与受众的生活相关。上述报道关系到各地工会组织，关系到广大的职工的切身利益，当然能够引起受众的注意。

因此，可以说，有重大社会影响力的工会工作议程，是包括《工人时报》在内的工会报刊脱离机关报的公文腔、提升新闻性的根本。只有当工会工作独立性显得充分的时候，只有当工会在社会生活和经济生活中发挥的作用显得充分的时候，工会报刊才能为社会和职工提供有新闻价值的新闻和信息。

3. 新闻性与媒介话语

工会在推进工作的时候，要遭遇各种问题。《工人时报》的报道不能回避这些问题。而此时，集体主义时代的曾经融贯的话语已经不能完全解说这些新的劳动关系问题，因为集体主义时代的职工已经成为新型社会关系和经济关系中的劳动者。

职工从集体的庇护中脱离出来，《工人时报》的报道也从集体主义的话语中艰难地挣脱出来，进入社会语境。

这些报道传达出职工的失落：

- 《请为我点上希望的灯——破产企业石河子食品公司职工心态录》;①
- 《田友淑：干到老一场空》（配短评《谁之错》）;②
- 《区总对落实"依靠方针"的一项调查显示 职工主人翁地位下降》。③

这些报道显示的是企业和集体的失落：

- 《谁来保护资源法》;
- 《失血的大地——新疆矿产企业资源流失透析》;
- 《奎屯客运站寂寞难耐》;
- 《新疆皮革工业怎么了》;
- 《沉重的翅膀——对我区棉纺企业亏损状况的调查》④。

这些报道显示的是种种新的社会矛盾：

- 《石河子创公章旅行新纪录》（企业集资建房 审批手续重重）;
- 《郭德标的幸与不幸》（工伤）;
- 《执法者可以不依法吗？》;
- 《职工待遇不公正求助法律 企业出尔反尔背叛违反》。⑤

正是在这些维权报道中，《工人时报》带着责任感突入了社会领域；也开始在一定程度上把职工从集体人还原为社会人，将计划经济时代"公家"色彩浓厚的"职工"，变成了市场经济和新型的社会关系中的劳动者。

（五）《工人时报周末版》：公共领域的开启

1. 一个新的话语空间

《工人时报》的周末版创办于1994年。从内容到话语风格，与周中刊有

---

① 《工人时报》，1995年8月5日，第一版。
② 《工人时报》，1996年3月26日，第一版。
③ 《工人时报》，1996年11月26日，第一版。
④ 见《工人时报》，1995年—1996年。
⑤ 见《工人时报》，1995年—1997年。

很大的不同。

周末版的头版设立了"黑色聚焦""特别报道""周末杂谈"等栏目。

第四版为"双休日""市场·信息""企业形象展示""大特写""广告"等。

内页的第二、第三版,为"文化""文学""经济""体育""法制"等。

周末版是《工人时报》按照媒介属性塑造报纸的产物。它关注的社会领域比以前更加广阔。

周末版与周中刊的不同,并不仅在于其关注领域的不同,也在于传播主体处理传播内容时视点的不同,以及由此而来的话语形态的不同。周末版不再使用意识形态色彩浓厚的话语形式。

周末版的话语主体是《工人时报》的报人,他们的主体认同里面包含有报人的自主意识。可以说,在周末版的《工人时报》的报人,是依照报纸的媒介属性来从事报业的,也就是把报纸视为一个公共领域,代表公众在说话,而不是采用主流的意识形态的话语模式。

1997年,周末版编辑部主任高炯浩对读者说:"内容必须贴近社会、贴近现实、贴近生活尤其是贴近职工生活,报纸才会受到工人读者的喜爱,这就使我们用更多的篇幅反映工人们的热点、难点、焦点问题,关系到他们切身利益的问题。"[①] 他还说:"要敢于说真话,报纸忌讳说大话、套话、假话或云天雾地,不痛不痒的话。"[②]

大话、套话、假话等自然有所指。但是,周末版要说的并不仅仅是真话,而且是一种与公文腔的、意识形态化的话语差别迥异的话语。

可以说,《工人时报》的报人,把报刊的思想舆论工具及其意识形态的任务放置到了周中刊中,而以周末版来探索媒介的公共性质,客观上,周末版开启了一个公共空间。

2. 去意识形态化的话语

在意识形态话语中,企业改制关乎党和国家命运,经济关于国家发展,

[①][②] 《工人时报》,1997年2月1日,第一版。

文化是丰富职工生活的文化，体育是体现职工精神的体育，甚至家庭和情感也是与职工的生产属性联系在一起的。

周末版放下了周中刊沉重的政治意识形态的负担，把社会生活处理成公众的、百姓的生活，而不是经由意识形态话语翻译的政治、经济、文化、体育。

第一版编辑周华如是说："'维权'依然是我们报纸的热点；大家关心的物价、住房、医疗等特别报道也该是浓重的一笔，《城市面孔》将更多地展现城市生活形形色色的变化，《周末杂谈》欢迎各界朋友来小坐，聊聊昨天、今天发生的'故事'。"①

下面是《工人时报》部分头版报道的标题：《失血的大地——新疆矿产企业资源流失透析》《新疆皮革工业怎么了》《洋货大兵压境》《塔里木河：鱼霸肆虐》《药品市场生病了》《建材质量乱套了》《新疆爱乐乐团步履蹒跚》《"安居工程"能否让人安心》《天海（花园小区）：一个弥天的谎言》《违章建房几时休》《边城股市疯了》《办灯展公园增添景色 乱收费游客论理无门》《泪洒萧条地 乌市"新体楼服装批发市场"集资摊主合法权益受损》。②

这些关注现实的报道，让《工人时报》周末版的新闻性有了很大的提升。报纸更多地遵循新闻的客观性原则，即报道和呈现事件，而不是在报道中首先寻找一种来自意识形态的裁断。

在周末版报文的行文之中，读者几乎找不到周中刊里那些带着工会色彩、政治色彩、集体主义色彩的词汇，也几乎感受不到机关的公文腔。

《工人时报》周末版一个值得重视的现象，是其《文艺周刊》《文学周刊》两个版面的长期坚持。这两个版面一直延续到1998年，而且内容扎实，在1995年、1996年甚至获得了商家冠名。这两个专刊在文艺品质上具有相当高的水准，汇聚了大量的可以说带有"新疆西部风格"的作品。如果说

---

① 《工人时报》，1997年2月1日，第一版。
② 参见《工人时报》周末版，1995年—1997年。

《工人时报》的周末刊是有意地在话语上进行去意识形态化的努力，那么，这两个专刊则是这种努力的重要组成部分，它们在审美维度上澄涤了外化于人的话语桎梏，还原了人。

工人时报社指出，1995 年到 1997 年之间，报社的经营跌入了低谷。① 经营的惨淡并不意味着报人一无所获。《工人时报》在这几年间完成了媒介身份的一次重要调适，即通过周末版的积极尝试，将《工人时报》从单纯的思想舆论宣传和机关报职能的单面性规约中挣脱出来，开辟出了一个符合媒介性质的、具有公共性特征的话语空间。

这种调适体现出一定的理想化色彩，但《工人时报》的努力是值得敬佩的。这种努力也为《工人时报》的进一步探索奠定了基础。

（六）《太阳周刊》：市场化的尝试和尴尬

1. 工会报人办市场报

1999 年 9 月 3 日，星期五，《工人时报·太阳周刊》创刊，宣告了《工人时报》进军商业化报业市场的强大决心。

在《工人时报》的合订本里，这一期《太阳周刊》极具视觉冲击力。彩色印刷、数字照排、模块化版式、大标题、多图片、带图导读、彩色的半版和双通栏广告：这些元素集中在一起，展示的是一份成熟的都市报的外观。

在头版的报眼位置，刊登着发刊词《我们对着太阳说》：

"……弘扬真善美，鞭挞假恶丑；坚持真理，维护正义，倡导文明，传播爱心。/这是"太阳周刊"的宗旨。/以独特的新闻吸引人，以深刻的思想说服人，以真挚的情感感动人。/这是她的办刊准则。/她还将一如既往地高举维权大旗，为普通劳动者、广大人民群众的合法权益呐喊。/这是《太阳周刊》的正气和朝气。"

---

① 2005 年《工人时报》调研座谈会。

其头版内容：《今年为何高分考生落榜多》（头条）、《扩招 家长笑了 校方难了》（假头条）、《包装首府》《公务员有望今年加薪》《商家热推贷款消费 置家工程启动喊冷》、纵贯全版的带图片的导读条。

第二版"时事纵横"：《莫斯科发生大爆炸》（头条）、《海峡两岸军力大比拼》（倒头条）、《叶利钦女儿涉嫌受贿》《国企参与股票买卖禁令解冻！！！》《兵团第一贪被判死刑》等。

第三版"太阳视点"：《谁是"龙王"》（专题：抗旱产品厂商状告商标侵权，索赔 700 万，下含 4 个小标题，提供事件背景）、两则法制新闻。

第四版"娱乐放送"：《我国首拍外片〈钢铁是怎样炼成的〉》《周润发……》《金鹰奖……》《赵薇互联网上传死讯》以及半版彩印广告（新疆啤酒）。

第五版"谋特刊"：《学会花明天的钱》《上班族如何成为小富翁》《开私家车不是梦》等。

第六版"心特刊"：《嫁个矮丈夫又如何》《同名同姓之大投机》等。

第七版"背景新闻"：全版专题《学校咋收费》，含《暗访学校乱收费》等。

第八版"记者行动"：《谁借洪水发财》《错别字污染首府》等。

——很难相信这是一份由工会报社所办的报纸。《太阳周刊》夹杂在《工人时报》的合订本里，仿佛是另一份报纸。

2. 消费文化的媒介话语

《太阳周刊》的创办，是工会报刊领域一个具有代表性的市场化尝试。①这并不奇怪，《工人时报》这一步迈得的确很大。

这份让人想起美国第一份廉价报——1833 年由本杰明·戴创办的《太阳报》的《太阳周刊》，从内容上看，完全符合商业化报纸的标准：它面向普通大众；它有自己的独家报道，包括维权和其他领域的新闻；它注重社会

---

① 2005 年《工人时报》调研座谈会。

新闻；它报道大众关注的问题；它提供有趣味的新闻和信息；它也提供耸动性的新闻尤其是法制新闻；它提供连续报道，追踪报道；它还制造新闻……

《太阳周刊》以现代的城市生活为其内容来源，也以城市公共空间里的公众为其受众，它关注城市公共领域的问题如环境、社会公平、丰富多彩的城市生活的各个侧面、奇闻异事、财富、犯罪、时尚、情感、娱乐、消费等。《太阳周刊》像所有的都市报一样，由一只看不见的资本的手推动着，宣扬消费，美化商品，以大量的文本营造一种都市消费的氛围。

如果说《工人时报》的《周末版》和《周末特刊》解除了意识形态话语的规约，开始采用带有公共性的话语形式；那么《太阳周刊》则又在这公共性的话语之外，加入了消费文化的话语。

3. 小报化的大报

《太阳周刊》并没有取得预期的效果。作为商业报的生命线的广告，一直没有起色，甚至开始走下坡路。它在街头销售，但是销量平平，没有出现预期中的效应。报纸的销量决定着广告的销售，《太阳周刊》的遭遇验证了市场的法则。

《太阳周刊》的消费特征日益明显，各个以"时尚""心""谋""经济"命名的版面上，商品越来越多地成为"报道对象"；越来越多的世俗神话式的报纸文本成了许多商品的广告软文。报纸也加强其自身作为产品的消费属性，煽情、耸动的内容日益增多，刺激性的法制新闻上到了头版，娱乐新闻更加媚俗，其他新闻逐渐娱乐化。

《太阳周刊》并非没有自己的优势。多年的维权报道，《周末版》时期开始的对社会热点、焦点问题的报道传统，尤其是其对某些产业领域的熟悉程度，是同地区其他媒介所不具备的。但是《工人时报》拥有的优势太单一了。在许多版面上，它并不具备优势。在市场竞争中，商业化的报纸动辄以几千万投资进入报业市场，以获得充分的人才资源、市场资源。这样的条件，是《工人时报》作为机关报所不具备的。

《工人时报》创办《太阳周刊》，可以说是在意识形态的议程设定中释放自身的媒介能量的一种手段。但是，对于读者来说，市场中已经有了替代性的都市报，《太阳周刊》并不具太大的吸引力；对于广告投放者来说，《工人时报》的受众主要是基层工会干部，因此《太阳周刊》同样不是选择的对象。

在这种情况下，《工人时报》只能是以有限的人力和资金一方面保持着自己的拳头产品，即维权报道、产业相关的报道，另一方面任由报纸朝着小报化方向滑去。

2001年，《太阳周刊》逐渐变成了一个大报形式的小报，但是在它的版面上，广告却难得一见。

《工人时报》的尴尬至此得以完全显示：作为工会报刊的周中报，被"党报"挤压；作为市场化报刊的《太阳周刊》，则无力与其他商业报竞争。

（七）经营之维：广告与发行

1. 1995—2004年《工人时报》版面广告分析

下面以广告版式分类，对《工人时报》10年间的广告进行简单梳理，共分4个部分：报花广告、报眼广告、专刊冠名、通栏广告及大幅广告。

（1）报花广告

报花广告是《工人时报》最为频繁出现也最为稳定的广告形式。它多出现在头版和第二版，偶尔出现在其他版次。

《工人时报》的报花广告多数与版面栏目或具体文本结合，以"特约"或"报文竞赛"冠名的形式出现。"特约"报花如：《独山子石油化工总厂"头条特约"》《新宇电子广场特约》（第二版头条）、《"佳加钙"视觉新闻》（头版图片报道）等；大赛报花如《"库电杯"散文征文大赛》《"伊力特杯"头题大赛》《"伊力特"第二版头题大赛》《"公路杯"征文》《"火焰山杯"摄影大赛》等。

上述报花多是赞助类或倾向于赞助类的报花。此外，《工人时报》上还有纯商业的广告报花。

赞助类报花主要用于回馈提供赞助的、区内较有实力的国有的或大型的企业,其中"独山子石化""伊力特""新疆四建""自治区公路局""建设银行新疆分行"等,是《工人时报》上最常亮相的企业。刊登纯广告式报花的,则一般是外省市的厂商,或区内一些商业行为主体,这些报花登报的周期较短,往往只刊登三四期。

报花广告尽管在《工人时报》上"常开不败",但其收益较为菲薄。

(2) 报眼广告

《工人时报》的报眼广告首次出现在1996年4月2日周二刊上,以工人运动会30天倒计时的形式为一家名为"源基资讯"的高科技企业做广告。

其周末版则似乎早有准备,于1996年3月份即将头版设计为双报头:左上"工人时报"、右下"周末"。4月13日,《工人时报周末》的"双报头"头版上,赫然出现了两个倒计时表形式的报眼广告,"周末"报头的报眼广告为香港回归倒计时,时距香港回归还有444天。

2003年之前,《工人时报》的报眼广告销售一直较为稳定,几乎没有中断。但是从2003年起,报眼广告却突然消失,直至2004年底,再没有出现。

(3) 专刊冠名

《工人时报》周末版的创办和经营,在工人报刊探索市场化办报之路时期,具有一定的影响力。① 以商家冠名专刊,即报纸在经营商的一个成功案例。

1995年9月,周末版刊登《大机遇:〈工人时报文学文化专刊将以新疆知名企业及产品命名〉》的通告,以"竞赛"方式吸引商家为其冠名。② 9月26日,报纸于头版位置公布"竞赛"结果,两个商家分别冠名《工人时报》的文学专刊和文化专刊,成为"新疆首创企业及产品为报纸专刊命

---

① 2005年《工人时报》调研座谈会。
② 参见《工人时报》1995年9月16日第二版、1995年9月19日第四版。

名"。①

《蓝星文化茶座》《雁栖鹭岛文学专刊》两个专刊,是此后两年里《工人时报周末特刊》里足以自豪的版面。但也是在这两年,工人时报却陷入了低谷。②

1996年底,文学专刊失去了商家冠名。文化专刊的商家冠名也止步于同年1月。此后至2004年底,这一专刊冠名的广告形式再也没有出现过。

(4) 通栏广告与半版、全版广告

1995年至1997年,《工人时报》的通栏广告(含半通栏、单通栏、双通栏)约为每月10则,平均每期不到1则;半版广告每月1则,平均每期不到0.1则;全版广告,算上一些企业专版,勉强够得上每月1则。

1998年,《工人时报》的通栏广告与大幅广告数量得以提升。这一年,报纸的每一个版面几乎都出现通栏广告。半版、全版广告(含企业形象专版)亦几乎每期出现。《工人时报》用于广告(含软性广告)的版面从此得以增加。

这种情况一直维持到了2000年。其间《太阳周刊》以彩印形式出刊,并扩充为8版。每一期报纸上都印有各种规格的硬、软广告,其数量和含金量看上去虽然让人担忧,但毕竟报纸维持着一种市场化报纸的面貌。

转折发生在2001年。这一年,报纸的通栏广告和大幅广告开始减少。尤其是大幅彩印的硬广告,更是难得一见。

局面一直没有改观。经统计,2002年第四季度,工人时报24期周中刊仅出现1则"中国电信"的单通栏软文广告;12期《太阳周末》共出现双通栏广告6次,半版广告1次,全版广告2次,企业专版2次。

至2004年底,《工人时报》的广告,仅剩下零星点缀于头版的一两则报花,和偶或出现的一则半通栏或单通栏的豆腐块小广告。而较大版幅的广告

---

① 文学登"鹭岛"文化耀"蓝星""大机遇"各属其主[N]. 工人时报, 1999-09-26 (1).
② 2005年《工人时报》调研座谈会。

的出现，对报纸合订版的翻阅者而言，几乎能产生看到重大突发新闻的冲击力。

在《工人时报》"太阳周刊"时期，报纸的版面上，经常出现留出天窗的广告位；而大多数情况下，这些天窗最后只能悄然关上。2004年，报纸一度刊登"膏药广告"（神医、诊所、民间偏方等）①，与大报的报式极不协调。

2. 行政指令式的报纸发行

2003年11月27日、12月2日、12月4日，《工人时报》连续刊发一则署名"新疆维吾尔自治区总工会"的通知。

这则通知名为《关于做好2004年度〈工人时报〉征订工作的通知》，发送对象为"伊犁哈萨克自治州总工会，各地州市工会，各产业厅、局、公司（集团）工会，区直机关工会，区总各直属单位"。

通知要求各部门"把订阅《工人时报》作为一项政治任务来抓，切实完成订阅任务"。通知如此解析"政治任务"：

"各地州、市和产业工会在考核基层工作时，一定要把订阅《工人时报》纳入考核指标。区总也将对地州、市产业和县级工会进行目标考核，考核目标是各地州、产业及县工会，所属基层工会应订阅一份《工人时报》，所属基层工会小组2004年订阅数原则上不低于上报的基层工会小组数的30%。"②

《工人时报》历来依赖行政发文进行报纸发行。而行政命令式的发行通知在2003年的报纸上全文出现，透露出的信息是，《太阳周刊》的市场化尝试没有获得成功。

和其他的工人报刊一样，《工人时报》的办刊经费主要依赖于主管部门的行政拨款，并以发行收入和广告收入进行补充，其中发行收入又是主体。③

《工人时报》2004年的全年订费定价为168元，对一份每周4期共24版

---

① ② 如2004年4月5日《工人时报》。
③ 2005年《工人时报》调研座谈会。

的薄报而言，这已经是一笔可观的收入。考虑到《工人时报》拥有自主经营的印刷厂，① 在保证发行量的前提下，其发行收入已经可以较好地对冲其运营成本。

在市场化努力未见成效的前提下，依托工会办报是无二的选择。更何况，即便在市场化过程中，《工人时报》的大部分收入也是来自于区内大型企业的广告式赞助。体制内报纸依托体制生存，依托体制所建立起的社会关系生存，这是符合逻辑的。

（八）大型新闻策划：力不从心的壮举

2002年至2005年，《工人时报》进行了三次大型的新闻策划。先后推出《凸显发展的力量——放眼天山北坡经济带》《县（市）万里行》《兵团百团大采访》三个系列报道。

《放眼天山北坡经济带》于2002年8月至10月连续登载13期。对西部大开发中新疆经济发展的战略性区域进行全方位的报道，报道内容涉及公路建设、城市建设、产业发展等。

《县（市）万里行》于2004年1月至11月连续登载共103期。本次活动，出动记者100多人次，行程近20万公里，对新疆近百个县（市）进行采访。② 采访对象是各县市的工会。

《兵团百团大采访》于2004年11月至2005年8月连续登载。活动采访了14个师、100多个团场，反映兵团的新变化、新气象、新面貌。③

如此大规模的新闻采访活动，是应该载入中国新闻史的。这三次活动，可以说是《工人时报》多年媒介实践之后对又一次突破的探索。

连续报道、系列报道能够制造强烈的受众期待。《工人时报》这三次大

---

① 在改革中发展壮大的《工人时报》[N]. 工人时报，1995-10-07（4）.
② 穿越天山南北：《工人时报》记者"县（市）万里行"采访作品集·前言[G]. 工人时报社（内部资料），2004.
③ 与绿洲同行：《工人时报》"兵团百团大采访"作品集[G]. 工人时报社（内部资料），2005：1.

型采访活动，从名称看，是要对"今日新疆"做一次全景式的展示。按照对《工人时报》以往的探索的认识，这三次活动应该会是一次新闻盛宴，它将以全新的视角，展示一个充满时代气息又接连着历史的新疆。

但是，对三次活动文本的考察，却让人多少有些失望。失望来自于阅读期待的挫折。

《天山北坡经济带》的采访活动应该说是成功的。它关注的目标比较单一，主要从经济角度进行报道。它使用的是以经济发展为主题的、已经基本完成意识形态化并为受众所接受的话语模式。但是，"县（市）万里行"和"兵团百团大采访"，却让人感觉到《工人时报》在具体实施中的力不从心。"县（市）万里行"成为地方各级工会的又一次公文式汇报，其新闻价值大打折扣。而"兵团百团大采访"在一定程度上，可以说是各兵团发展报告的一次结集。从文本效果看，两次大采访中，大部分记者的任务是去收集这些报告。

问题的根本在于，《工人时报》在这两次大型的采访活动中，不能以一种宏阔和犀利的眼光来透视县（市）和"兵团"，以一种有别于工会话语和兵团话语的话语，来进行全景式的叙事。应该说，对于全区地方工会和"兵团"这样大叙事的主题，除了遵循为主流意识形态所认可的话语形态之外，作为工会机关报的《工人时报》看来也没有其他主题的清晰思路。

两次大型活动无法真正深入，还因为《工人时报》自身的身份和定位，因为其所依托的工会组织在社会组织结构中的地位，限制了其进入为意识形态话语所屏障的领域的步伐。奔波在"全国六分之一土地上"的记者，所能仰赖的仅仅是工会组织。媒介身份的尴尬，工会媒介身份的更深的尴尬，决定了媒介实践效果的尴尬。

回看"县（市）万里行"和"兵团百团大采访"，这两次大型活动给予人的思考已经不在于新闻文本本身，而在于这些文本的写作行为。三次新闻策划，从其内容看，绝非是为了制造轰动效应的"炒作"，这里面包含着报人的媒介责任感。采访文本本身的新闻价值并不充分，但是这几次新闻策划和行动，却包含着对媒介本身的价值的追求。

在令人吃惊地踏入商业报领域，在被市场拖入小报的境地之后，《工人时报》以三次大型的策划寻找着自己的大报品格。和《周末版》时期开辟公共性的话语空间一样，《工人时报》在新世纪里塑造大报品格的这些行动，并没有收获多少直接的经营效果，它的可见的效果是以报人的艰辛，与全区的基层工会组织进行了一次亲密接触，这算得上是对掏钱买报的受众的最直接的回馈了。

（九）十年探索的定格：一份最为奇特的工会报纸

2004年1月1日，《工人时报》再一次扩版。由每周3期扩展到每周4期，周一、周二、周四、周五出刊。扩版后新增的周二刊，8版彩印，其风格更接近《太阳周刊》，但内容上和风格上不像《太阳周刊》那样小报化。

至此，《工人时报》有了新的节奏：周一、周四是典型的机关报；周二、周五则更像市场报。这是《工人时报》自身的议程。

2004年的《工人时报》，成了一个奇特的综合体。周一、周四是色彩浓厚的体制内机关报，周二刊看上去是一份市场化的大报，周五的《太阳周刊》则充满小报气息。在这个奇特的综合体上，多种话语形式都获得了呈现的空间和节奏，从政治性的意识形态话语，到工会系统的话语，到公共性的话语，再到消费文化和商品神话的话语形式，并且形成了一种奇特的平衡。

这种平衡在此后几年内都没有被打破。也许可以说，《工人时报》已经做了一份工人报在世纪前后一段时间内所能做的，甚至比它所能做的还要多。

（十）小结

上文梳理了《工人时报》20世纪90年代至2010年的发展历程，描述了该报在几个关键节点上的媒介操作策略和实践。

《工人时报》因其机关报性质而承担着意识形态表达的任务。它的主体话语形式，一直是与党和国家主流话语保持一致的工会话语形式。但是，

《工人时报》有着相当充分的媒介主体自觉,并以相当有力的尝试去探索工具性职能之外的媒介身份。

《工人时报》发展的机遇最初来自其机关报的身份,在20世纪90年代,它随着工会在我国社会生活中的地位和职能的凸显而第一次产生了重要的媒介影响力。此时,意识形态化的工会话语体系因为劳动关系的变动而产生裂缝,《工人时报》在这个时期开始转变其话语形态。

1995年至1998年,《工人时报》通过创办《周末版》,从意识形态色彩浓厚的议程规定性中挣脱出来,以带有公共性质的话语形式追求报纸的媒介特性,并一定程度上将媒介作为公共空间向受众开启。

1999年开始,《工人时报》又通过创办《太阳周刊》,进行市场化尝试。这使得《工人时报》走上了商业报的方向,增添了商业文化和消费文化的话语形式。

至2004年,随着《工人时报》由每周3期改版为每周4期,报纸可以按照话语形态分解其议程,意识形态的、公共领域的、消费文化的话语形式共生于一体,形成了奇特的平衡。

《工人时报》办报历程中几次大的尝试,都没有获得明显的经营效果,但《工人时报》的尝试,是出自其主体自觉的、充满实干精神的探索,其历次实践的经验与得失,反映了我国工人报刊发展中许多带有共性的问题,对于推动工人报刊在当前媒介环境下的发展,具有很强的借鉴意义。

九、《中国工人》个案研究

《中国工人》杂志是由全总主管的一份具有悠久历史的刊物。早在1921年,中国共产党的早期活动家恽代英就在当时工人运动的主要策源地上海创办了这份刊物。1940年,《中国工人》在延安出版时,毛泽东曾为杂志撰写发刊词并题词,阐明了中国工人阶级对中国革命的贡献、中国工人阶级的任务以及《中国工人》的办刊方针。文章指出:《中国工人》应该成为教育工人、训练工人干部的学校;工人中间应该教育出大批有知识,有能力,不务空名,会干实事的干部。新中国建立后,《中国工人》再次办刊至1960年停刊。1993年,《中国工人》复刊。同年10月18日,时任中共中央总书记、国家主席的江泽民为新出版的《中国工人》题词:"坚持党的基本路线,为职工群众服务"。2005年初,经报新闻出版总署批准,中国劳动关系学院成为《中国工人》的主办单位。至今,《中国工人》已经成为集权威性、指导性、前瞻性、可读性和参考价值于一体,面向国内外读者,特别是全国职工和工会干部的大型综合性月刊。

多年来,《中国工人》始终坚持"以中国工人为主体,传播声音、维护权益、捍卫尊严"的办刊宗旨,坚持为工会工作服务,为职工群众服务,为促进改革和建设服务,坚持正确的宣传舆论导向,突出"工"字特色。从1998年起,连年被新闻出版总署、中国期刊协会指定为全国基层(包括企业、事业单位、学校、农村和解放军单位)阅览室的上架期刊。本课题研究的时段是从1993年《中国工人》复刊至2010年。

(一)《中国工人》的内容沿革分析

1. 工人群体历史背景的演变

从新中国成立到改革开放前期，中国工人阶级特别是大型国有企业的工人阶级，处于国家领导阶级地位，是执政党的阶级基础，报酬高、岗位稳定，令人羡慕。然而，随着改革的深入发展，中国社会的经济、政治、文化等生活发生了翻天覆地的变化，特别是国有企业改革超出了许多人的预期，使人惊愕不已甚至困惑不解。

在20世纪90年代，工人的概念似乎发生了某种变化，往往前面都加上了修饰词，如国有企业工人、三资企业工人、乡镇企业工人、下岗工人和失业工人。自20世纪90年代以来，一个拥有社会中大部分资本的强势群体已经成形。这个强势群体有三个基本组成部分，即经济精英、政治精英和知识精英。同时，20世纪90年代以来，改革的动力也发生了明显的变化。在20世纪80年代，几乎各个社会群体都是改革的拥护者，而20世纪90年代以来，改革更多地反映了上述强势群体的主张。在20世纪80年代的改革过程中，体制的变革推动着社会结构的转型，即新的社会力量的形成以及其新的组合关系，而在整个20世纪90年代，在体制的变革仍在继续进行的同时，新形成的社会力量及其组合关系已经开始逐步定型。与此同时，中国工人群体在以下几个方面也出现了明显的变化。

第一，从数量上看。1978年，全国在职职工总数为1.2亿多人，到2006年，全国在职职工总数近2.7亿人，占全国总人口的20.61%，占城乡从业人员总数的36.67%。从此以后，我国每年新增城市就业人口有1000多万，基本上都加入到工人阶级队伍中来。越来越多的进城务工的农民，也转化为工人阶级的新成员。据国家统计局披露，截至2008年1月1日，我国有13.8628亿人口。其中流动人口有14735万人（这部分人大多数加入到工人阶级队伍中来）。农村人数占据57.01%，城镇人口为42.99%。按这个数字推算，2010年，全国职工即工人阶级队伍总数，大致在5亿左右。

第二，从结构上看。工人阶级结构是指其内部的相互联系及其比重。新时期，我国工人阶级结构的主要变化有以下几点：一是工人阶级中知识分子的比重大大增长，工人阶级的科技文化素质明显提高。二是职工所依存的经济组织的所有制形式日益多样化。三是工人阶级队伍的年龄结构呈现出年轻化的趋势；据调查，目前全国职工平均年龄只有36岁左右。四是由过去单一的在第二产业中从事体力劳动的工人向从事第三产业发展，并超过了第二产业工人的比重。到2000年底，第二产业的从业人数占22.5%，而第三产业的从业人数已占到了27.5%。五是劳动特点发生了由体力劳动向智力劳动的变化。传统意义上的工人是特指工业体力劳动者，现在正向脑力劳动、脑体相结合的复合型工人变化。1997年，国有单位的专业技术人员已达2049.5万人，平均每万名职工中技术人员达1903.7人，分别比1978年增加了3.72倍和2.26倍。具有初级、中级、高级职称的职工分别占工人总数的21.3%、14.2%、2.6%，与1992年相比，三项比例均有所上升，其中中级职称比例上升了5个百分点。

第三，从文化水平上看。工人阶级的文化水平，主要指工人阶级接受教育、培训的程度。新中国成立之初，我国工人阶级的文化水平基本上是文盲、半文盲，如今科技文化素质明显提高。1997年，我国每万名职工中，专业技术人员从改革开放前的583.1人增长到1903.7人，提高了2.26倍。据上海市总工会1992年和1997年分别对全市职工队伍状况调查数据显示：同1992年相比，1997年全市职工文化程度有了明显提高，初中及以下的职工减少10.5%，大专以上的职工增加了2.8%。并且，面对就业岗位和市场竞争的双重压力，职工和企业为了各自的生存与发展均十分重视职业教育，这大大推动了工人阶级队伍的知识化。据共青团上海团市委1999年的问卷调查显示，在职青年已参加各类知识和技能学习的占81.4%。

第四，从收入上看。由于工人受教育程度、智力、体力、就业方式等方面的差别，以及产业结构的调整、就业的竞争，工人之间的收入出现了较大的差距。不同地区、行业、所有制单位职工收入的增长幅度不一，不同群体之间的收入差距有所扩大。一部分职工由于企业经营不好或者自身的原因而下岗失业,收入减少。具体表现为:一是行业差距。国家发改委发布的《2006年中国居民收入分配年度报告》显示:2000年行业最高人均工资水平是行业最低人均工资水平的2.63倍,2005年这一差距增加到4.88倍。在职职工工资总体增长的情况下,不同地区、不同行业以及不同企业之间,收入分配差距逐步扩大。一部分高收入人群的工资快速增长,直接拉高对全部职工工资总额和平均工资增长的统计数字,从而掩盖了低收入职工工资增长缓慢甚至相对下降的实际情况。二是管理者与普通工人之间的收入差距在扩大。1979年管理者的收入是工人收入的1.18倍,以后逐渐扩大,特别是20世纪90年代中期实行年薪制之后差距更大。从对企业的实际调查看,企业领导人的年收入是普通工人的6.4倍至几十倍不等。三是普通工人阶层收入明显偏低。据陕西省总工会职工队伍状况调查,2010年家庭人均月收入501—1000元的占46.1%,1001—2000元的占17.6%,2001—5000元的占3.1%,5001—10000元的占0.1%。在2000名职工问卷中,认为自己的收入水平"中等偏下"的占28.8%,认为是低收入的占30%,两项合计占58.8%。可见,普通工人的工资收入,明显低于社会平均工资。①

2.《中国工人》的主要栏目分析

作为党领导下的各级工会组织的机关报刊,工会报刊既有别于党报党刊,又区别于行业、企业报刊。这类报刊作为机关报在受到主管部门——各级工会组织管理的同时,又因其特殊的属性和影响力,在业务方面接受各级宣传部门的管理和指导,逐步形成了其特有的办报路子和风格。在主要栏目设置上,《中国工人》自1993年复刊以来,经历了以下的变化。

(1)"问题讨论"栏目(1993—1997年)

在1993年第1期与读者互动的"问题讨论"栏目,《中国工人》刊登了一篇读者来信,题名是《上班还是练摊儿》,围绕着第二职业的问题展开了

---

① 数据转引自:赵娜. 论当代中国工人阶级的新变化与发展趋势[J]. 山东省农业管理干部学院学报,2010(6).

探讨。复刊伊始,《中国工人》就面向当时的社会热点,针对改革开放和市场经济体制下企业转轨所带来的社会震荡,展开了探讨,直击广大工人的心扉。此后,又陆续刊登了《逼上梁山——关于第二职业》(1993年第2期)、《第二职业是与非》(1993年第3期)、《不要叫"第二职业",更不要大张旗鼓地宣传和提倡》(1993年第4期)、《业余挣钱理所当然》(1993年第5期)、《冷观"下海热"》(1993年第6期)、《主次职业的四种错位》(1993年第7期)、《搞第二职业,宝钢不允许》(1993年第8期)、《第二职业弊端多》(1993年第9期)、《种好自家地,荒了公家田》(1993年第10期)、《我们走在岗位致富的大路上》(1993年第11期、第12期)。这一年,该栏目的关键词是"第二职业",通俗的说法就是"下海"。"下海"这个词为中国工人的生活揭开了一幅新的生活图景,伴随着愿意或不愿意的情绪,把心理准备不足的中国工人一下子拉进迅猛的市场经济大潮之中。

1994年,作为企业转轨之后的必然结果,企业职工的生活保障和权益维护等问题开始逐渐凸显。《中国工人》在这一年的"问题讨论"栏目中,文章的选题较1993年而言,明显发生了较大的变化,从最初关注"是否下海经商"转向了"工人下岗之后的各种生活保障问题和个人权益的维护",从对事件的开端原由的探讨转向了对事件发生之后的结果的反思上来。比如,《"模糊机制"损害职工地位》(1994年第1期)、《国有企业职工"失落感"的主要表现与原因》(1994年第2期)、《我们工人并不低人一等》(1994年第3期)、《期望值不应太高》(1994年第4期)、《主人翁地位要有物质基础保障》(1994年第5期)、《主人翁为何"失宠"》(1994年第6期)、《落实职工主人翁地位要努力形成三维统一体》(1994年第7期)、《职工"失落感"原因分析》(1994年第8期)、《职工主人翁地位确立不是一蹴而就的》(1994年第9期)、《切实保障职工主人翁地位》(1994年第10期)、《职工的主人翁地位要靠企业去实现》(1994年第11期)、《职工有实在的主人之感,企业才有走出困境的路》(1994年第12期)。这一年,该栏目的关键词是"主人翁"。对于工人"主人翁"角色的探讨,实际上从一个侧面承认了工人的地位在理论上和现实中的差距，工人在政治、经济地位上的危机已经依稀可见。

1995年，"问题讨论"栏目围绕着"职工积极性"这一问题进行了探讨，如《如何调动职工的积极性?》（1995年第1期）、《对调动职工积极性的几点看法》（1995年第2期）、《影响职工积极性的社会环境因素》（1995年第3期）、《调动企业职工积极性要做好"五个有机统一"》（1995年第4期）、《调动职工积极性要克服三种偏差》（1995年第5期）、《调动职工积极性的有效途径》（1995年第6期）等1996年，"问题讨论"栏目的关键词是"劳动法、合同"；1997年，关键词是"下岗女工"。这些关键词的变化，一脉相承地反映出改革的深入和各种深层问题逐渐浮出水面的社会现实。

（2）"代表与维护"与"劳动关系评析"栏目（1993—2008年）

到1998年，"问题讨论"栏目被撤，而同样自复刊以来一直存在的"劳动关系评析""代表与维护"栏目，以及1998年新开设的"再就业话题"栏目则成为《中国工人》在职工核心利益方面的代言人，继续关注职工的物质生活保障和权益维护问题。比较具有代表性的文章有《企业劳动关系亟待理顺》（1995年第1期）、《职工申诉劳动争议为何这么难》（1998年第5期）、《600人为何集体停工》（1999年第1期）、《谁敢蛮干胡来 工人赶谁下台》（2000年第1期）、《究竟是谁"为所欲为"》（2001年第3期）、《劳动者利益：遭遇"经济能力"红灯》（2002年第12期）、《拖欠工资，为何总有"正当"理由》（2003年第8期）、《因职工下岗引发劳动争议现象亟待重视》（2004年第1期）、《企业改制，职工分流引争议》（2005年第5期）、《管管"三无"企业》（2006年第2期）、《农民工要通过合法途径维权》（2007年第1期）等"劳动关系评析"栏目自1993年复刊起，一直保留到2008年，作为一个知识普及型的栏目，它或通过案例，或通过讲解，一直把握着时代的脉搏，对自转轨以来的新型劳动关系作了持续的阐明。

（3）"法律顾问"栏目（2000—2009年）

2000年，《中国工人》开设了"法律顾问"这一新的栏目。这一栏目的开设，标志着法律取代行政手段，逐渐成为解决各种劳动纠纷的主要途径。具有代表性的文章有《被解雇的劳动者如何享受补偿金》（2000 年第 6 期）、《这样开除职工符合法定程序吗》（2001 年第 10 期）、《社保处能否扣发企业离退休人员养老金抵偿债务》（2002 年第 9 期）、《破产企业职工能享受哪些待遇》（2003 年第 8 期）、《出差受伤，如何要求给付医疗费》（2004 年第 4 期）、《复议机关逾期不复议怎么办》（2005 年第 5 期）、《可以根据监控资料对当事人作出处罚吗》（2006 年第 5 期）、《他人代签的劳动合同是否有效》（2007 年第 2 期）。2009 年，这一栏目被"法制焦点"所取代，但关注的重点仍保持了一致性。

（4）"维权"栏目（2008—2011 年）

"工人报刊最大的特色在哪里？当然是维权，最大限度地依法维护职工群众的切身利益。工人报刊要使其有旺盛的生命力，就必须充分发挥这一优势，打好维权这张特色牌。新时期中国特色社会主义工会维权观，即'以职工为本，主动依法科学维权'。"①

2008 年，《中国工人》新增设了"维权"栏目，进一步把对工人维权行为的维护推向了深入。较有代表性的文章有《侵犯个人信息可能构成犯罪》（2009 年第 7 期）、《规范劳务派遣用工制度刻不容缓》（2009 年第 9 期）、《少缴员工养老保险费违法》（2009 年第 10 期）、《无固定期劳动合同 ="铁饭碗"》（2009 年第 11 期）、《维护职工合法权益必须重视和加强民主管理》（2009 年第 12 期）、《为了中国工人的尊严：澳利威女工维权纪实》（2010 年第 7 期）、《解构富士康》（2011 年第 1 期）、《富士康代工王国与当代农民工》（2011 年第 2 期）、《生活空间：囚在富士康代工王国》（2011 年第 3 期）、《探访富士康的工伤员工》（2011 年第 4 期）。

"主动维权，就是要切实增强责任意识，充分发挥主观能动性，主动了解职工群众的实际困难和问题，反映诉求、化解矛盾，积极主动地做好维权

---

① 屠小华. 论工人报刊在协调劳动关系中的角色与作为[J]. 中国劳动关系学院学报，2010 (6).

报道工作;依法维权,就是要切实增强法制观念,运用法律手段来履行维护职工合法权益的基本职责,在维权报道中,通过理性合法的方式,依据法律法规维护职工的合法权益。科学维权,就是要切实把握工人报刊维权的特点和规律,把新闻维权工作贯穿于推动改革、促进发展、积极参与、大力帮扶的全过程。因此,工人报刊不仅要关心基层职工群众的权益问题,而且还要拓宽工作范围,依法维护职工群众在社会生活领域的各项权益。"[①] 在2008年之后,《中国工人》还增设了其他的新栏目如"观察家""海外观景""国际视野""法制焦点""案与法"等,这些栏目较之2008年以前的其他栏目如"婚恋家政""影视大舞台"等,不仅有着更为广阔的世界背景,在知识含量上更加丰富,体现出信息时代和全球化的特点,而且更是突出了在新型劳动关系中法律与维权之间密切的联系。

纵观《中国工人》的主要栏目如"问题讨论""代表与维护""劳动关系评析""法律顾问""维权"等,可以看出,《中国工人》长期以来一直坚持"以中国工人为主体,传播声音、维护权益、捍卫尊严"的办刊宗旨,以为广大工人服务为己任,以维护工人权益为出发点,真正做到了以工人利益为本。

(二)《中国工人》的市场运作分析

近几年,随着我国文化体制改革的稳步推进和深入进行,国家有关部门对工人报刊的管理政策作了几次较大的调整,对该类报刊的发行、办报思路以及广告经营等产生了较大影响。工人报刊主要利用各级工会组织网络进行征订发行,读者主要面向基层企业和职工。在计划经济体制下,工人报刊在许多大中型国有、集体企业都订到了班组,在企事业单位和基层具有广泛影响力。比如全总的《工人日报》在全国的发行量曾逾240万份。"工人报刊的转折点大致始于1997年。随着我国改革开放和经济体制改革的不断深化,企业改组、改制全面进行,新的民营企业和外资企业不断涌现,工人报刊的

[①] 屠小华.论工人报刊在协调劳动关系中的角色与作为[J].中国劳动关系学院学报,2010(6).

发行和定位已经越来越不能适应社会主义市场经济的发展，它依附在工会工作的链条中，长期以来有一种依赖于上级工会红头文件要求订阅的心态。办报者在征订发行过程中依靠摊派的色彩比较浓重，市场存活能力较差，缺乏改革的动力。同时，其他行业报刊的无序竞争以及乱摊派、强行征订的行为，也使工人报刊的发行量和影响力遭遇到了前所未有的严峻挑战。"①

市场观念是改革新形势对杂志的要求。作为工人杂志，需要有经营思想，需要对杂志进行企业化管理，提高质量，扩大发行，降低成本，增加广告收入和提高经济效益，也就是说需要有营利意识。有了更多的资金，才有利于更新采、写、编、印的设备和条件，拓宽采访范围，提高杂志质量，扩大影响力。只有在经济上自立，才能更好地走进市场，参与竞争；只有发展壮大自我，才能更好地服务社会、服务群众，否则。工人杂志就不可能立足市场。

在市场营销学中，从传统的以产品为中心的"4P"理论向以消费者为中心的"4C"理论的转化和过渡，已经充分说明在市场经济中，对于消费者的关注和市场细分是必不可少的环节。然而，对于工会杂志而言，却存在一个理论概念和实际情况难以吻合的问题，即对于读者受众的定位问题。一般而言，由工会主管主办的杂志叫工会杂志，有时也称为工人杂志，顾名思义它是办给工人阶级看的，通俗点说是办给职工看的，但今天这一观点越来越受到质疑。几十年来，中国工人阶级的概念内涵已经发生了许多变化，对具体的工会杂志而言，面对这样宽泛的读者定位是值得商榷的。新中国成立初期，我们还是沿用马克思主义经典作家关于工人阶级的概念，工人阶级就是指雇佣劳动者。后来，在我国传统计划经济体制下，工人阶级包括国有、城市集体企业以及政府机关及事业单位的职工。虽然知识分子阶级的身份是职工，享有一切职工的福利待遇，但在政治思想领域，他们又经常被列入资产阶级阵营。改革开放以后，邓小平明确指出：知识分子是工人阶级的一部分。2001年新修改的《工会法》对工人阶级的概念用法律语言进行界定，

---

① 李志强. 试论工人报刊的特色和优势[N]. 天津工人报，2009-06-29.

即"在中国境内的企业、事业单位,机关中以工资收入为主要生活来源的体力劳动者和脑力劳动者"。这就是当代工人阶级的概念。"通俗地说,工人阶级就是指社会上的工薪阶级。从最新的工人阶级概念出发,其内涵几乎涵盖了社会上除了军人、农民(进城务工的农民除外)、学生、企业主、无业人员之外的几乎所有群体。现在的工人阶级已经不单单是指厂矿企业中的一线工人,从大学教授到进城的农民工、从国家机关的公务人员到企事业的一线职工都是工人阶级的组成部分。这些读者群,他们的利益诉求不同、知识结构不同、经济状况不同、文化品位不同、兴趣爱好不同,面对如此庞大的读者群体,工人杂志就存在着对读者群体的细分问题。但是目前,很多工人杂志仍然笼统地将读者定位为职工,这显然不符合变化了的实际状况,想左右逢源,其结果只能是被市场所淘汰。如何细分读者市场,是办好工人杂志必须面对的首要课题。"①

纵观《中国工人》近20年的历程,可以大致看出其读者定位的一个较为明显的变化,即所涵盖受众范围从最初的以面向企业职工为主,向包括更为高级的脑力劳动者在内的更加庞大的群体延伸,杂志内容的知识含量、视野广度、思想深度都得到了较大的拓展和加深。这种变化,和中国工人在整体上文化素质和受教育程度的提高有着密切关联。虽然,在理论概念上,知识分子也属于工人的范畴,但是在生活实践中,很少有知识分子会自觉地把自己视为工人阶级的一员。因此,《中国工人》在读者定位上的这种变化,虽然完全符合工人阶级知识储备提升的事实,但是对于较为特殊的知识分子群体而言,这种定位要想真正打动他们,并使之成为忠实的读者,仍需进一步努力。

除了杂志定位和受众市场细分之外,《中国工人》为了在市场经济中创出自己的品牌,还做到了以下两点。其一,服务观念是立足市场的重要法宝。工人杂志不是党内刊物和政府机关刊物,但有些刊物的报道却往往从上边的计划、指令出发,过分强调指导性,再加上干巴巴的语言,文章显得居

---

① 林宜承. 办好工会杂志必须解决的三个问题[J]. 新闻传播,2010(9).

高临下，好像在替领导发号施令。这种话语方式无疑会引起人的质疑和反感。正因为《中国工人》坚持了杂志为群众服务的宗旨，才使刊物在群众中有较高的声誉和威望。其二，创新意识是增强杂志竞争力的关键，也是走向市场的重要武器。随着市场经济的发展，读者对新闻的要求越来越高，不但要知道发生了什么，而且要知道为什么。简单的报喜不报忧的稿件越来越无法引起人们的关注，而某一现象背后的东西才是读者最需要的。《中国工人》始终秉持着较为客观的立场，为维护工人的权益而努力。这种踏实、求实的态度无疑是《中国工人》重要的成功之处。近年来，《中国工人》以"立足三工（工会、工人、工厂企业）、面向社会、强化特色、走进市场"为基本思路，以"让新闻唱主角，靠特色闯市场，以改革求生存"为指导思想，加快了新闻改革的步伐，大幅度调整了版面。这些努力，完全符合工人报刊在未来发展的大趋势。"今后，工人报刊的所有报道要追求新闻性，工会报道要追求针对性，企业报道要追求权威性，维权报道要追求独特性，人物报道要追求典型性，专刊副刊要追求服务性，目的就是要切实扭转刊物发行量持续下滑、办报质量徘徊不前以及影响力不断下降的被动局面。"① 当然，需要注意的是，虽然定位于"三工"的思路并无不妥，因为不论从全国的工人、工会、各类企业而言，还是从报业大市场的品种分布来看，工会报刊都需要定位于"三工"，但是，要想提高工会报刊的发行量，仍要注意一些容易出现的误区。有人将这些误区概括为以下三点：第一，发行结构严重不合理，即一方面是超过"市场"的容纳程度；另一方面是"潜在市场"的挖掘不够，主要表现在许多基层工会没有订阅。第二，刊物的贴近性和服务性不够。第三，感情投入不够，即编辑人员的"感情投入"和发行人员的"感情投入"不够。编辑人员的"感情投入"，就是对每条新闻、每篇文章、每个版面的人文关照，发行人员的"感情投入"主要是指必要的公关行为。②

最后，在杂志的装帧和视觉审美上，《中国工人》也经历了一个重要的

---

① 李志强. 试论工人报刊的特色和优势[N]. 天津工人报，2009-06-29.
② 王宏铭. 浅谈工人报刊的定位与发行[J]. 中国报业，2005（12）.

转变。"装帧艺术就是通过开本、正文版式、封面、环衬、扉页、装订形式等一系列的设计，渲染一种情调、气氛、意境，来表现某种门类的或某一具体的书籍的个性。装帧设计在近两百年的发展，给社会和人类提供了极大的方便，促进了人们的信息传达，刺激了思想的沟通和交流，同时也形成了一种新的视觉艺术和视觉文化范畴。期刊以它特有的形式能迅速捕捉读者的注意力，激发他们的阅读兴趣。期刊是时尚的、审美的、文化的、传播的承载物，它作为与我们生活的方方面面均息息相关的出版物，已经得到了足够的重视与传播。"① 在 2008 年以前，《中国工人》的封面设计基本上是成功企业家的人物照。这实际上在长期以来，都走入了一个误区，因为杂志的内容当中一个重要的部分就是代表工人维护自己的权益，而那些老板不论来自国企还是民企，却经常是对工人的权益造成伤害的人。因此，杂志的封面很难让广大的工人读者找到认同感，甚至会令人对杂志的诚信和动机产生某种质疑。在 2008 年之后，《中国工人》的封面设计有了很大的改观，不再采用那种呆板的企业成功人士的照片，而往往采用抓拍的来自生活现实的照片，而且这些照片本身也具有很大的可读性，能让人联想到事件发生的那一瞬间的情景，也能让人从更为宏大的时代背景中找到某种具有隐喻意义的对位。以这种具有某种审美价值和深意的照片作为封面，去映射整个社会背景和正在发生的事件，极大地增强了杂志的时代感、思想性和视觉冲击力。设计和内容相适应是装帧艺术的关键。杂志表现的形式是为杂志的内容服务的，要想用最感人、最形象、最易被视觉接受的表现形式，就要充分理解书稿的内涵、风格、体裁等，做到构思新颖、切题，有感染力，以取得审美的连续性，力求达到形式与内容的和谐统一。《中国工人》的封面设计，在 2008 年之后，的确令人感到耳目一新。

（三）《中国工人》的现实干预意识及批判精神

英国学者杰姆斯·罗尔在其《媒体·传播·文化：一个全球视角》一书

---

① 郝怀如. 期刊装帧的视觉审美和文化传播研究[J]. 内蒙古农业大学学报（社会科学版），2010（12）.

中指出:"如果我们仔细研究全世界大众传媒的内容,会发现多元的矛盾的话语是其最基本的主题。"在中国的现行体制下,媒体的多重身份和矛盾的话语方式更是一种极为普遍的现象。

在新中国成立之初,中国的工会报刊承担着相对单纯的宣传者的角色,主要的工作内容就是宣传官方的主流意识形态。而随着改革开放的日益深入和传媒业社会化和市场化的程度的不断提高,工会报刊开始从单一角色向多重角色转变,并常常陷于多重角色的尴尬和冲突之中。有学者将工会报刊的社会角色概括为四种。第一,工会是中国共产党领导下的职工自愿结合的工人阶级群众组织,是以执政党的纲领作为其政治纲领的,其宣传工作是党的宣传工作的重要组成部分。因此,工会报刊肩负着宣传主流意识形态的职责,扮演着宣传者的角色。第二,工会报刊虽为工会主管主办,但它是一个具有独立的法人资格的经济实体,有自身的新闻出版产品及其营销方式,并且参与传媒业的市场竞争,因此它扮演着一个市场经营者的角色。第三,从新闻出版专业层面上看,工会报刊具备作为新闻出版物所具备的所有的要件,产品的生产和流通过程,即采编、传播的过程遵循新闻出版传播的客观规律,因此它是地地道道的新闻出版机构。第四,它的特定身份,必然地决定了它必须具备宣传工会、维护职工合法权益、反映职工心声的职能,因此它天生又是工会组织的话语平台。①

不同角色引发的政治导向、经济利益、新闻专业、工会理想的相互博弈,始终贯穿在其新闻出版的整个过程中,只有当工会的议题与主流意识形态相契合,并以专业的新闻形态呈现给社会的时候,才会产生良好的社会效益和经济效益。但更多的时候,它们呈现出的却是尴尬和冲突的状态。第一,作为宣传者的角色,在宣传主流意识形态时,其声音常常被党报党刊所淹没。第二,作为参与杂志竞争的经营者,它过分依赖于工会系统的发行,从而在面向市场时裹足不前。第三,作为一个新闻出版机构,它又受制于系统的束缚,从而影响了它的新闻出版的专业化的进程。第四,作为工会的话

---

① 林宜承. 工会杂志:多重角色的尴尬和冲突[J]. 编辑之友,2010 (7).

语平台，它又常常在市场的压力下偏离了工会的理想和核心专业方向。在强大的传播媒体市场化、社会化浪潮的裹挟下，在商业利益的强力驱动下，有时，工会的理想和精神会屈从于市场。[①]

2005年9月，时任全总主席王兆国在全国工会维权机制建设经验交流会上首次明确提出了要推动建立规范有序、公正合理、互利共赢、和谐稳定的社会主义新型劳动关系。发展和谐劳动关系是一项庞大的社会系统工程。为此，中国工会必须围绕劳动关系的建立、运行、监督和调处等环节，在建立科学有效的利益协调机制、诉求表达机制、矛盾调处机制、权益保障机制上下功夫。作为工会组织主办的工人杂志，在构建和谐劳动关系中只有找准自己的角色定位，履行好职责，才能彰显工会舆论阵地的优势与特色，在林林总总的媒体中体现出权威性，成为引领关注和建设和谐劳动关系的主流媒体、强势媒体。"中国工会作为社会运行中不可缺少的中介力量、调解社会各个阶级利益的基本平台和城市化进程的推动者，其作用越来越大，影响日益深广，这从客观上要求工会杂志必须提高自身的话语权。工会报刊理所当然地要肩负起工会的理想和期待，在社会上发出工会的声音。然而，在实际的办报过程中，在商业利益面前，工会杂志常常陷入一种微妙的尴尬状态，尤其是在维护职工合法权益和为弱势群体代言中，工会杂志常常会遇到一些政治、法律和经济方面的风险，因此很多的工会杂志趋利避害，有意无意地将工会色彩淡化，甚至在强大的市场化浪潮裹挟下屈从于市场而投身商业。有的杂志虽然打着工会的旗号，但新闻很少、娱乐很多、色彩很鲜艳、内容很单一，有的则走'跟风'的路子，集青年、妇女、休闲刊物于一身，丧失了自身特点，被淹没在诸多杂志的海洋中。"[②]

同时，与工会报刊所面临的多重角色和矛盾的话语环境相对照的是，中国工人的维权需求却越来越强，维权意识也越来越明晰。改革开放以来，中国公民的权利意识得到了提高。转型时期工人权利意识的发展变化趋势是与

[①] 林宜承. 工会杂志：多重角色的尴尬和冲突[J]. 编辑之友，2010（7）.
[②] 林宜承. 办好工会杂志必须解决的三个问题[J]. 新闻传播，2010（9）.

公民权利意识提升的趋势相一致的。改革开放以来，伴随着社会的转型，工人权利意识开始觉醒、提升，并且正在走向成熟。有学者曾把工人权利意识的发展变化大致概括为三个发展阶段。①

第一阶段：工人权利意识的"显化"阶段（1978—1992 年）。改革开放以前，工人作为领导阶级的成员，有较高的政治地位和社会地位。厂长和工人吃的是大锅饭，领的是相差无几的工资。工人的权利以一种政府对其承担义务的形式表现出来，因此，他们的权利意识自然也就处于一种隐形的状态。市场经济激发了整个社会的活力，企业制度和分配制度的改革，加速了工人的内部分化，首先刺激了工人利益意识的萌发。

第二阶段：工人权利意识的渐进发展阶段（1993—2002 年）。1992 年邓小平南方谈话，使市场经济体制开始在中国确立。1995 年《劳动法》颁布前，工人对自己权利义务的认知是泛散和模糊的，对自己应享有哪些权利不甚了解，而《劳动法》明确地规定了工人的权利和义务。在 2002 年的全国职工状况调查中，当工人被问及权益实现情况的时候，大多数工人都有相当的权利认知和相应的权利主张，甚至是权利要求。其中有些被访工人甚至有诉讼的要求。② 这表明，在 20 世纪 90 年代中期，工人的权利意识得到了渐进式发展。

第三阶段：工人权利意识的快速提升阶段（2003—2010 年）。改革进入了关键时期，各种社会问题层出不穷，而劳工问题是其中最重要的问题之一。工人为企业和国家的发展作出了巨大的贡献，但却很少能分享到经济发展的成果。低薪、拖欠工资、职业病、工伤事故等长期伴随着他们这些弱势群体。虽然，法律规定了工人作为劳动者所应该享有的权利，但是，当他们的权利受到侵害时，他们却无法获得及时和便捷的权利救济。面对不公正的对待和利益的侵害，工人的态度经历了"从隐忍到抗争"的变化历程。近年

---

① 林燕玲. 中国工人权利意识的发育状况及其原因分析[J]. 中国劳动关系学院学报，2010(4).

② 参见：中华全国总工会编《第五次全国职工状况调查》第 760—762 页（"姚，男，天水通用电器厂交变车间技术工人"个案材料）。

来，农民工为讨工资而与雇主据理力争、奋力抗争的事件层出不穷，而工人通过法律途径来寻求维权的案例更是常常见诸报端。

2009年4月，国务院新闻办公室发布了《国家人权行动计划（2009—2010年）》，这是中国第一次制定以人权为主题的国家规划，其中明确了中国人权保护的基本内容和近期的实现路径。工人权利是人权的重要组成部分。随着该《行动计划》的实施和人权教育的开展，工人权利意识会得到进一步的提升。在这种社会大背景之下，从2010年起，《中国工人》杂志进行了较大幅度的改版，聚焦与中国工人息息相关的社会现象与问题，分别设立了"特稿""观察家""维权""纪实""文化家园""案与法""国际视野""文摘"等栏目，从不同的角度反映了中国工人的现状与诉求，其中一些文章引起了较大的反响，得到了社会各界的好评。以2010年《中国工人》发布的"工人心声"栏目征稿通知为例，可以看出其一贯的立场和紧密联系现实的视角定位：

中国工人，曾经的"老大哥"，曾经的一曲《咱们工人有力量》唱出了那个年代工人的优越感和自豪感。

中国工人，成为《时代》周刊2009年度榜单唯一群体人物：中国经济顺利实现"保八"，在世界主要经济体中继续保持最快的发展速度，并带领世界走向经济复苏，这些功劳首先要归功于中国千千万万勤劳坚韧的普通工人。

《时代》年度人物，是中国工人集体获得的荣誉。可是，当我们将目光集中到一个又一个具体而微弱的中国工人个体身上时，我们读出的往往是沉重，收获的常常是叹息。现在的工人，基本上成了不需要多高技术的流水线操作者的代名词，于是，超时的工作、低廉的工资，甚至频发的欠薪，成了中国工人生存状态的真实写照；社会保障、福利待遇等和其他社会阶层也存在着不小差距。这样一个利益分配现状，决定了工人的社会地位相当低下。

工人低下的社会地位，对应的必然是工人话语权的缺失和工人声音的微弱。全国总工会副主席张鸣起也表示：工人的声音太微弱，将提议采取多项措施，提高工人的话语权。

话语权不是天赋的，不是自封的，也不是靠别人恩赐的，而是要靠工人自己争取才能得来的。中国工人为自己的国家、为世界创造了很多财富，付出很多，得到的回报却远远不够。中国工人可以而且应当为自己的无私奉献自豪，为自己的辛酸劳作表白，为自己的委屈泪水呐喊，为自己的美好生活奋斗！

于是，《中国工人》杂志社就有了开办"工人心声"栏目的愿望。我们关心，工人能不能及时拿到工资，报酬有没有提高；我们关心，工人安全有没有保障；我们关心，当劳动者权益遭遇不公正对待时工人所走的是什么样的维权之路，等等。我们希望通过"工人心声"栏目在普通工人与当下社会之间构建起沟通互动的平台，客观表达工人的真实心声，更好地体现"以中国工人为主体，传播声音、维护权益、捍卫尊严"的办刊宗旨。

"工人心声"栏目即将开办。《中国工人》杂志社诚挚地邀请全国各行各业的工人为本刊投稿，告诉我们您的所见所闻、所感所悟、所喜所悲、所得所失，告诉我们您所经历的现实，您所关注的问题，还有您对未来的期望。

近年来，关于劳资冲突及工人维权事件的报道逐渐增多，以富士康事件、本田事件为代表的抗争行动引起了广泛关注。在这种情况下，如何正确认识、把握中国工人的现状及当前发生的各类事件，已成为亟待解决的重要课题。当前劳工问题的新特点，早在2001年全总的一份报告中就已经被指出，"近两年来，在部分地区和行业，职工队伍中不稳定的因素在增加，各地职工群体性事件有逐年上升的趋势，总体呈现出以下特点：参与人数增多，规模扩大；行为过激，对抗性加强，处理难度加大；事件的重发率高，择机性强；职工群体性事件的内容具有趋同性；地区和行业性特点突出，困难职工群体是事件的主体；组织倾向明显，一些地方出现非法组织。"① M. 米德断言："在社会变动性很大的社会里，不可避免地将产生代与代之间的断裂的现象。"② 当前，中国社会转型所带来的阵痛，似乎更多地由弱势群体所承担，也更多地冲击了这些人的观念领域，新时期的中国工人体现出与20世纪八九十年代的工人不同的精神世界和思维方式。一项针对全国8个省市的437名工人的问卷调查表明了当代工人价值取向的总体特点。他们的价值取向呈现出多元化的趋势，优势的价值取向是品格追求、公共利益和工作成就，对法规、人伦前提和家庭价值的强调居中，而对金钱权力和从众的价值取向则与理论平均数相比稍向负性侧面偏离。这一结果表明，在改革开放和经济的变革环境中，中国工人一方面依然重视中国传统价值对品格的看重，同时也重视对民主、平等、公正的社会秩序的追求，强调公共利益和工作成就，弱化"金钱权力"和"从众"的世俗观念。这一方面体现出工人群体价值取向的相对独立性，另一方面也与社会主义市场经济所强调的以实现人的自由和全面发展为本位的价值取向观念相契合。③

工会的核心职能就是维护职工的合法权益，工会杂志应该追求公平、正义、关怀等工会的理想和精神。这不仅是工会杂志的职责，同时也是工会杂志市场化的关键卖点。对于工会报刊来说，优势就在于"工人"两个字上，在办刊宗旨上，就是要办成"职工自己的刊物"，贴近生活实际，贴近职工群众思想，贴近生产一线，变原来定位的"权威性、指导性"为"权威性和有用性相结合，指导性和服务性相结合"，强化刊物的服务意识，把党和政府的理论、路线、方针和政策，通过新闻报道变为一个个鲜活的新闻事实，让读者感觉到真实、可亲、有用。用好了这些优势，也就形成了自己的核心竞争力。

"工人报刊强调坚持正确导向，履行社会责任：一是要基于维护全国人

---

① 于建嵘. 中国工人现状分析[J]. 同舟共进, 2010 (8).
② 转引自：周怡. 当代中国乡村社会的当代文化特征[J]. 浙江学刊, 1996 (2).
③ 金盛华, 刘蓓. 当代中国工人价值取向：状况与特点[J]. 心理科学, 2005 (1).

民总体利益和维护职工合法利益相统一的原则。体现在新闻导向上，能为维护职工权益，推进企业发展，维护稳定社会发挥重要作用。这既是一个高标准，又是一条基准线。可以说，在这方面，工人报刊的声音较之其他媒体更引人关注。二是要始终高悬稳定这根弦。尤其是在维权问题上，职工非常盼望工会能发挥更大的作用。工人报刊要通过舆论引导推进工会组织主动维权、依法维权、科学维权，从而为建立和谐劳动关系并通过和谐劳动关系的建立在企业职工共谋发展上起到工会组织特有的作用。三是要引导职工了解和认知立足于中国现阶段国情的中国特色社会主义工会维权观。要通过报刊具体的文章、标题、版面，在理论导向、价值导向、行为导向、生活导向等不同层面，加以正确引导。"①

当前，在整个新闻娱乐化日益凸显的媒体市场中，很多媒体倾向于将某个主流宣传异化到市场需要的范式上，它们常常不是去影响、引导和提升读者，反而是去迎合、讨好和谄媚读者，将严肃报道演变成煽情的媒体消费品。《中国工人》并没有随波逐流，依然本着严肃的态度关注扶困助学、农民工讨薪、工伤问题、职业病问题、企业改制问题等。比如，针对富士康事件，杂志从 2011 年 1 月开始，连续 4 期进行了持续关注，从多重角度全面地对此事件进行了深度剖析。虽然，出于某种市场的需要，有些栏目对于暴力案件的报道似乎有不妥之嫌，但总体上而言，《中国工人》仍然坚守着自身的办刊宗旨，体现出对于现实的密切关注和较强的批判精神，为中国工人能够体面地劳动和尊严地生活持续地做出了自己的贡献。

---

① 屠小华. 论工人报刊在协调劳动关系中的角色与作为[J]. 中国劳动关系学院学报，2010(6).

十、《当代工人》个案研究

中国工会有其特殊性，这一特殊性同样也被赋予了中国工会报刊。在计划经济体制之下，这一特殊性显现成一种优越性，工会报刊依赖工会组织订阅发行，发行量的多少与基层工会组织的多少有直接的关系。随着市场经济改革的深入，绝大多数国有企业已经改制，改制后的企业不论以何种面目出现，首先受到冲击的便是工会组织。工会会员数急剧减少、基层会员组织日渐萎缩，很多企业工会组织名存实亡，就连收取会费都成了工会工作的大难题，更别提业余文化生活了。面临这样一种新的形势，工会杂志举步维艰，很多工会杂志纷纷倒闭。《当代工人》创刊于1980年，及今已有30余年的历史。作为工会报刊中的佼佼者，《当代工人》的生存法则是值得好好总结的。

（一）《当代工人》30余年办刊之路

《当代工人》与中国的改革开放几乎同时起步。中国的改革开放带给中国社会的种种变化，在《当代工人》中都有体现。同样地，在改革开放中，困扰中国社会的种种问题，也同时困扰着这本杂志。

1980年是国家新闻工作拨乱反正至关重要的一年。同年1月16日，邓小平在《目前的形势和任务》中说："我们希望报刊上对安定团结的必要性进行更多的思想理论上的解释，这就是说，要大力宣传社会主义的优越性，宣传马克思列宁主义、毛泽东思想的正确性，宣传党的领导、党和人民群众团结一致的威力，宣传社会主义中国的巨大成就和无限前途，宣传为社会主义中国的前途而奋斗是当代青年的最崇高的使命和荣誉。总之，要使我们党的报刊成为全国安定团结的思想上的中心。报刊、广播、电视都要把促进安定团结，提高青年的社会主义觉悟，作为自己的一项经常性的、基本的任务。报刊、广播、电视三年来都有很大的成绩，总的来说是好的，但是也有不足之处。在这些部门工作的同志，也需要经常倾听来自各方面的不同意见，分析和改进自己的工作。"① 显然，开始于1978年的真理大讨论，让中共认识到了报刊在统一思想、维护稳定中发挥的不可替代的巨大作用。如果说，在战争年代，武装力量有助于夺取政权，也即毛泽东的那句名言"枪杆子里面出政权"是颠扑不破的真理的话，那么在和平年代，报刊媒介则以其无形的巨大影响力，发挥着维护政权、巩固政权的作用。

受这一新闻思想的影响，各地的广播电台纷纷恢复播音。中宣部新闻局专门召开县报工作座谈会，要求全国各县，在有条件的情况下，本着地方化、大众化、通俗化的原则建立县级报刊。各级工会报刊也在这一新形势之下或复刊，或建立起来。比如，安徽的《马钢工人》就在1980年1月复刊。②

1980年5月，辽宁省总工会党组决定创办省总工会的机关刊物《辽宁工人》。③ 同年7月创刊号出版。第一任总编辑王文秀在新中国成立前就参加了中共的新闻出版工作。王文秀接手创刊任务时，所面临的局面是"稿无一篇，人只一员"，而40天后就要出刊。经过简单的招兵买马后，立即研究办刊方针、实施办法，投入到创刊工作之中。当时，正值中央为原国家主席、也是工运领袖的刘少奇平反昭雪的时候，为在试刊号中反映这一内容，王文秀亲自出马，率领年轻的记者进京组稿。几经周折，虽然见到了王光美，但因故她不能受采访。于是，他们掉转方向，找到了原中共中央东北局书记处书记、时任最高人民检察院副检察长的喻屏。因为喻屏曾与刘少奇共事多年，这样，《深切地怀念刘少奇同志》一文采访成功，如期

---

① 邓小平. 邓小平文选：第3卷[G]. 北京：人民出版社，1993：255.
② 参见：方汉奇. 中国新闻事业编年史[M]. 福州：福建人民出版社，2000：1969.
③ 1985年第1期更名为《当代工人》。

在试刊号中登出。①

在创刊初期，由于过分强调刊物的政治功能，突出所谓党的"喉舌"作用，每期版面只是刊登一些领导会议讲话、干巴巴的劳模生产事迹等，对于这类文章充斥版面，读者很有意见。编辑人员到读者中去征求意见时，读者一针见血地指出："刊物有时像老太太的干乳头，挤不出汁儿来。"②

面对读者的批评，编辑部进行了反思，决定进行改版。怎么改呢？编辑部认真从读者意见中汲取营养，分析了症结所在，提出了改版的初步设想：文章要活泼起来，栏目要新颖起来，与读者要贴近再贴近。共识达成后，刊物在1984年第9期全新亮相，从封面设计，到栏目内容，到一篇篇文章的选定，到题图配图，都给读者耳目一新之感。那期杂志封面选择了两幅题为《快乐的星期天》的照片，让人看后倍感轻松愉快。有工人读者来信说："这期杂志封面最好，好就好在让人看到工人生活也有快乐休闲的一面。"可见，这次改版，成功赢得了读者的认可与支持。编辑部并未就此止步，而是在综合了社内外编者、读者的意见基础上，进一步确立了未来的编辑方针：选材——健康实用；形式——活泼新颖；语言——简洁生动；内容——通俗易懂。这一编辑方针确立后，在以后的编辑工作中，得到了很好的贯彻。实践也证明了其有效性。改版后发行量一度攀升至50万册，荣登工人期刊发行量之巅。

进入20世纪90年代，随着国家经济体制改革的推进，许多国企关停并转，下岗工人数量高企不下，仅沈阳市下岗工人就达70万之多。曾经意气风发的工人阶级，瞬间沦落成了惨淡落寞的弱势群体。《当代工人》也经历着国家经济体制转型带来的阵痛，发行量日渐式微直至跌落到18万份的谷底。是抹掉工人色彩，向大众消费类刊物时髦转身，还是守土有责，寂寞坚守，与困境中的工人群体同呼吸，共命运？"看家国人生，求生存发展"，《当代工人》带着理性的思考和冷静的激情，在"资本为王、权力为先"的

---

① 参见：王文秀. 碧玉赞[J]. 当代工人，2000（7）.
② 参见：金春. 抛出砖瓦，引来碧玉[J]. 当代工人，2000（7）.

森林法则下，为工人群体努力奔走，大声疾呼，击节而歌，向隅而泣，与万千工人读者并肩同行。

度过了艰难的时期，《当代工人》进入发展时期。到1995年，《当代工人》创刊15周年时，继两度被评为辽宁省优秀期刊、两次夺得全国工人报刊版面无差错竞赛第一名之后，又获得辽宁省"读者最喜爱的期刊"殊荣；并被评为辽宁省一级期刊。同年10月，东北三省新闻出版局主持了"评比东北地区优秀期刊二十佳"活动，《当代工人》荣获"东北三省优秀期刊"称号。这些荣誉的取得，肯定了《当代工人》同仁15年来的努力。《当代工人》以此为契机，确定了下一步的编辑方针：独家、真情、实用、可读；强调两个意识：读者意识、精品意识；加强对职工关注的热点问题的特别策划，扩大职工对办刊的参与。①

1998年9月，《当代工人》电子版正式登录国际互联网。电子刊实行全方位而且超前的服务，每月在《当代工人》正刊出版前，当期的全部内容都会在互联网上提前与读者见面，而且是完全免费的。不像有些杂志的电子版那样，只在互联网上登载或传输杂志的部分内容，或只有标题而无内容（读者在网上等了半天，却只能看到"此网页无法打开"字样），读者在急需或无奈之际，只好费尽周折，自掏腰包购买杂志了。《当代工人》杂志社这样做，自然会给《当代工人》带来一定的经济损失——订阅、购买《当代工人》纸质版的读者的数量减少，但它却提高了《当代工人》作为社会知名品牌的社会效益，实现了全方位为读者服务的办刊宗旨。

电子版的《当代工人》杂志还增设了"网上回复"栏目，读者咨询有关政策法规问题，可以通过电子邮件的形式提出，杂志社的网络编辑室都会为读者一一解答，认真回复。如此一来，网刊结合，既拓展了杂志的空间，又增强了编辑和读者的互动性。有读者致信《当代工人》网络编辑室道："你们的电子版为像我这样的工人，提供了及时、准确、全面的信息。我的同事们也对我说，他们自己或亲友曾有急需回答的政策问题，都得到了网络

---

① 参见：赵洪顺. 与千万职工同呼吸共命运[J]. 当代工人，1995（12）.

版及时准确的答复,解决了他们的切身利益问题。看来贵刊真的是以社会效益为重的杂志。"①

进入21世纪,随着东北老工业基地春天的到来,《当代工人》没有安于对盛世的赞美,而是又一次作出了自己理性的思考,打破传统意识形态上的窠臼,倡导公民义务,彰显公民权益。《当代工人》实现了又一次华丽转身。2000年,《当代工人》杂志社创刊20周年之际,全总宣教部向全国职工推荐优秀期刊《当代工人》。推荐辞说:"创刊至今,《当代工人》始终坚持正确的舆论导向,坚持为改革开放和社会主义现代化建设服务,坚持为职工服务。以数十个栏目,透视社会变革趋势,展示中国职工风貌,维护职工合法权益,描摹社会转型期的百态人生,汇集名家文笔,引导职工读者'看国家、谈家事、品人生、学真知、求生存、谋发展',以民主、法制、科技、竞争、致富的观念,讲叙当代工人自己的故事。坚持追求理念和思想的力量,不媚俗、不浮躁,杂志始终保持与读者的亲和力,以追求思想文化内涵和贴近平民生活的现实性为鲜明特色,在千万职工读者中赢得相当大的影响和声誉,成为广大职工喜爱的期刊。"②推荐辞简洁、准确、有力地概括了《当代工人》的办刊思想及刊物特色。

由于《当代工人》越来越注重期刊的质量建设,其社会影响力也越来越大。仅2000年一年,就有4篇文章被《读者》杂志收录,而且都是大篇幅、大选题、信息量大、关乎国计民生且又好看好读的选题。《读者》的发行量更大,无形中帮助扩大了《当代工人》的影响力。2001年《当代工人》又被列入中国期刊协会2001年度向"全国百家期刊阅览室"赠送的期刊。

2006年春天,《当代工人》全面改版,杂志以全新的面貌呈现在读者面前。寻找大众文化的认同,以文化的力量扩大传播影响力,力图超越行业期刊的局限性,这便是:文化上追求个性化,文章风格上追求平实鲜活,力争差异化生存。刊物发行量每年以10%的速度增长。截至2009年,《当代工

---

① 《当代工人》,2002年第7期,第28页。
② 《当代工人》,2000年第3期,第45页。

人》发行量由低谷的不足 18 万册，攀升至 30 万册。

2009 年 3 月，《当代工人》率先成立国内首家"辽宁省职工文化建设促进会"，以人文视角，不断探寻行业期刊在文化理念上的超越。这个由《当代工人》杂志社发起，由国内十余位知名专家学者担任顾问，由数十家重视职工文化建设的企业作理事单位的协会，每年都搞几次与职工文化建设有关的主题论坛。《当代工人》从每年举办的职工文化论坛中汲取营养，使刊物在纵向比较——与其他工会刊物比较，横向比较——与青年、妇女类刊物比较中，凸显了工会期刊的代表性、时代性和先锋性。

2010 年，《当代工人》已走过它的而立之年。30 年来，《当代工人》坚持为工人群体的权益鼓与呼，为广大职工树立了一座建设者的丰碑。相信《当代工人》也会以此为基点更好地去思考未来，面向未来。

（二）《当代工人》的办刊思想

《当代工人》的办刊思想并非是一成不变的，而是随着时代的变化，随着读者对象阅读期待的变化，不断地进行调整。大致可分为三个时期：20 世纪 80 年代可视为起步时期，20 世纪 90 年代可视为调整时期，21 世纪的第一个十年可视为发展时期。

1. 起步时期

20 世纪 80 年代，《当代工人》是应辽宁省总工会的要求，并由省总工会出资而创刊的，应当算作"奉旨"办刊。这样一来，在办刊思路上，更多的是考虑工会机关的要求。在刊物定位上，则将自己定位成服务于省总工会机关的机关刊物。另外，20 世纪 80 年代初，整个中国的舆论环境，忙于意识形态的破旧立新，中共急需动员媒体的力量来统一思想，稳定大局。《当代工人》自然也应当服务于党在新时期的这一任务。像许多机关报刊一样，这一时期的《当代工人》，突出了刊物的指导性特点，从而忽略了现代期刊的服务性原则。

在计划体制之下，杂志的商品属性是不明确的，杂志的生产也不符合商品生产的一般规律。在计划体制之下，所谓的商品生产其流程是这样的：由政府制定生产计划，再由政府出资生产，生产出的产品然后由政府出资购买，统购统销，计划调配。计划体制之下的期刊经营与此类似：政府机关出资运作期刊，所出版的杂志也由政府机关制定发行计划，按规定的渠道进行发行。这里没有市场规律，从头到尾，贯彻的是政府机构的政治意志。因此杂志所考虑的肯定不是读者对象需要什么，而是我要给你什么。这里所说的"我"并非编辑主体，而是政府机构。在计划体制之下的杂志出版活动中，是没有编辑主体可言的，因为杂志编辑也只不过是政府意志的代言人。

在市场经济体制下，杂志出版和一般的商品生产没有什么不同，都是将读者的需求放在第一位，出版者将自己摆在服务者的位置上，而不再充当指导者的形象。可能会有人担心，如果一味满足读者的需求，只能会助长人的私心贪欲，杂志中就会充斥着假恶丑的东西。其实这种担心是大可不必的，包括报刊媒体在内的公共领域，其主导的价值倾向还是人性中属于真善美的光辉一面。人们在渴求知识、信息的同时，也渴求相互的关爱。如果说杂志作为商品，那么其特殊性正在于杂志这种商品，不仅提供一定的使用价值，还能够从善如流，进而影响人们的精神世界，导人向善，塑造高贵的人格。但这并非是刻意为之的。

2. 调整时期

进入20世纪90年代，国家经济形势急剧变化。计划经济体制，在人们还没有回过神来时，就已分崩离析，人们在惊愕间不知如何是好。在社会各阶层中，受影响最大的应当是企业职工群体。由主人翁到弱势群体的巨大落差，使他们一时无法适应。党的十五大以后，国营企业的重组进一步加快，失业职工群体急剧扩大。加上企业重组中出现的权钱交易行为，严重侵占了国家与集体的利益，贫富差距越拉越大，从而产生了强烈的社会不满情绪。

如何宣导民众的不满情绪，使其有一个理性的申述渠道，直接关系到社会的稳定，关系到国家的安宁。这里我们不妨关注一下，曾经是社会公平的代言人，且怀揣政治理想，以关心民瘼自居的自由知识分子们在这一时期的态度。实际上，自从1992年邓小平南方谈话以后，中国进入一个全民"赚钱"的时代。自由知识分子中最具活力的一些人物，在非政治的空间里，发现了前所未有的获取经济利益与实现自我价值的新机会。在经济市场化的过程中，与其他劳动阶层相比，知识分子所具有的知识能力，是一种更容易在市场条件下获取包括权力、地位、名望、财富等稀缺资源的"资本"，这使得这一阶层在20世纪90年代利益分化的过程中成为首先得利的阶层。

于是，知识分子的价值标准与思维方式，从曾被视为"神圣"的道德原则、主义信条、意识形态理想的执着信仰与效忠中摆脱出来，转而以市场式的功利实效，作为自己立身行事与思想价值取舍的标准。这种观念的世俗化过程，极大地消解了他们曾经执着的政治热情，也瓦解了他们从事社会批评的道德激情。他们摇身一变，成为既得利益者，因此，他们也越来越肯定乃至强调现存秩序下的社会分化对现代化进步的合理性。他们认为中国现存的这种贫富分化所必须付出的代价，企业重组与股份化的"过程不公平"，将由于资源的市场化的合理配置，而最终达到"结果公平"。

我们再来看一下职工自己的组织——工会在这一时期的作用。工会组织从一开始就是社会经济矛盾的产物，也可以说是劳动关系矛盾发展到一定阶段的产物，维护职工的合法权益应当是其天职。然而在计划经济体制之下，企业劳动关系实际上表现为国家与职工之间的关系。企业没有用工自主权、分配自主权，职工也没有择业自主权，工会在维护工作中更多地强调了两个维护的一致性，而作为职工群众利益的代表者的身份模糊了。20世纪90年代初的经济体制大变革，冲击已有的经济体制的同时，也冲击了企业中的工会组织。除了工会成员锐减以外，工会职能也一时很难适应新形势的变化，企业职工在权益受到侵害，需要维权的时候，此时的企业工会却常常处于缺席状态。

倾诉无门的职工在绝望与无助中，就会以上书的形式，致信工人报刊，而此时的工人报刊在人文情怀的驱使之下，反倒能够肩负起维护职工权益的道义使命。《当代工人》在这样一个特殊的历史时期，坚持与广大职工同呼吸、共命运,高举维护职工权益的大旗,积极主动地为职工的合法权益鼓与呼。1999 年第 11 期发表了一篇题为《本刊舆论监督的回声》的文章,文章这样写道:"1999 年以来,我刊编辑部几乎每天都能收到职工的上告信,也几乎每天都能接待一些来访者。这些上访信和上访人反映的大都是他们单位的领导或他们单位的上级主管部门,不按政策办事,侵犯职工合法权益之事。这些问题又得不到解决,他们希望我们能够从舆论监督方面给他们以帮助。当我们读着这些行文不甚流畅,甚至有时还用词不当的来信,看着那些表情沮丧的上访者时,我们心里便一阵阵痛","也许是我们现在还处于一个大变革时代的原因吧,这些不该发生的事却一而再,再而三地发生了,有时还影响了社会稳定","作为工人期刊的记者,我和我的同事们,深感自己肩上担子的沉重,对上访信和上访者提出的问题我们力争都给予较为清楚的解答和真情的帮助"。①《当代工人》以其在职工中多年的影响,已经成为职工们的老朋友,当职工遭遇不公,处境困窘时,他们首先想到的是向自己的老朋友倾诉,不论这样的倾诉能不能解决问题,只要有倾听者,无助的倾诉人是最愿意将自己的委屈说出来的。

《当代工人》1998 年第 9 期发表了一篇文章《六年没个说法,我要去告"公家"》,反映了沈阳市和平区图书馆违章建筑,侵犯金映雪女士权益的事件。文章发表不久,沈阳市和平区法院就开庭审理了这起民告官的案件,1 个月后,文章的作者金映雪胜诉,但被告方沈阳市和平区图书馆上诉。在得知这一消息后,这篇文章的责任编辑陈洁雅义愤填膺,鼓励当事人金女士道:"他们(被告方)总说自己是政府行为,以为政府行为就绝对正确,就可以凌驾法律欺负百姓,市法院开庭时我还要旁听,金女士请你接着写。我倒要看看,政府行为能通几层天?能把明摆着的错事,倒过来判?"她还说:"做《当代工人》的编辑,没这点胆子和作风,愧对工人、愧对良知。"② 这种侠骨义胆蕴含着沉重的使命感,也包蕴着浓浓的人文情怀。

---

① 《当代工人》,1999 年第 11 期。
② 《当代工人》,1998 年第 9 期。

另一个典型的事例是沈阳自动仪表六厂，职工多次联名上访，反映他们企业在产权改制时走过场，开了一次假职代会便把企业卖给了原企业法定代表人。接到职工联名信以后，《当代工人》派记者多次向该厂职工了解情况，后又向沈阳市铁西区有关部门了解情况，并在事情基本情况弄清之后，在1999年第8期《当代工人》上发表了《假职代会卖企业》一文，文章引起了铁西区领导和一些政府部门的重视，准备在对问题调查清楚后给予解决。职工们感到《当代工人》杂志社替他们说了话，1999年9月送给杂志社书有"笔墨传真情，爱心暖人间""伸张正义，职工之友"的锦旗，来表达感激之情。

类似维护职工合法权益的例子，在《当代工人》杂志中还有很多。值得注意的是，对于一些侵犯职工权益的事件，他们并不仅止于一般的报道，对于报道的每一件案例，他们都进行追踪报道，并为此开辟了"始终关注"栏目，追踪所报道事件发展的进程。

3. 发展时期

1996年6月，中共十四届六中全会通过了《中共中央关于加强社会主义精神文明建设若干问题的决议》，指出：包括新闻出版业在内的文化事业，"迫切需要一个大发展"。进入21世纪，新闻出版体制的改革力度进一步加大。2002年，中共十六大对文化建设给予高度重视，提出"积极发展文化事业和文化产业"，并提出"文化竞争力"和"文化产业"的概念。胡锦涛在中共十七大报告中提出"文化软实力"这一概念，并强调："当今时代，文化越来越成为民族凝聚力和创造力的重要源泉、越来越成为综合国力竞争的重要因素"，"要坚持社会主义先进文化前进方向，兴起社会主义文化建设新高潮，激发全民族文化创造活力，提高国家文化软实力"。这说明"提高文化软实力"被提升到了国家战略的高度，为以后的文化建设指明了方向。[①]

从产业的角度来论述文化事业，具体到新闻出版业来说，也即国家已下

---

① 参见王关义. 中国出版业体制改革研究[M]. 北京：中国财政经济出版社，2008：57.

定决心将新闻出版业推向市场。走向市场的新闻出版业由于实行自负盈亏的企业管理模式，其所承担的经济风险无形中增大了。但是，国家对新闻出版业的宽松管理模式，无疑拓展了新闻出版业的发展空间，激发了它们创新的活力。

《当代工人》在这样一个特定的历史时期，有思考，有困惑，也有发展。首先，《当代工人》确立了"文化立刊"办刊的理念。可见在 21 世纪第一个十年，《当代工人》作为广大职工的代言人和权益维护者的角色不仅没有改变，而且还祭起了文化、人文的大旗，超越一般维权的层面，为劳动者争取超越生存权利之上的精神层面的权利。2010 年第 11 期《当代工人》发表了一篇署名为劳阳的文章，题目为《文化立刊开通衢》，阐述了《当代工人》全新的办刊理念。文章写道："作为期刊中人，我们不能没有这样真诚、深邃的思考：社会改革和进步的成本，不能仅由工人阶级或工人阶层承担。在强调共享发展成果的时代，我们回顾社会发展历程的同时，努力以人文关怀，为担当者和改革的牺牲者，树起历史丰碑！在创建和谐社会、构建企业和谐劳动关系的大前提下，为广大职工能够体面工作、尊严生存，争取一片纯净的蓝天。"① 有了好的理念，如何去实现它呢？

办刊者如是说："2006 年以来，《当代工人》一直从文化理念上，力图超越行业期刊的局限性，这便是：文化上追求个性化，文章风格上追求平实鲜活，力争差异化生存。"② "个性化"和"差异化生存"两者之间是相通的。说来也是一个很无奈的事情，《当代工人》一直在为职工群体的物质生存和精神生存而努力，实际上，杂志本身也面临这两个生存的困境。如果说物质生存对于《当代工人》来说，指的是能够维持杂志的正常运作，不至于倒闭，那么精神生存应该指的是"超越行业期刊的局限性"，入主流，争取到全社会的认可。而"文化立刊"的理念正是实现杂志精神生存的必由之路。

《当代工人》杂志社现任总编辑蒋苪，在她的一篇题为《在坚守中寻求

---

①② 《当代工人》，2010 年第 11 期。

突破》的文章中谈到了工会刊物的现状:"面对琳琅满目的期刊市场,工会主办的刊物无疑是尴尬的刊群","国家新闻出版署为应对加入世贸后,中国出版业所受冲击而组建的中国期刊方阵,无论国家奖还是国家提名奖、百强期刊、二百强期刊中都觅不到工会刊物的身影。《当代工人》两次获得参评的机会,终因实力不及,未能入选,只列为1000种双效期刊。"① 文章发表于2004年,那时,蒋苒只是认识到了问题所在,还没有找到一个明确的对策。直到2006年以后,《当代工人》"文化立刊"的理念才渐渐明晰起来。

2010年第7期B版刊发了劳阳的文章《月月3+1》,数字"3"指的是三种编辑制度,包括:编前会制度、四级审稿和标题再造制度、建立评刊员队伍和优秀稿件评比制度。数字"1"指的是什么呢?文章说:"1是指我们提升办刊理念,对工人文化加深理解。期刊只有增加可读性,才能有阅读率。只有鲜明丰富的文化特征,才能实现社会影响力和传播力。《当代工人》提倡每位编采人员学者化,采取多种方式鼓励编采人员学习,尽可能为他们的学习创造比较好的条件。每个月,编辑部开一次编采人员信息交流会,大家的办刊共识是:明确的宗旨与鲜明的文化视角;期刊发展首先要依循管理与宗旨定位的要求;文化视角使宗旨的表现呈现各自的文化特色。信息同源时代,互联网时代,真正的独家报道,不在于素材,而在于视角和文化观念。"② 很明显,在《当代工人》的办刊思想里,"文化特征""文化视角""文化观念"成为关键词,而社会影响力和传播力则是他们追求的最终目标。如果自始至终贯彻这样一种办刊思想,杂志就能够办出文化的个性,就能够真正超越行业期刊的局限性,得到全社会的认可,就能够真正入主流,创精品。

(三)《当代工人》的办刊特色

好的杂志是不怕比较的,因为比较更能彰显它的特点。有人说,面对平

---

① 《工人报刊研究》(内部资料),2004年第7期。
② 《当代工人》,2010年第7期B版。

庸的杂志,如果你读过其他类似的杂志,你不会再动翻阅它的念头;如果是一本有自己特点的杂志,哪怕你读过很多种相似的杂志,你也必须去认真读它。《当代工人》就是一本有自己品格的杂志。我们准备从内容特点、语言风格、装帧形式三个方面来分析这本杂志的特点。

1. 内容特点:干预现实与批判精神

这点和我们在前面提到的维权意识是互为表里的。如果说维护职工合法权益是工会报刊的分内之事,那么干预现实、批判现实的意识和精神则足以代表这本杂志不俗的品格。而这应该是《当代工人》杂志能够超越行业杂志,在普通读者心目中占据一定地位的原因。

这里有一个例子。1999 年第 6 期《当代工人》发表了一篇文章《透视中国足坛的第一官司——中国足坛"陆俊案"台前幕后》,介绍了中国足坛有名的"金哨"陆俊状告《羊城体育》报社侵害名誉权案。事情的原委如下:1998 年 3 月,甲 A 联赛拉开战幕,升班马广州松日队迎战上届联赛冠军大连万达队。比赛前 85 分钟,面对松日队的严密防守,万达队无计可施,眼看比赛正朝松日队所期望的平局方向发展,最后 5 分钟内,万达队连进两球,以 2∶0 战胜了广州松日队。赛后有人对陆俊的执法提出异议。松日俱乐部副总经理主动给多家媒体爆料称陆俊偏袒万达,是因为收了万达 20 万元的"黑钱"。《羊城体育》在报道这场赛事时引用了松日俱乐部副总经理提供的这一消息,随后各大媒体竞相转载。陆俊于 4 月将《羊城体育》告上法庭。经过一年多的周折,案件以陆俊胜诉收场。这篇文章以客观冷静的态度,分析了这场官司在审理过程中出现的种种漏洞,对舆论监督的前景和命运表示了担忧。①《当代工人》秉承其为职工维权时所体现的勇气与识见,刊发此文,可以想象当时要承受多大的风险。时过境迁,当陆俊于 2011 年 3 月被曝利用裁判特权,影响比赛,收受贿金,由"金哨"变成"黑哨",并受到法律的严惩时,我们不得不佩服《当代工人》杂志编辑的远见卓识。

---

① 《当代工人》,1999 年第 6 期。

刊发一些谈论敏感话题的文章，需要识见，需要勇气，同时也意味着要承担风险，有时甚至是停刊的风险。1996年5月的《当代工人》，刊发了上海作家叶永烈撰写的有关"五一六"的文章。刊出才几天，新闻出版署便责成辽宁省新闻出版局，要求该刊作检查。

新闻出版署何以有如此敏感的反应？原来1996年是"文革"发动30周年，尽管1981年中共十一届六中全会通过的《关于新中国成立以来党的若干历史问题的决议》对"文革"作出定义："它是一场由领导者错误发动，被反革命集团利用，给党、国家和各族人民带来严重灾难的内乱。"由于当时国内经济正面临严峻的形势，国有企业严重亏损，失业大军在继续扩大，各地治安问题也越来越多，政府正发动空前规模的严打运动。在这种情况下，"稳定高于一切"，议论"文革"30周年遂成为敏感话题。在"文革"30周年之际，中国大陆主要报刊都对"文革"避之唯恐不及。《当代工人》此时刊发此类文章，自然要冒很大的风险。《当代工人》有关编辑找到叶永烈，叶永烈觉得奇怪，这篇文章只是依据早经中共中央批准出版的《陈伯达传》几个章节改写的。而在1990年出版的、由叶永烈撰写的《陈伯达传》，在出版前已经由中共吉林省委宣传部审阅，得以通过，并报送中共中央宣传部。后又因胡乔木与陈伯达同为毛泽东政治秘书，共事多年，关注《陈伯达其人》一书，于是，北京又急电出版社，要求立即送样书到北京，经过反复审阅，方获准出版。发生这件事后，叶永烈递交了当年的审查批件，新闻出版署才不再追究。①

2.《当代工人》的语言风格

《当代工人》所刊发的稿件，在语言风格上基本一致，带有明显的地域文化的特点。《当代工人》杂志社地处辽宁沈阳，东北地方文化中特有的幽默、风趣、机智、诙谐、调侃等特点，影响了杂志中所刊发稿件的总体语言风格。对于这样一种语言风格，读者能不能接受，这是杂志编者必须思考的

---

① 参见：叶永烈.《陈伯达传》背后的故事[G]//叶永烈.历史在这里沉思：我的书房"沉思斋".上海：上海交通大学出版社，2009.

问题。因为这本杂志是面向全国发行的，对于本土的读者来说，不存在接受问题，但是其他地域的读者，能不能适应这样一种语言风格呢？

这似乎已经不成为一个问题了，自1990年赵本山第一次在中央电视台春节联欢晚会上亮相以来，人们每年都期待赵本山的小品表演。赵本山凭借其极富东北地域文化特色的表演，将东北二人转、东北方言等东北文化符号推向了全国。一时间，东北方言、东北口语成为全国人民竞相模仿的对象，人人都会说比如"咋整""嘚瑟""埋汰"等几个东北方言中的口语词。这已经成为一种社会文化现象，《当代工人》曾刊发系列文章探讨过这一现象，比如2003年第5期刊发《歪批东北话》系列（包括《自娱还是娱人》《语言身份证》《咱们东北人都是农民》），2003年第6期又发《乱说二人转》系列（包括《性感地蹦蹦》《一厢情愿》《群众的眼睛是雪亮的》），2003年第10期再发《搞笑就说东北话》系列（包括《诙谐大话：泡话或屁话》《您说，我不认得谁？》《神州处处有哥们》《吵架》）等。这些系列专文尽管以语言学的社会学分析为主要内容，但也能看出编辑者在语言风格选择上的价值取向。

在《当代工人》的诸多栏目中，其中"保真实录""观察平台""幽默杂谈"等栏目最能体现上述语言风格。其中"观察平台"又分出一些子栏目，栏目名有"陈醋""孜然""芥末""辣椒""胡椒"等，显得风趣、生动。"保真实录"，顾名思义，栏目所收录的皆是保持本真、原汁原味的话。2003年第3期《当代工人》的"保真实录"中收录了满堂红餐厅服务员讨论如何辨识男女顾客关系的话："男人掏钱是情人关系，女人掏钱是夫妻关系，男女争着掏钱是朋友关系。"语言俏皮、幽默，却不乏世事人情的况味。2004年第11期《当代工人》"保真实录"谈什么是贪官："贪官是群众'告'出来的，是情妇失宠后'抖'出来的，是小偷无意'偷'出来的，是其他贪官落网后'咬'出来的，是收了好处费不办事'揭'出来的，是驾名车养美女住别墅'露'出来的，是非正常死亡后'挖'出来的。"讽刺辛辣，"告""抖""偷""咬""揭""露""挖"几个动词用得准确，令人拍案叫绝。

这里存在一个问题,《当代工人》的作者队伍并不仅限于东三省,而是遍布全国,其他地域的作者,自然不能像东三省的作者那样写出有"东北味"的文章。怎样保持杂志文章风格的相对统一性?关于这一问题,编辑部似乎有相应的措施,即"标题再造制度",作者来稿,编辑除对稿件进行必要的文字加工外,尤其对稿件标题进行重点加工,务必使文章标题能够打动读者、吸引读者、具有冲击力等。仔细审视《当代工人》的稿件标题,的确能够体现编辑的这一初衷。"东北要火了"是一个系列专文的大标题,醒目,有震撼力。① 在这个大标题下还有一个子标题"又画了一个圈",标题显然取自歌曲《春天里的故事》中那句"有一个老人在中国的南海边画了一个圈"的歌词,显得幽默诙谐,且不乏自豪感,应当属于典型的东北地域的语言风格。

3.《当代工人》的装帧风格

这里的"装帧",我们采用广义的概念,包括封面设计和版式设计。尽管现在的装帧设计较之前电子时代有可供选择的更为丰富的技术手段,但有一点是一致的,即不论采用何种手段,目的都是要制作出能够激发读者兴趣、且引人注目的封面和内页。② 装帧步骤对于期刊来讲,就好比为人量体裁衣,不仅衣服的大小要合乎穿衣人的身材,而且衣服的款式、色彩的搭配还要合乎穿衣人的性格、精神面貌,真正达到内涵和外饰和谐统一。如此看来装帧设计在期刊制作过程中,绝不是可以忽略的环节,也不是一件容易完成的工作。

《当代工人》在创刊初期,装帧设计非常简洁,封面采用线条勾勒的方式,内页的版式也极其简单。尽管这不失为一种风格,但形成这一风格的原因,主要由于当时设计条件的简陋,这和当时总体的媒体环境是相适应的。1985 年以后,《当代工人》开始注重媒介传播的艺术意味,封面设计开始走

---

① 《当代工人》,2004 年第 1 期。
② 伦纳德·孟格尔. 期刊经营[M]. 朱启文,崔人元,译. 石家庄:河北教育出版社,2004:72.

写实主义的路线,刊登各行各业工人的照片,这些工人照片有的是工作照,有的是休闲娱乐的照片,还有一些是充满青春气息的青年女工的艺术照片。这些封面形象从多层次、多角度展现了当代工人的风采。

2000年、2001年,封面采用了抽象艺术的风格,放弃单幅图片形式,由多幅图片经过剪接、拼合组成,呈现出万花筒式的构图模式,颇具现代派刊物的特点。2002年以后,则采用封面形象与期刊重点栏目"当代焦点"相结合的方式,在图片的选取上,或实或虚,互有变化,不再注重图片的完整性,有时是一双手,有时也不妨是一只脚,只要能够"达意",抽象、写实,一概不拒。

同时,我们也注意到,尽管所选用图片千变万化,但封面构图布局却一直保持不变:"当代工人"四个字采用棋格布局排列,字体厚重有力,"代"字左上角的点,用鼠标代替,显得俏皮,而又充满现代气息,鼠标的颜色每期都有不同,不变中又有变化。总体来讲《当代工人》的封面设计是成功的,经过多年的摸索,终于找到了一个适合刊物内容,又有时代气息的封面设计形式。它已经成为职工认同的群体标识。

封面的定义有广义和狭义之分,狭义的封面仅指封一,而广义的封面还包括封二、封三、封四。《当代工人》杂志的美编采用的是狭义的封面概念。因为《当代工人》杂志的封二、封三、封四充斥着各种广告,谈不上整体设计的。关于《当代工人》刊登广告的问题,有读者曾三番五次在读者信箱中反映。尽管《当代工人》的编者如实地将读者的意见刊登出来,但刊发广告的篇幅却一点也没有减少。如果进行一下换位思考,这实在是非常无奈的选择。和报纸一样,期刊也需要靠广告费用维持生存,这本是无可厚非的,只是采用一种什么样的形式来刊发这些广告,才能让读者接受,看着顺眼,广告是不是也需要好好进行一番艺术设计呢?

实际上,《当代工人》的编者并非置读者的意见于不顾,这涉及一个杂志如何定位的大问题。随着中国期刊市场化进程的加快,很多杂志都在装帧设计上与国际接轨:开本变大,采用所谓国际大开本;图像比例扩大,增加版面色彩；在用纸上采用铜版纸印刷。《当代工人》是不是要加入这个变化的主流呢？

稍加分析，我们会发现，不同种类的杂志，其使用图画的比例、发行量、杂志定价有一定的规律可循：消费类杂志发行量大，但图画比例小，杂志定价也低；广告杂志发行量小，但图画比例大，价位也高；商业类杂志发行量居中，图文比例也各半，价位也适中。很明显《当代工人》属于消费类杂志，像美国的《时代周刊》《新闻周刊》一样，是以出售时政信息为主的杂志。至于一些商业杂志和广告杂志主要靠为企业或品牌商品制作精美的广告为主要盈利方式，其运作方式显然不适合《当代工人》。

摆正了自己的位置，《当代工人》于是决定不改开本，不改广告，在保持低价位不变的情况下，集中力量在整本杂志的"图文结合"上下功夫，搞突破，通过提供编排的好看、好读的文字来提高自己的竞争力。

为此，《当代工人》确立了"整体制作"的编刊观念。所谓"整体制作"指的是，一本好杂志决不能只靠一两篇好文章，文字部分固然重要，美编所负责的封面、版式、配图部分的任务同等重要，一本图文结合、图文并茂的杂志才是一本好杂志。认识到美编工作重要性以后，《当代工人》杂志社在人员配备上、资金支持上、设备更新上向美编工作倾斜。同时建立以"图文结合"为特征的编辑流程。从选题会为起点，要求版面设计人员与文本编辑人员共同讨论、理解选题意图和预期阅读风格，改变了以往美编"半月闲"的状态。重新厘定"齐""清""定"原则的范围，即"齐""清""定"不只是包括文稿和实景图片，还包括图表、字号、导语、帖子等，而且不是一次"齐""清""定"，而是根据版面设计人员的整体设计进程，一次次准备更完备、更丰富的版面元素，使图文达到有机的融合。①

---

① 参见：蒋苒."不变"与"跟进"[G]//中国工人报刊协会.论维权特色 谈改革发展.北京：中国工人出版社，2002.

附录一　参考文献资料

（一）主要参考图书

[1] 中华全国总工会．中国工会百科全书[M]．北京：经济管理出版社，1998．

[2] 中华全国总工会．中国职工队伍状况调查：1986[M]．北京：中国工人出版社，1987．

[3] 中华全国总工会．走向社会主义市场经济的中国工人阶级：1992年全国工人阶级队伍状况调查文献资料集[G]．北京：中国工人出版社，1993．

[4] 《当代中国》丛书编辑部．当代中国工人阶级和工会运动[M]．北京：当代中国出版社，1997．

[5] 工人日报社．《工人日报》五十年：1949—1999[M]．北京：中国工人出版社，1999．

[6] 中国工人报刊协会．论维权特色　谈改革发展[M]．北京：中国工人出版社，2002．

[7] 中国工会年版鉴编辑部．中国工会年鉴（2007）[M]．2007．

[8] 国家统计局人口与就业统计司．中国劳动统计年鉴[M]．1994–2005 北京：中国统计出版社，1995–2006．

[9] 国务院研究室课题组．中国农民工调研报告[M]．北京：中国言实出版社，2006．

[10] 方汉奇．中国新闻传播史[M]．北京：中国人民大学出版社，2009．

[11] 方汉奇．中国新闻事业编年版史[M]．福州：福建人民出版社，2000．

[12] 方汉奇, 李矗. 中国新闻学之最[M]. 北京: 新华出版社, 2005.

[13] 崔保国. 2011年: 中国传媒产业发展报告[M]. 北京: 社会科学文献出版社, 2011.

[14] 蔡雯. 新闻编辑学[M]. 北京: 中国人民大学出版社, 2006.

[15] 郭庆光. 传播学教程[M]. 北京: 中国人民大学出版社, 1999.

[16] 李思慎, 刘之昆. 李立三之谜[M]. 北京: 人民出版社, 2005.

[17] 李培林. 中国新时期阶级阶层报告[M]. 沈阳: 辽宁人民出版社, 1995.

[18] 陆学艺, 李培林. 2005: 中国社会形势分析与预测[M]. 北京: 社会科学文献出版社, 2004.

[19] 李双, 高传智. "形象再造"与外宣工作: 新时期工会公共形象重塑策略研究[R]//全总国际部研究报告（内部资料）.

[20] 萧功秦. 与政治浪漫主义告别[M]. 武汉: 湖北教育出版社, 2001.

[21] 叶永烈. 历史在这里沉思: 我的书房"沉思斋"[M]. 上海: 上海交通大学出版社, 2009.

[22] 王关义. 中国出版业体制改革研究[M]. 北京: 中国财政经济出版社, 2008.

[23] 伦纳德·孟格尔. 期刊经营[M]. 4版. 朱启文, 崔人元, 译. 石家庄: 河北教育出版社, 2004.

[24] 邓小平. 邓小平文选: 第3卷[G]. 北京: 人民出版社, 1993.

[25] 喻国明. 拐点中的传媒抉择[M]. 北京: 中国经济出版社, 2007.

[26] 柳可白, 王玫, 阎春芝. 当代工人阶级地位与作用[M]. 北京: 中国工人出版社, 2007.

[27] 陈力丹. 新闻理论十讲[M]. 上海: 复旦大学出版社, 2008.

[28] 罗以澄. 新闻与传播评论: 2008年卷[M]. 武汉: 武汉出版社, 2008.

[29] 王来华. 舆情研究概论[M]. 天津: 天津社会科学院出版社, 2003.

[30] 中共中央书记处研究室理论组, 中华全国总工会办公厅. 当前我国工

人阶级状况调查资料汇编[M]. 北京：中共中央党校出版社，1983（内部发行）.

[31] MCQUAIL D. Mass communication Theory [M]. London：SAGA, 1987.

[32] 朱羽君，高传智. 瞭望之路：中国广播电视新闻改革课题报告[M]. 北京：中国传媒大学出版社，2008.

[33] 许纪霖. 知识分子论丛（第1辑）：公共性与公共知识分子.[M]. 南京：江苏人民出版社，2003.

[34] 中国工运学院工会学系. 向市场过渡中的工会工作[M]. 北京：中国大百科全书出版社，1993.

[35] 喻国明. 变革传媒：解析中国传媒转型问题[M]. 北京：华夏出版社，2005.

[36] 张建伟. 深呼吸：未曾公开的新闻内幕[M]. 北京：经济日报出版社，1998.

[37] 陆季春，田玉军. 公共关系实务教程[M]. 北京：经济科学出版社，2008.

[38] 穿越天山南北：《工人时报》记者"县（市）万里行"采访作品集[G]. 工人时报社（内部资料），2004.

[39] 与绿洲同行：《工人时报》"兵团百团大采访"作品集[G]. 工人时报社（内部资料），2005.

[40] 与时代共成长：《工人时报》复刊20年新闻作品选[G]. 工人时报社（内部资料），2003.

[41] 马克思. 雇佣劳动与资本[M] //马克思，恩格斯. 马克思恩格斯选集：第1卷. 北京：人民出版社，1972.

[42] 康拉德·芬克. 冲击力：新闻评论写作教程[M]. 柳珊，等译. 北京：新华出版社，2002.

[43] 丹尼斯·麦奎尔. 受众分析[M]. 北京：中国人民大学出版社，2006.

[44] 格鲁尼格，等. 关系经典译丛：卓越公共关系与传播管理[M]. 卫五

名，等译. 北京：北京大学出版社，2008.

[45] PAN Z. Improvising Reform Activities: The Changing Reality of Journalistic Practice in China[G]//LEE C C. Power, Money, and Media: Communication Patterns and Bureaucratic Control in Cultural China Evanston. IL: Northwestern University Press, 2000.

（二）主要参考论文

[1] 林宜承. 办好工会杂志必须解决的三个问题[J]. 新闻传播，2010（9）.

[2] 王宏铭. 浅谈工人报刊的定位与发行[J]. 中国报业，2005（12）.

[3] 赵娜. 论当代中国工人阶级的新变化与发展趋势[J]. 山东省农业管理干部学院学报，2010（6）.

[4] 屠小华. 论工人报刊在协调劳动关系中的角色与作为[J]. 中国劳动关系学院学报，2010（6）.

[5] 林燕玲. 中国工人权利意识的发育状况及其原因分析[J]. 中国劳动关系学院学报，2010（4）.

[6] 于建嵘. 中国工人现况分析[J]. 同舟共进，2010（8）.

[7] 周怡. 当代中国乡村社会的当代文化特征[J]. 浙江学刊，1996（2）.

[8] 金盛华，刘蓓. 当代中国工人价值取向：状况与特点[J]. 心理科学，2005（1）.

[9] 周志懿. 传媒这十年[J]. 传媒，2011（1）.

[10] 马正恺. 手机报：是过渡而不是终点[J]. 新闻记者，2010（6）.

[11] 李春富. 二十年中国广播改革发展三大现象[J]. 记者摇篮，2010（3）.

[12] 刘剑飞. 报刊退出机制的历史考察[J]. 新闻实践，2010（5）.

[13] 王慧民. 工人阶级内部结构的变化与劳动关系矛盾的协调[J]. 北京市总工会职工大学学报，2001（4）.

[14] 高江波. 中国工人期刊述评[J]. 中国出版，1995（6）.

[15] 许扬. 工会报纸发行面临的挑战与对策[J]. 中国报业, 2001 (5).

[16] 复旦大学新闻学院《上海工人与新闻媒介》课题组. 受众调查：上海工人与新闻媒介[J]. 新闻大学, 1994 (3).

[17] 夏倩芳, 景义新. 社会转型与工人群体的媒介表达：《工人日报》1979—2008年工人议题报道之分析[G] // 罗以澄. 新闻与传播评论：2008年卷. 武汉：武汉出版社, 2008.

[18] 郭国涌. 工人日报诞生记[J]. 报刊管理, 1999 (4).

[19] 赵彦华. 营造主流媒体的强势品牌[J]. 新闻实践, 2002 (4).

[20] 范瑞先. 工人日报维权报道的特色[J]. 新闻三昧, 2007 (1).

[21] 杨祝夫. 当前工会报道存在的主要问题和我们的对策[J]. 工人报刊研究（内部资料）, 2006 (3).

[22] 肖雨璇, 谢玉华. 媒介报道对劳动关系观察重点的演变：以《工人日报》为例[J]. 社会科学家, 2010 (4).

[23] 王中云. 江西省会报纸受众市场培育问题与对策[J]. 江西财经大学学报, 2004 (3).

[24] 蔡虹. 工人报舆论监督的定位[J]. 新闻界, 2000 (5).

[25] 邱明斤. 工人报的广告经营与优质服务[J]. 新闻界, 1999 (4).

[26] 许扬. 工会报纸发行面临的挑战与对策[J]. 中国报业, 2005 (5).

[27] 蔡虹. 坚持中国特色是中国工人报纸的核心价值观[G] // "工人报刊论坛"论文集. 中国工人报刊协会, 2010.

[28] 唐宁. 维权报道：工人报刊生存发展的利器[G] // "工人报刊论坛"论文集. 中国工人报刊协会, 2010.

[29] 田原. 从灾难报道看工人报的着力点[G] // "工人报刊论坛"论文集. 中国工人报刊协会, 2010.

[30] 陶启君. "工人报业"实现突围与转型之构想[G] // "工人报刊论坛"论文集. 中国工人报刊协会, 2010.

[31] 王骏. 维权与服务：中国工人报刊的立足之本[G] // "工人报刊论坛"

[32] 王莉.从富士康跳楼事件看工人报言论尺度[G]//"工人报刊论坛"论文集.中国工人报刊协会,2010.

[33] 王兆华.坚持导向出特色 大胆创新进主流[G]//"工人报刊论坛"论文集.中国工人报刊协会,2010.

[34] 姜芳.中国工人阶级结构变化的历史沿革及原因[J].大连海事大学学报(社会科学版),2009,8(6).

[35] 张菲,陆卫明.当代我国工人阶级结构变化分析[J].理论导刊,2002(7).

[36] 刘丽杭.当代中国工人阶级的群体分化与利益整合[J].社会主义研究,2002(3).

[37] 吕新雨.《铁西区》:历史与阶级意识[J].读书,2004(1).

[38] 张朝晖.当代中国工人阶级队伍变化的特点及其影响[J].当代世界社会主义问题,2004(3).

[39] 胡俊.对当前利益调整中工人阶级地位评价的社会学思考[J].中共宁波市委党校学报,2000(6).

[40] 中国社会科学院"社会形势分析与预测"课题组.1996年—1997年中国社会形势分析与预测[J].管理世界,1997(1).

[41] 戴炳源,万安培.中国中产阶层的现状特点及其发展态势简析[J].财政研究,1998(9).

[42] 李秋洪.群体的比较:国有企业员工的阶层[J].广西大学学报(哲学社会科学版),2000(3).

[43] 刘建洲.传统产业工人阶级的"消解"与"再形成":一个历史社会学的考察[J].人文杂志,2009(6).

[44] 冯同庆.工人阶级内部阶层关系的变化与工人阶层的地位[J].工会理论与实践(中国工运学院学报),1997(3).

[45] 重庆市总工会课题组.工人阶级主要阶层分析及对和谐社会构建的影

响[J]. 新重庆, 2007 (7).

[46] 李强. 关于中产阶级和中间阶层[J]. 中国人民大学学报, 2001 (2).

[47] 柏宁湘, 崔志鹰. 部分工会报刊为什么不受欢迎?[J]. 新闻记者, 1990 (10).

[48] 穆春娟, 顾凡, 衡阳. 基于心理契约论的高校青年教师的期望激励[J]. 教育理论与实践, 2011 (3).

[49] 游正林. 心理契约与国有企业工人的不公正感: 以西厂为例[J]. 湖南师范大学社会科学学报, 2007 (2).

[50] 刘欣. 相对剥夺地位与阶层认知[J]. 社会学研究, 2002 (1).

[51] 黄健卢, 向东. 关于工人生活地位和心态的调查[J]. 企业管理, 1996 (6).

[52] 杨英新, 仝文瑶. 寻找"世纪迁徙"中的数字路: 农民工媒介素养教育前瞻[J]. 中国劳动关系学院学报, 2010 (5).

[53] 董宽. 传媒歧视遮蔽利益诉求: 透视中国农民工群体的媒介表达[J]. 新闻三昧, 2006 (12).

[54] 陶建杰. 民工的媒介接触状况及评价: 以上海市徐汇区为例[J]. 新闻大学, 2003 (冬季刊).

[55] 郑素侠. 在农民工媒介素养现状调查与分析: 基于河南省郑州市的调查[J]. 现代传播, 2010 (10).

[56] 张雅利. 农民工媒介接触状况及评议: 以兰州地区为调查分析单位[J]. 东南传播, 2008 (4).

[57] 包凌雁, 徐静. 宁波市农民工媒介使用调查及对策[J]. 新闻爱好者, 2010 (2).

[58] 李宁. 新生代农民工媒介使用情况调查[J]. 新闻爱好者, 2011 (10).

[59] 张书华. 优势资源就是生命力[J]. 工人报刊研究, 2004 (7).

[60] 河南工人日报社. 昂扬向上 团结奋进 开拓创新 再造辉煌[J]. 工人报刊研究, 2001 (6).

[61] 张刃. 报纸经营：从发行看报道[J]. 新闻三昧，2005（11）.

[62] 吴由之. 适应读者 适应市场 适应工人阶级的深刻变化[J]. 工人报刊研究，2004（9）.

[63] 王勇. 围绕省总工作大局 推动报社事业发展：山西工人报社坚守定位、做强报业的探索和思考[J]. 新闻采编，2010（5）.

[64] 包华山. 加强工人报刊的舆论监督作用[J]. 工人报刊研究，1999（5）.

[65] 王莉，王骏. 突出维权报道，办出"工"味特色[J]. 工人报刊研究，1999（1）.

[66] 胡发强. 21世纪的工人报纸[J]. 工人报刊研究，1999（3）.

[67] 展江. 审慎而积极地调整国家－媒体关系：胡锦涛在人民日报社考察工作时的讲话解读[J]. 国际新闻界，2008（7）.

[68] 刘燕南. 受众分析：解读与思考[J]. 现代传播，2006（1）.

[69] 康晓光，韩恒. 分类治理：当前中国大陆国家与社会关系研究[J]. 社会学研究，2005（6）.

[70] 中华全国总工会宣教部课题组《当前企业职工思想现状和思想政治工作调查[J]. 政工研究动态，2007（3）.

[71] 冯同庆. 1992—1993年：中国职工状况的分析与预测：对5万名职工的问卷调查[J]. 社会学研究，1993（3）.

[72] 中华全国总工会宣教部课题组. 当前企业职工思想现状和思想政治工作调查[J]. 政工研究动态，2007（3）.

[73] 全总全国职工队伍状况调查办公室. 第五次全国职工队伍状况调查统计数据分析报告[J]. 工运研究，2005（3）.

[74] 中华全国总工会政策研究室"劳动关系状况"课题组. 我国企事业劳动关系状况及劳动关系调整机制建设状况研究[J]. 工运研究，2008（16，17）.

[75] 复旦大学新闻学院《上海工人与新闻媒介》课题组. 受众调查：上海

工人与新闻媒介[J]. 新闻大学, 1994（3）.

[76] 杭州市总工会宣教部. 杭州市建立首支职工舆情信息员队伍[J]. 杭州工运, 2009（3）.

[77] 王向民. 工人成熟与社会法团主义：中国工会的转型研究[J]. 经济社会体制比较, 2008（4）.

[78] 陈峰. 在国家与劳工之间：市场经济下中国工会的角色冲突[J]. 中国季刊, 2003（4）.

[79] 安戈, 陈佩华. 中国、组合主义及东亚模式[J]. 战略与管理, 2001（1）.

[80] 张静. "法团主义"模式下的工会角色[J]. 工会理论与实践, 2001（1）.

[81] Dryzek J S. 不同领域的协商民主[J]. 浙江大学学报（人文社会科学版）, 2005（3）.

[82] 陈剩勇. 协商民主理论与中国[J]. 浙江社会科学, 2005（1）.

[83] 陈佩华. 革命乎？组合主义乎？：后毛泽东时期的工会和工人运动[J]. 当代中国研究, 1994（4）.

[84] 曾繁旭. NGO媒体策略与空间拓展：以绿色和平建构"金光集团云南毁林"议题为个案[J]. 开发时代, 2006（6）.

[85] 陈阳. 框架分析：一个亟待澄清的理论概念[J]. 国际新闻界, 2007（4）.

[86] 刘元文. 工会组织变革与形象塑造[J]. 中国劳动关系学院学报, 2005（3）.

[87] 李振宇. 沃尔玛与形象工程[J]. 大经贸, 2006（9）.

[88] 潘忠党. 新闻改革与新闻体制的改造：我国新闻改革实践的传播社会学之探讨[J]. 新闻与传播研究, 1997（3）.

[89] 陆晔, 潘忠党. 成名的想象：中国社会转型过程中新闻从业者的专业主义[J]. 新闻学研究, 2002（7）.

[90] 郝怀如. 期刊装帧的视觉审美和文化传播研究[J]. 内蒙古农业大学学报（社会科学版），2010（12）.

[91] 新疆维吾尔自治区总工会. 关于做好2004年度《工人时报》征订工作的通知[N]. 工人时报，2003-11-27.

[92] 文学登"鹭岛" 文化耀"蓝星" "大机遇"各属其主[N]. 工人时报，1999-09-26.

[93] 在改革中发展壮大的《工人时报》[N]. 工人时报，1995-10-07.

[94] 李志强. 试论工人报刊的特色和优势[N]. 天津工人报，2009-06-29.

[95] 全国总工会关于新生代农民工问题研究报告[N]. 工人日报，2010-06-21.

[96] 张国. 我国新闻纸用量连续下降 电子媒介冲击传统纸媒[N]. 中国青年报，2011-06-12.

[97] 周凯. 2010中国企业舆情与危机公关年度报告：企业舆情应对能力普遍偏低[N]. 中国青年报，2011-02-14.

[98] 郭光东. 集体返航事件：总工会为什么不派调查组[N]. 南方周末，2008-04-10.

[99] 朱四倍. 中国工会世界规模最大有什么用[N]. 燕赵都市报，2008-10-29.

[100] 沈亚英.《人民日报》农民工报道研究（1988—2006）[D]. 西安：西北大学，2007.

（三）主要参考网络资料

[1] 黄小希. 2010年我国共出版报纸500.2亿份[EB/OL]. http://www.gov.cn/jrzg/2011-04/20/content_1848825.htm.

[2] 新闻出版总署. 新闻出版业"十二五"时期发展规划[EB/OL].

http://www.gapp.gov.cn/cms/html/21/508/201104/715451.html.

[3] 张晶媛. "第七次全国国民阅读调查"最终成果发布[EB/OL]. http://www.cnreading.org/yddc/2010yd/201004/t20100419_68758.html.

[4] 廖翊, 曲志红. 改革开放30年：中国广播电视电影事业获得大发展[EB/OL]. http://news.xinhuanet.com/newmedia/2008-10/08/content_10168428_1.htm.

[5] 梁毓琳. 2010年中国广播市场态势分析[EB/OL]. http://www.smr.com.cn/article_view.asp?id=250.

[6] 中国互联网络信息中心（CNNIC）. 第27次中国互联网络发展状况统计报告[EB/OL]. http://research.cnnic.cn/html/1295338825d2556.html/.

[7] 工业与信息化部运行局. 2010年全国电信业统计公报[EB/OL]. http://www.miit.gov.cn/n11293472/n11293832/n11294132/n12858447/13578942.html.

[8] 张贺. 我国新闻出版体制改革产业发展进入新阶段[N/OL]. 人民日报, 2011-01-12. http://news.sina.com.cn/c/2011-01-12/042921800543.shtml.

[9] 新闻出版总署发布《新闻出版业"十二五"时期发展规划》：未来五年蓝图公布 新闻出版业总产出瞄准3万亿[EB/OL]. http://book.people.com.cn/GB/217142/14443124.html.

[10] 李传海. 整合资源 筑牢阵地 互利共赢：对工会报业生存与发展的思考[EB/OL]. http://www.workercn.cn2010/7/28.

[11] 刘乐华, 郭晓明. 试论工人类报刊的生存与发展空间[EB/OL]. http://media.people.com.cn/GB/22114/63480/63482/63489/4340900.html.

[12] 新闻出版总署. 2009年全国新闻出版业基本情况[EB/OL]. http://www.gapp.gov.cn/cms/html/21/493/201009/702538.html.

[13] 成都市总工会. 关于认真做好2011年度《工人日报》、《四川工人日

报》征订工作的通知［EB/OL］. http：//www. cdzgh. com/html/detail. asp? id = 17980.

［14］长治市总工会. 关于做好2009年度《工人日报》、《山西工人报》、《中国工运》发行征订工作的通知［EB/OL］. http：//www. jqzf. changzhi. gov. cn/department/content. aspx? departmentid = 668&articleid = 2435&id = 2435.

［15］中国工人杂志网（http：//zgldgxxy. oinsite. cn/）.

［16］中工网（http：//news. workercn. cn/jzbdjlb. aspx）.

（四）主要参考工会报刊

［1］《工人日报》

［2］《工人时报》

［3］《中国工人》

［4］《当代工人》

［5］《四川工人日报》

［6］《河南工人日报》

［7］《黑龙江工人报》

［8］《湖南工人报》

［9］《江苏工人报》

［10］《浙江工人报》

［11］《安徽工人报》

［12］《江西工人报》

［13］《天津工人报》

［14］《河北工人报》

［15］《山西工人报》

［16］《南方工报》

［17］《劳动时报》

［18］《劳动者报》

[19]《劳动午报》

[20]《劳动报》

[21]《中国海员》

[22]《中国工运》

[23]《工运研究》

[24]《工会博览》

[25]《工会信息》

[26]《中国劳动关系学院学报》

[27]《中国工会年鉴》

附录二　中国工会报刊名录

（一）全国总工会主管报刊名单（共16家，收录时间截至2010年）

报刊名称	出版刊号	负责人及职务	主办单位名称	地址	邮编
工人日报	CN11-0002	孙德宏 社长	中华全国总工会	北京市东城区安德路甲61号	100718
中国职工科技报	CN11-0009	于飞 总编	工人日报社	北京市东城区安德路甲61号	100718
工会信息	CN11-2873/D	吴明福 主编	工人日报社	北京市东城区安德路甲61号	100718
当代劳模	CN11-5911/C	王宏铭 主编	工人日报社	北京市东城区安德路甲61号	100718
中国工运	CN11-1219/D	王科 主编	中华全国总工会	北京市复兴门外大街10号	100865
中国工会（英）	CN11-1545/D	李建明 主编	全总国际联络部	北京市复兴门外大街10号	100865
中国教工	CN11-2959/G4	万珍丽 主编	中国科教文卫体工会	北京市复兴门外大街10号	100865
中国工会财会	CN11-3107/F	刘庚业 社长	中国工会会计学会	北京市西城区白云路2号	100045
工运研究	CN11-4501/D	金善文 主编	中国工运研究所	北京市复兴门外大街10号	100865
工会工作通讯	CN11-3113/D	陈晖 主编	全总办公厅	北京市复兴门外大街10号	100865
中国职工教育	CN11-3311/G4	孙磊 主编	中国工人报刊协会	北京市西城区白云路2号	100045
中国工会年鉴	CN11-4036/D	陆春芳 主任	全总办公厅	北京市复兴门外大街10号	100865

续表

报刊名称	出版刊号	负责人及职务	主办单位名称	地址	邮编
中国劳福事业	CN11-3890/F	袁初明 主编	中国职工发展基金会	北京市复兴门外大街10号	100865
中国工人	CN11-3134/C	纪元 主编	中华全国总工会	北京市海淀区增光路45号	100048
中国劳动关系学院学报	CN11-5360/D	赵健杰 主编	中国劳动关系学院	北京市海淀区增光路45号	100048
现代企业文化	CN11-5637/G0	吕宗生 社长	中国工人出版社	北京市海淀区中关村东路18号财智大厦B座707室	100083

（二）地方及企业工会主管报刊名单（共42家，收录时间截至2010年）

报刊名称	出版刊号	负责人及职务	主管单位名称	主办单位名称	地址	邮编
劳动午报	CN11-0221	王兆华 社长、总编	北京市总工会	北京市总工会	北京市丰台区东铁营横七条12号	100079
工会博览	CN11-4605/C	郭从友 主编	北京市总工会	北京市总工会	北京市西城区广安门南街80号中加大厦B座701	100052
天津工人报	CN12-0004	吴守文 总编	天津市总工会	天津工人报社	天津市河西区尖山路78号	300211
河北工人报	CN13-0002	耿洁 社长	河北省总工会	河北省总工会	河北省石家庄市中华南大街68号	050051
山西工人报	CN14-0003	王勇 社长、总编	山西省总工会	山西省总工会	山西省太原市新民中街8号	030001
五月风	CN15-1125/C	马春静 主编	内蒙古自治区总工会	内蒙古自治区总工会	内蒙古自治区呼和浩特市五塔寺东街迎春巷1号	010030

续表

报刊名称	出版刊号	负责人及职务	主管单位名称	主办单位名称	地址	邮编
辽宁职工报	CN21-0064	荣文库 社长、总编	辽宁省总工会	辽宁省总工会	辽宁省沈阳市沈河区令闻街186号甲	110013
当代工人	CN21-1009/C	蒋苒 社长、主编	辽宁省总工会	辽宁省总工会	辽宁省沈阳市沈河区令闻街186号甲	110013
吉林工人报	CN22-0044	白林 总编	吉林省总工会	吉林省总工会	吉林省长春市人民大街7256号	130022
今天	CN22-1084/C	徐宝林 主编	吉林省总工会	吉林省总工会	吉林省长春市人民大街7256号	130022
黑龙江工人报	CN23-0042	周鸿雁 总编	黑龙江省总工会	黑龙江工人报社	黑龙江省哈尔滨东大直街195号	150001
北方人	CN23-1369/C	周鸿雁 主编	黑龙江省总工会	黑龙江省总工会	黑龙江省哈尔滨东大直街195号	150001
劳动报	CN31-0005	陈必华 总编	上海市总工会	上海市总工会	上海市昌平路700号	200040
上海工运	CN31-1553/C	邵启豪 主编	上海市总工会	劳动报社	上海市昌平路700号	200040
中国海员	CN31-1034/C	桑史良 主编	上海海运（集团）公司	上海海运（集团）公司	上海市长阳路1441号	200090
江苏工人日报	CN32-0003	樊宗林 总编	江苏省总工会	江苏省总工会	江苏省南京市上海路156号	210024

续表

报刊名称	出版刊号	负责人及职务	主管单位名称	主办单位名称	地址	邮编
浙江工人日报	CN33-0018	邓唐良 总编	浙江省总工会	浙江省总工会	浙江省杭州市学院路107号	310012
安徽工人日报	CN34-0020	袁康 副总编	安徽省总工会	安徽省总工会	安徽省合肥市长江中路274号	230074
华夏女工	CN34-1237/G0	金自翔 社长、主编	安徽省总工会	安徽省总工会	安徽省合肥市六安路99号新华大厦	230001
生活创造	CN35-1009/C	蒋庆丰 主编	福建省总工会	福建省总工会	福建省福州市琴亭路33号职工之家	350003
江西工人报	CN36-0045	范春松 总编	江西省总工会	江西省总工会	江西省南昌市广场北路192号	330046
职工法律天地	CN36-1207/D	范春松 主编	江西省总工会	江西省总工会	江西省南昌市广场北路192号	330046
山东工人报	CN37-0008	刘乐华 社长、总编	山东省总工会	山东省总工会	山东省济南市黄台南路2号	250100
职工天地	CN37-1229/C	陶健 社长、主编	山东省总工会	山东省总工会	山东省济南市经二路187号	250001
河南工人日报	CN41-0099	符明轩 社长、总编	河南省总工会	河南省总工会	河南省郑州市金水路16号	450003
工友	CN42-1635/D	王华虎 常务副主编	湖北省总工会	湖北省总工会	湖北省武汉市武昌紫阳路239号	430060
湖南工人报	CN43-0033	姚令芝 社长、总编	湖南省总工会	湖南省总工会	湖南省长沙市展览馆路50号	410000

续表

报刊名称	出版刊号	负责人及职务	主管单位名称	主办单位名称	地址	邮编
南方工报	CN44-0146	李传海 总编	广东省总工会	广东省总工会	广东省广州市东园横路5号工会大厦	510110
广西工人报	CN45-0018	余杰鸿 社长、总编	广西壮族自治区总工会	广西壮族自治区总工会	广西壮族自治区南宁市古城路4号	530022
四川工人日报	CN51-0025	蔡虹 社长、总编	四川省总工会	四川省总工会	四川省成都市一环路东三段31号	610066
劳动时报	CN52-0006	尹鲁筑 社长	贵州省总工会	贵州省总工会	贵州省贵阳市瑞金南路82号	550001
时代风采	CN53-1036/C	杨可 主编	云南省总工会	云南省总工会	云南省昆明市弥勒寺50号	650032
陕西工人报	CN61-0015	冯瑜 副总编	陕西省总工会	陕西省总工会	陕西省西安市莲湖路239号	710003
劳动者报	CN61-0060	褚向群 总编	西安市总工会	西安市总工会	陕西省西安市西新街3号	710004
甘肃工人报	CN62-0016	文志祥 总编	甘肃省总工会	甘肃省总工会	甘肃省兰州市东郊巷14号	730000
工人时报	CN65-0042	李忠儒 社长	新疆维吾尔自治区总工会	新疆维吾尔自治区总工会	新疆维吾尔自治区乌鲁木齐市体育馆路6号	830002
兵团工运	CN65-1160/D	张知行 主编	新疆生产建设兵团工会	新疆生产建设兵团工会	新疆维吾尔自治区乌鲁木齐市光明路15号	830002
江苏工运	内刊	郭莉莉 主编	江苏省总工会	江苏省总工会	江苏省南京市中山北路202号	210003

续表

报刊名称	出版刊号	负责人及职务	主管单位名称	主办单位名称	地址	邮编
安徽工运	内刊	徐伟华主编	安徽省总工会	安徽省总工会	安徽省合肥市长江中路200号	230061
山西工运	内刊	宋海兵主编	山西省总工会	山西省总工会	山西省太原市东辑虎营1号	030009
浙江工运	内刊	刘国才主编	浙江省总工会	浙江省总工会	浙江省杭州市保俶路85号	310007
荆门职工	内刊	毛华主编	荆门市总工会	荆门市工会学学会	湖北省荆门市北门路28号	448000